자신감은 아이를 성공으로 이끄는 제1의 비결이다. ― 토머스 에디슨

아이의 질문은 그들의 성장을 의미한다. — 존 플롬프

아이를 정직하게 키우는 것이 바로 교육의 시작이다. — 존 러스킨

아이를 위한 최고의 가르침은 웃는 법을 가르치는 것이다. ― 프리드리히 니체

나는 **심리학**으로
육아한다

내 아이의 속마음을 살피는

최강 육아법

나는 **심리학**으로
육아한다

이
용
범 지
음

차례

02 아이의 미래, 부모에게 달려 있다

future

03 천재로 키우지 마라

genius

심리학은 무엇을 할 수 있을까?

오늘날처럼 심리학자들이 바쁜 삶을 살았던 적은 거의 없을 것이다. 놀랄 만한 사건이 터질 때마다 언론매체들은 앞다투어 심리학자들에게 조언을 구한다. 전쟁과 정치 공작은 물론, 연쇄살인 사건에서부터 아이의 습관을 고치는 일까지 심리학자들을 필요로 하는 일은 점점 증가하고 있다.

고대로부터 현대에 이르기까지 사람의 마음을 탐구하는 것은 모든 이들의 중요한 관심사였다. 고대 철학자들은 물론 계몽철학자들도 인간의 몸과 마음, 감정과 이성의 본질을 알아내기 위해 노력했다. 이들의 관심은 인간이 감정을 극복하고 이성을 획득함으로써 완전한 행복에 이르는 것이었다. 이러한 노력은 오늘날까지 이어지고 있지만, 타인의 마음을 온전히 이해하거나 감정을 극복하는 것은 결코 쉬운 일이 아니다.

심리학은 과학인가?

우리는 타인의 마음을 관찰할 수 없다. 우리가 눈으로 확인할 수 있는 것은 타인의 표정과 언어, 행동이다. 상대방의 마음을 알려면 보거나 느낀 것을 자신의 마음에 비추어 유추해볼 수밖에 없다. 이 점이 심리학이 가지고 있는 한계일 것이다. 실험을 통해 심리학을 과학으로 인정받으려는 시도는 19세기 말부터 시작되었지만, 이러한 노력 역시 완전한 성공을 거두지는 못했다.

예컨대 2013년 8월 《미국국립과학원회보PNAS》에 실린 연구에 따르면, 행동과학자들이 발표한 논문 중 상당수가 과장되거나 오류가 있는 것으로 드러났다. 특히 승자독식 환경에 노출되어 있는 미국에서 이런 현상이 두드러졌다. 실험에 대한 의문이 제기되면서 과학 저널 《사이언스》는 2015년 8월에 이 문제를 다룬 논문을 게재했다. 270명이 넘는 연구자들은 세 개의 저명한 심리학 저널에 발표되었던 100개의 심리 실험을 재현해보았다. 그 결과 놀랍게도 100개 실험 중 35개만이 검증을 통과할 수 있었다. 동일한 조건에서 재현된 실험에서 60% 이상이 본래 연구와 다른 결과를 보인 것이다.

검증을 통과하지 못한 실험 중에는 2008년에 발표한 '자유의지와 커닝'에 관한 실험도 포함되어 있다. 우리에게 자유의지가 있는가, 없는가 하는 문제는 매우 뜨거운 이슈다.

당시 연구팀은 실험에 참여한 학생들을 두 그룹으로 나눈 후 한 그룹에게 인간에게 자유의지가 없다는 주장이 담긴 에세이를 읽게 했다. 실험 결과 자유의지가 없다는 글을 읽었던 학생들은 그렇지 않은 학생들보다 시험을 칠 때 부정행위를 저지를 가능성이 더 크다는 사실을 알아냈다. 자유의지에 대한 견해가 그 사람의 도덕성에도 영향을 미친 것이다. 하지만 이 실험을 재현한 결과, 그 효과는 매우 미미한 것으로 나타났다.

그렇다면 심리 실험을 통해 얻은 결과를 어디까지 믿을 수 있을까?

심리 실험을 재현하는 데 실패했다는 사실이 알려지면서 일부 언론은 이를 '심리학의 위기'로 표현하기도 했다. 하지만 심리학자 리사 펠드먼 배럿(Lisa Feldman Barrett)은 《뉴욕 타임스》에 기고한 글에서 재현 실패에 따른 위기는 존재하지 않는다고 선을 그었다. 재현의 실패를 심리학의 위기로 인식하는 것은 과학의 본질에 대한 이해가 부족하기 때문이라는 것이다. 그에 따르면 재현의 실패는 과학의 오류가 아니라 과학의 한 특성일 뿐이다.

심리학 실험은 상황에 민감하다. 상황이나 조건을 달리하면 똑같은 결과를 얻지 못하는 경우가 많은 것이다. 더구나 일부 연구들은 설문조사와 인터뷰에 의존한다. 예컨대 수십 년 이상 특정 집단의 삶을 추적하는 종단 연구는 대부분 설문조사를 활용한다. 설문조사나 인터뷰는 조사 대상자의 상태, 질문자의 질문 방식에 따라 결과가 달라질 수 있다. 따라서 심리학적 연구 결과를 불변의 사실로 받아들일 필요는 없다.

그럼에도 우리는 심리 실험을 통해 인간의 심리적 성향을 얼추 파악할 수 있다. 열 명을 대상으로 한 실험에서 여섯 명이 특정한 성향을 드러냈다면, 우리는 인간의 보편적 성향을 대략 추정해볼 수 있다. 만일 수만 명을 대상으로 같은 결과를 얻었다면, 그것이 인간의 보편적 성향에 가깝다는 사실을 인정해야 할 것이다. 심리학이 통계에 의존하는 것도 이 때문이다. 최근에는 보다 합리적인 방법으로 인간의 마음과 행동을 분석한다. 특히 뇌 과학은 가장 각광받는 분야 중 하나다. 이제 심리학자들은 우리의 마음을 뇌와 연계하고, 현재의 마음이 진화적으로 어떻게 생성되었는지 알고 있다.

심리학 영역은 점차 확장되고 있다

사람들이 심리학에 관심을 갖는 이유는 때로 인간이 도무지 이해할 수 없는 방식으로 행동하기 때문이다. 인간은 별다른 이유도 없이 같은 인간을 대상으로 끔찍한 학살을 자행하고, 위험을 무릅쓰면서까지 타인에게 복수한다. 그뿐 아니라 인간은 사소한 이유 때문에 기꺼이 죽음을 무릅쓴다. 우리는 고속으로 자동차를 운전하면서 귀찮다는 이유로 안전띠를 착용하지 않고, 치명적인 해를 입을 뻔히 알면서도 도박과 술과 담배에 빠진다. 이는 서서히 자신을 살해하는 것과 다를 바 없다. 또 우리는 오직 윗사람의 명령 때문에 아무런 원한도 없는 젊은이들을 살해하기 위해 전쟁터에 나간다.

우리가 왜 지구상에서 가장 끔찍한 맹수로 진화했는지, 왜 과도한 폭력성을 갖게 되었는지는 충분히 밝혀졌다. 그러나 이런 본성을 알아냈다고 해서 우리 스스로를 바꿀 수 있는 것은 아니다. 우리는 여전히 습관이라는 관성에 얽매여 있으며, 이는 수천만 년 또는 수백만 년 동안 우리의 마음과 행동에 천천히 침투되어왔다. 본능이나 본성이라는 이름으로 자리 잡고 있는 마음의 관성을 하루아침에 바꾸는 것은 불가능하다.

그러나 우리는 오랜 진화 과정에서 놀라운 정신세계를 선물로 받았다. 우리는 자신의 희생을 뻔히 예상하면서도 목숨까지 버리면서 타인을 돕는다. 출근길에 물에 빠진 아이를 목격한 상황을 상상해보자. 어떤 이는 양복바지가 물에 젖는 것이 싫어서 물가에 선 채 소리만 지를 것이고, 어떤 이는 기꺼이 물에 뛰어들 것이다. 두 가지 행동 모두 심리학적으로 탐구해볼 만한 가치가 있다. 하지만 심리학의 역할은 사람들이 소리만 지르고 있을 때 물에 뛰어든 사람이 왜 그런 행동을 했는지 밝히는 것이다.

타인의 마음, 나아가 인간의 본성을 이해하게 되면 우리는 앞으로 무엇을 해야 하는지, 무엇을 할 수 있는지 알 수 있다. 심리학이 가장 실용적으로 활용되는 분야는 정신적 고통을 치유하는 분야일 것이다. 이제 심리학의 영역은 정신적 치유를 넘어 거의 모든 분야로 확장되고 있다. 최근에는 경제심리학의 성과들이 국가의 정책을 수립하는 데 활용되고 있다. 앞으로 심리학은 더 많은 분야에서, 더 폭넓게 활용될 것이다. 특히 보다 나은 삶, 보다 나은 관계, 보다 나은 세상을 만드는 데 활용할 수 있는 여지가 매우 크다. 사람들이 왜 그런 행동을 하는지를 이해하게 되면, 우리의 행동을 좀 더 바람직한 방향으로 유인할 수 있기 때문이다.

사실 이 글을 쓸 때의 의도는 아이가 어른이 되기까지의 과정을 심리학과 신경과학 관점에서 풀어보는 것이었다. 이제 유아기에 관한 내용을 한 권의 책으로 묶을 수 있게 되었다. 앞으로 사춘기, 청년기, 노년기를 다뤄보고 싶지만 당장은 장담할 수 없다. 아마도 그 결정은 독자들의 호응에 달려 있을 것이다.

01

world | future | genius

아이가
세상을 배우는
방법

갓난아이는 어떻게 세상을 배우는가?

갓 태어난 아이를 바라보는 부모의 마음은 말로 표현할 수 없을 만큼 경이롭다. 오래전 내 지인은 처음 아이를 품에 안았을 때의 기분을 "새로운 세상이 열린 것 같다."고 표현했다. 이 감동은 육아로 인한 고통을 실감하면서 점차 기쁨과 짜증이 뒤섞인 감정으로 변화하게 된다. 그러나 육아의 고통은 몇몇 순간을 맞이하면서 한꺼번에 눈 녹듯 사라지기도 한다. 처음 아이가 미소를 지을 때, '엄마'라는 말을 처음 입 밖으로 내뱉었을 때, 걸음마를 시작했을 때, 초등학교에 입학했을 때가 그렇다. 대부분의 부모는 막 걸음마를 시작한 아이에게 신발을 신겨주던 순간을 잊을 수 없을 것이다. 신발을 신겨주면서 여리고 앙증맞은 발바닥으로 이 아이가 걸어가야 할 세상을 떠올리는 것은 가슴 설레는 일이 아닐 수 없다.

놀라운 경험은 영유아기 내내 계속된다. 그중 하나는 아이를 어르고 있을 때 갑자기 아이가 부모의 표정을 그대로 따라 하는 것을 경험하는 것이다. 예컨대 눈을 깜짝이거나 혀를 내밀면, 아이가 기다렸다는 듯 그대로 따라 하는 것을 볼 수 있다. 정말 아이는 부모의 표정을 모방하는 것일까? 아동심리학자 장 피아제(Jean Piaget)는 8개월에서 12개월이 되기 전까지는 아이가 다른 사람의 행동을 모방할 수 없다고 주장한 바 있다. 그렇다면 갓 태어난 아이는 어떻게 부모의 표정을 따라 했던 것일까?

1977년 옥스퍼드대학의 앤드루 멜초프(Andrew Meltzoff)와 워싱턴대학의 키스 무어(Keith Moore)가 피아제의 주장을 반박하는 연구 결과를 발표했다. 이들은 생후 12일에서 21일 사이의 신생아 앞에 앉아 혀를 내밀고, 입을 벌리고, 입술을 움직였다. 그런 다음 아이가 어떻게 반응하는지 관찰하면서 그 모습을 영상으로 촬영했다. 그 결과 신생아들은 낯선 사람의 표정을 모방하는 것처럼 보였다.

그로부터 2년 후인 1979년 멜초프는 태어난 지 42분에서 71시간밖에 되지 않는 아이들도 타인을 모방한다는 연구 결과를 발표했다. 이는 신생아가 타인과 사회적 상호작용을 할 수 있으며, 이러한 능력이 유전적으로 프로그래밍되어 있다는 것을 의미한다. 모방 능력은 모든 동물에게 배움과 학습을 통해 생존 기술과 사회적 기술을 터득하게 하는 중요한 메커니즘이다. 인간이 타인을 모방할 수 있는 신경 메커니즘을 선천적으로 가지고 태어난다면, 굳이 수없는 반복을 통해 세상을 학습할 필요가 없다. 한 번의 경험과 모방만으로 쉽게 배울 수 있기 때문이다.

신생아들도 모방 능력을 가지고 있다는 연구 결과가 발표되면서 이를 확인하기 위한 심리학자들의 후속 연구가 속속 진행되었다. 후속 연구의 일부는 유사한 결과를 얻었지만, 일부는 전혀 다른 결과를 얻었다. 그러나 유사한 결과를 얻은 연구들도 신생아가 타인의 행동을 모방한 것인지, 아니면 다른 원인이 있는지를 충분히 밝혀내지는 못했다. 결국 심리학자들 사이에서도 신생아의 모방에 대한 견해는 두 갈래로 나뉘었다.

　　인간이 모방 능력을 선천적으로 타고난다는 견해를 지지하는 심리학자들은 침팬지와 일부 원숭이들의 모방 능력에서 유전적 증거를 찾으려 노력했다. 실제로 일부 연구에서는 침팬지와 일부 원숭이의 모방 능력이 관찰되었다. 이들은 유인원의 모방 능력을 고려할 때, 인간의 모방 능력이 유전적으로 프로그래밍되어 있다고 생각했다.

　　일부 심리학자들은 이들의 주장에 동의하지 않는다. 어린 나이에 세상을 학습하는 가장 손쉬운 방법은 어른들의 행동을 모방하는 것이다. 하지만 모방은 신생아에게는 매우 까다롭고 어려운 과정이다. 모방을 하려면 가장 먼저 자신과 타인을 구별하고 그 차이를 이해해야 하며, 아이 스스로 자신과 타인의 신체에 대한 지도를 머릿속에 가지고 있어야 한다. 그뿐 아니라 자신을 바라보고 있는 대상이 자신과 같은 존재로서 신체 부위의 위치가 같다는 것도 알고 있어야 한다. 그러므로 타인의 행동을 모방하려면, 신생아는 자신의 신체 부위를 식별하고 위치를 알아내는 능력, 각 부위의 행동 능력, 행동을 실행하는 방법,

대상을 식별할 수 있는 시각적 능력 등이 있어야 한다.

반대자들은 신생아에게 이런 능력이 있는지 의문을 품었다. 특히 이 실험은 한 가지 결함을 안고 있었다. 바로 신생아의 시각 능력이다. 지금까지 밝혀진 바에 따르면, 갓 태어난 신생아는 사람의 얼굴과 비슷하게 생긴 물체를 좋아하지만 물체의 깊이는 감지할 수 없다. 얼굴을 입체적으로 파악할 수 없다는 것이다. 생후 2개월이 되면 색의 일부를 구분하게 되고, 얼굴 인식도 이때부터 시작된다. 움직임에 대한 시각적 반응도 생후 2개월 전까지는 잘 발달하지 않는다. 아이는 생후 4개월을 넘어서야 입체감을 느끼고, 6개월에서 1년은 되어야 물체나 색을 선명하게 볼 수 있다.

상대방을 정확히 볼 수 없는 신생아가 표정을 모방하는 것을 불가능할 것이다. 따라서 신생아의 모방 능력을 증명하려면, 모방이 시각적 도움 없이 이루어져야 한다는 것을 밝혀내야 한다. 이 때문에 반대자들은 행동을 모방하는 능력이 신생아 시절에는 존재하지 않으며, 생후 2년이 지나야 나타난다는 의견을 제시했다. 이는 모방에 필요한 능력을 유전적으로 타고나지 않는다는 것을 의미한다.

반대자들은 모방처럼 보이는 신생아의 행동을 우연의 일치로 파악한다. 모방이라 부르는 행동은 흥분되는 자극에 대한 신생아의 단순 반응이라는 것이다. 그동안의 연구들을 검토한 수전 존스(Susan S. Jones)는 2009년 연구에서 '신생아가 모방하지 않는다는 증거는 없지만 모방 능력을 유전적으로 타고난다는 증거도 없다'고 결론지었다.

　최근에 이루어지고 있는 연구 역시 신생아의 모방 능력을 부정하는 데 초점이 맞추어져 있다. 2016년 호주 연구팀은 생후 1~9주 된 신생아 106명에게 11가지 행동을 보여준 후 반응을 관찰했다. 연구팀은 얼굴 표정은 물론 주먹을 쥐거나 손가락을 펴는 행동을 정확하게, 그리고 반복적으로 신생아에게 보여주었다. 관찰 결과 신생아들은 단 하나의 행동도 정확히 따라 하지 못했다. 이들은 기존 연구들이 가진 한계를 언급했다. 기존 연구들은 신생아에게 보이는 행동을 정확하게 통제하지 않은 채 아기의 반응만을 관찰했다는 것이다.

　신생아가 모방 능력을 타고나는지, 아니면 학습하는 것인지 완전히 결론이 내려진 것은 아니다. **선천적이든 후천적이든 인간은 아주 어린 시절부터 타인의 행동을 모방할 수 있으며, 모방에 필요한 신경 메커니즘을 가지고 있다. 인간은 이러한 능력 덕분에 보다 사회적이고 문화적인 동물로 진화할 수 있었다.**

아이들은 왜 쓸데없는 걸 따라 할까?

　　　　　　　아이들은 다른 사람의 행동을 모방하면서 성장한다. 어른도 마찬가지다. 시골에서 올라와 처음 도시 지하철을 타는 사람은 승차권을 구입하기 전에 다른 사람들이 어떻게 하는지 관찰한 후 행동으로 옮긴다. 어른과 아이의 차이가 있다면, 아이는 전혀 불필요한 행동까지 따라 한다는 것이다. 어린 시절을 떠올려보면 쉽게 이해할 수 있을 것이다. 한 친구가 방귀를 뀌면 뒤따라가며 방귀를 뀌는 시늉을 해보았을 것이다. 또 친구들이 그렇게 한다는 이유만으로 문구점에서 물건을 훔치거나 청바지를 찢은 적도 있을 것이고, 몰래 담배를 피우거나 아빠가 남긴 술잔에 입을 대본 적도 있을 것이다.

　사실 이런 모방은 도움이 되지 않는다. 그런데도 아이들은 왜 쓸데없는 행동까지 모방하는 것일까? 신생아의 모방 능력을 확신했던 멜초프는 자신의 관심을 끝까지 밀고 나갔다. 1988년, 그는 14개월 된 36명의 아기들을 대상으로 한 가지 실험을 진행했다. 그는 아기들에게 상자의 윗면에 이마를 대는 모습을 보여주었는데, 그때마다 상자에 불이 켜졌다. 일주일이 지난 후, 그는 다시 아기들을 불러 모은 후 상자를 보여수었다. 그러자 67%의 아기들이 상자의 불을 켜기 위해 이마로 상사 위쪽을 눌렀다. 갓 한 살이 지난 아이들이 타인의 행동을 기억했다가 일주일 후에 똑같이 모방한 것이다. 불을 켜려면 머리보다는 손을 사용하는 것이 편리하다. 그런데도 아이들은 어른들의 바보 같은 행동을 그대로 모방했다.

새로운 대안이 필요할 때

2002년 죄르지 저글리(György Gergely)를 비롯한 세 명의 심리학자가 그 이유를 알기 위해 동일한 실험을 진행했다. 이들은 이 실험에 한 가지 행동을 추가했다. 이마로 불을 켜는 모습을 보여줄 때, 행위자가 담요로 몸을 감싼 채 상자를 누르는 행동을 추가한 것이다. 이 장면을 본 아이들은 몸을 담요로 감쌌기 때문에 손을 사용할 수 없을 거라고 느꼈을 것이다.

일주일 후 아이들은 어떤 행동을 보였을까?

실험 결과는 흥미로웠다. 양손이 자유로운 행위자의 행동을 본 아이들은 69%가 이마로 불을 켰지만, 담요로 몸을 감싼 행위자의 행동을 본 아이들은 21%만이 이마를 사용했다. 상당수의 아이들은 담요 때문에 팔을 사용할 수 없어서 머리를 사용했다는 것을 이해한 것이다. 이 아이들은 몸을 감쌌던 담요가 사라지자 79%가 손을 사용했다. 이는 어린아이들도 타인이 추구하는 목표를 이해한다는 것을 보여준다. 이마를 상자에 댄 목적은 불을 켜기 위해서다. 따라서 목표를 달성할 수 있는 방법이 여의치 않을 때, 어린아이들도 새로운 대안을 선택한다. 이가 없으면 잇몸으로 씹어야 한다는 것을 알아차리는 것이다. 어쩌면 아이들이 모방하는 대상은 동작 그 자체가 아니라 동작의 의도와 목표일 수 있다.

이후에 진행된 후속 연구에서는 새로운 사실이 밝혀졌다. 2013년에 진행된 연구에서는 아이들이 자신과 같은 언어를 사용하는 사람의 행동을 더 잘 모방한다는 것이 밝혀졌다. 아이들은 무작정 상대방의 행동을 따라 하는 것이 아니라 상대가 누구인지, 왜 그렇게 행동하는지를 판단한 후에 행동으로 옮겼던 것이다.

복잡한 과제의 모방 행동

이 실험을 통해 우리는 어린아이들이 낯선 사람의 행동을 그대로 모방하는 경향이 있으며, 행위자의 목표와 의도를 어느 정도 이해한다는 것을 알았다. 하지만 복잡한 행동을 틀리지 않고 따라 하기는 쉽지 않을 것이다. 어린아이는 화장실의 전원 스위치를 누를 수 있지만, 세탁기를 돌리기는 어려울 것이다. 전원 스위치는 단순히 누르는 행위로 목표를 달성하지만, 세탁기를 돌리려면 전원 스위치뿐 아니라 세탁 시간, 강도, 헹굼이나 건조 같은 추가 기능을 이해해야 한다. 하지만 아이들의 학습 능력은 어른들보다 뛰어날 때가 많다. 아이들은 복잡하고 어려운 행동을 어떻게 학습하는 것일까?

2005년 두 명의 심리학자가 침팬지와 어린아이의 모방 행동을 비교함으로써 이 질문에 대한 답을 찾으려고 시도했다. 빅토리아 호너(Victoria Horner)와 앤드루 휘튼(Andrew Whiten)은 우간다의 침팬지 보호소에 있는 2~6세짜리 야생 침팬지 12마리와 영국 보육원에서 부모의 동의를 얻어 모집한 16명의 아이들을 대상으로 실험을 진행했다.

연구팀은 다소 복잡한 구조의 유리 상자를 만들어 그 안에 군것질거리를 숨겼다. 유리 상자는 투명한 것과 불투명한 것을 준비했다. 먹을 것을 꺼내려면 대략 세 번의 절차를 거쳐야 한다. 먼저 막대 도구를 사용해 상자 위의 볼트를 왼쪽이나 오른쪽으로 밀어내고, 다음에는 아래쪽에 있는 작은 문을 옆으로 밀거나 들어 올려야 한다. 그리고 문이 열리면 막대 도구를 사용해 먹을 것을 꺼내면 된다. 순서대로 행동해야 하므로 어린아이에게는 다소 복잡한 절차일 수 있다. 더구나 안이 들여다보이지 않는 불투명한 상자의 경우에는 장치의 움직임을 확인할 수 없으므로 군것질거리를 꺼내기가 더 어렵다.

먼저 연구팀이 어떻게 먹을거리를 꺼낼 수 있는지 몇 차례 시범을 보여주었다. 그런 다음 아이들과 침팬지들이 따라 하는 모습을 관찰했다. 실험 결과 시간의 차이는 있었지만 침팬지나 아이들 모두 이 과제를 무난하게 해냈다. 하지만 연구팀이 실험을 통해 알아내고 싶었던 것은 침팬지와 인간의 차이였다. 인간과 침팬지의 모방 행동은 어떤 차이가 있을까? 이를 확인하기 위해 연구팀은 시범을 보여주면서 몇 가지 불필요한 행동을 추가했다. 예컨대 막대 도구로 상자를 한 차례 두드리는 것과 같은 동작이었다. 이런 행동은 군것질거리를 얻는 데 아무런 도움이 되지 않았다. 똑똑한 아이거나 침팬지라면 이 불필요한 행동을 하지 않고 곧바로 다음 동작으로 넘어가야 한다.

실험 결과 침팬지와 인간 사이에서 중요한 차이가 관찰되었다. 불투명한 상자로 실험했을 때 침팬지는 불필요한 행동을 그대로 모방했다. 그러나 투명한 상자로 실험했을 때는 불필요한 행동을 무시해버렸다. 즉 장치가 어떻게 움직이는지 보이는 상태에서는 불필요한 동작이 도움이 되지 않는다는 것을 깨달은 것이다. 하지만 아이들은 달랐다. 아이들은 투명한 상자인지 불투명한 상자인지 관계없이 불필요한 행동을 그대로 따라 했다. 그렇다면 인간보다 침팬지가 더 똑똑하게 행동한 것일까?

종이배를 접어보자

실험 결과를 보면 인간보다 침팬지의 행동이 훨씬 효율적이고 지능도 뛰어난 것처럼 보인다. 그렇다면 인간은 왜 불필요한 과정까지 모방하는 것일까? 영국의 심리학자 수전 블랙모어(Susan Blackmore)가 예로 들었던 '배 그림 그리기' 게임에서 해결의 실마리를 찾아보자.

배 그림 그리기는 귓속말 전달하기 게임과 비슷하다. 아이들을 한 줄로 세운 뒤 첫 번째 아이에게 "아이스크림은 딸기아이스크림이 바나나아이스크림보다 맛있어."라고 귓속말을 한 뒤 뒤에 있는 아이에게 똑같이 귓속말로 전하라고 하면 마지막 아이가 들은 말은 전혀 다른 의미가 된다. 마찬가지로 첫 번째 아이에게 배 그림을 보여주고 그려보라고 한다. 두 번째 아이가 그 그림을 보고 따라 그리고, 그다음 아이는 두 번째 아이의 그림을 보고 따라 그린다. 만일 스무 번째 아이까지 그림이 전달되었다면 마지막 아이의 그림은 원래의 그림과 얼마나 닮아 있을까? 각 단계는 앞의 그림과 닮아 있겠지만 마지막 그림은 본래 그림과 전혀 다른 그림이 되어 있을 가능성이 크다.

이번에는 종이로 접은 배를 보여주고, 종이로 배를 접는 법을 차례로 전달하면 어떻게 될까? 첫 번째 아이가 두 번째 아이에게 종이접기를 가르쳐주고, 두 번째 아이는 세 번째 아이에게 가르쳐준다. 이런 방식으로 스무 번째 아이까지 전달되었다면, 마지막 아이가 접은 종이배와 본래 종이배는 어떤 차이가 있을까? 물론 중간의 한 아이가 접는 법을 헷갈릴 수도 있다. 하지만 종이접기를 가르치는 방식에는 실수를 바로잡는 과정이 포함되어 있다. 설령 누군가 실수를 했더라도 재능 있는 아이는 그 실수를 바로잡아 원래의 모습으로 되돌려놓는다.

수전 블랙모어는 이를 '지침 복사'라 이름 붙였다. 종이 접는 법은 하나의 지침이다. 지침을 따라 하기만 하면 원형 그대로 전달되고, 오류가 생겨도 스스로 바로잡는다. 다행히 인간은 지침을 복제함으로써 문화를 전달하고 확산시킬 수 있었다. 아이들이 필요 없는 행동을 따라 하는 것도 행동 자체를 모방하는 것보다 행동 지침을 모방하는 것이 결과적으로 더 유리하다는 것을 알았기 때문일 것이다. 인간이 침팬지보다 멍청한 것은 아니다. 아이들은 인간 행동의 모든 절차를 모방하면서 세상을 배우고, 스스로 오류를 바로잡음으로써 성장한다.

아기들은 남을 어떻게 도울까?

어린아이는 엄마가 슬픈 표정을 짓거나 고통을 호소하면 금세 울음을 터뜨린다. 하지만 아이는 엄마에게 도움이 필요하다는 것을 알더라도 도움을 줄 수 없다. 걸음마를 할 때쯤 도울 수 있는 행동은 엄마의 상처에 '호' 하고 입김을 불어주는 것뿐이다. 아이는 몇 살쯤 되어야 엄마에게 도움을 줄 수 있을까? 또 도울 능력을 갖추면 낯선 사람에게도 도움을 줄 수 있을까?

아이는 착한 사람을 돕고 싶어 한다

도덕감각이 언제쯤 형성되는가 하는 것은 심리학자들의 중요한 관심사 중 하나다. 인간은 이타적인 심성을 타고나지만 그것이 발현되는 시점은 뇌의 발달 수준에 달려 있다. 2008년 크리스티나 올슨(Kristina R.

Olson)과 엘리자베스 스펠크(Elizabeth S. Spelke)는 평균 연령 3년 6개월인 29명의 아이들을 대상으로, 어떤 사람에게 도움을 주고 싶어 하는지 알아보는 실험을 진행했다. 먼저 연구팀은 아이들 앞에 인형들을 늘어놓고 한 가지 이야기를 들려주었다.

> 어제 리즈는 친구와 함께 공원에 갔는데, 그곳에서 네 명의 다른 친구들을 만났어. 서로 인사를 나눈 후 공원에서 만난 두 소녀에게서 동전을 받았고, 함께 간 친구도 다른 두 명의 소녀에게서 동전을 받았지.

진행자가 인형에 이름을 붙여 설명했기 때문에 아이들은 누가 누구에게 동전을 주었는지 알고 있다. 이야기를 들은 후, 아이들은 각 인형에게 줄 선물을 결정해야 했다. 선물은 스티커나 조개껍데기, 사탕 따위였다. 실험 결과 아이들은 어제 공원에서 친구에게 동전을 건네주었던 인형에게 더 많은 선물을 주었다. 이는 네 살짜리 아이들도 누가 이타적인 사람인지를 구분하고, 그에게 보답한다는 것을 말해준다. 어린아이들도 누가 도와주는 사람인지를 구분하고, 도와주는 사람을 도와준다.

악당을 처벌하라

만화영화나 공연을 볼 때 아이들은 더 쉽게 몰입한다. 아이들은 무대에서 벌어지는 상황을 현실로 인식하고, 배우나 캐릭터를 자신과 동일시한다. 이 때문에 작은 무대에서 공연이 이루어질 때는 아이들이 못된 캐릭터에게 달려들어 혼내주는 경우도 있다.

공연장에서 만나는 아이들은 대개 유치원에 다니는 아이들이다. 이제 더 어린아이들의 마음을 들여다보자. 한 살이 되지 않은 아이들도 악당에게 분개하고, 악당이 처벌받을 때 즐거움을 느낄까? 2007년 폴 블룸(Paul Bloom)과 두 명의 동료는 6개월에서 10개월 된 아기들을 대상으로 악당의 행동에 어떻게 반응하는지 알아보았다. 연구팀은 먼저 아기들에게 애니메이션을 보여주었다. 영상에는 삼각형과 사각형 그리고 동그라미가 등장한다. 이 캐릭터들은 나무토막에 만화 캐릭터의 눈을 붙인 것이다.

영상의 배경은 녹색의 비탈길이다. 붉은색 동그라미가 열심히 비탈길을 오를 때 노란색 삼각형이 나타나 뒤에서 밀어준다. 그런데 산마루에서 푸른색 사각형이 나타나 비탈길을 오르는 동그라미를 밑으로 밀어버린다. 아이들은 동그라미를 도와주는 세모와 해코지하는 네모를 어떻게 평가할까? 영상을 반복적으로 보여준 후 아이들에게 자신이 좋아하는 캐릭터를 선택하도록 하자 16명 중 14명이 동그라미를 도와준 삼각형을 선택했다. 특히 6개월 된 모든 영아가 삼각형을 선택했다.

도덕감각이 발달하는 과정에서 6개월은 어떤 의미를 갖는 것일까? 2010년 폴 블룸은 실험을 약간 변형시켰다. 이번에는 아이들에게 인형극을 보여주었다. 오리 한 마리가 닫힌 상자를 열려고 애쓰고 있을 때

두 마리의 호랑이가 등장한다. 한 마리는 오리를 도와주고, 한 마리는 오리를 방해한다. 다음 장면에서 호랑이가 공을 가지고 놀다가 바닥에 떨어뜨린다. 이때 토끼 두 마리가 나타나는데 한 마리는 공을 주워 호랑이에게 돌려주고, 한 마리는 공을 가져가버린다. 중요한 것은 이전 장면에서 오리를 도와주었던 호랑이는 공을 돌려받고, 못된 호랑이는 공을 잃는다는 것이다.

인형극이 끝난 후 아이들에게 놀고 싶은 토끼 인형 하나를 선택하도록 했다. 5개월짜리 영아들은 호랑이에게 공을 돌려준 토끼를 선택했고, 8개월짜리 영아들은 16명 중 14명이 못된 호랑이의 공을 빼앗은 토끼를 선택했다. 3개월의 성장 차이가 서로 다른 선택을 하도록 한 것이다. 월령이 어린 아이들은 남을 돕는 토끼에 호감을 보였고, 월령이 높은 아이들은 못된 호랑이를 처벌한 토끼를 더 선호한 것이다. 이는 협력하는 사람보다 처벌하는 사람에 대한 도덕적 인식이 몇 개월 늦게 발달할 수 있음을 보여준다.

다른 사람을 평가할 수 있는 능력은 살아가는 데 반드시 필요하다. 우리는 주변 사람들의 행동과 의도를 평가하면서 누가 친구이고 누가 적인지를 구분한다. 나쁜 사람을 구별할 능력이 없으면 우리는 일생을 사기꾼들의 먹이로 살아갈 수밖에 없을 것이다. 실험을 통해 확인했듯이 한 살이 되지 않은 아이들도 타인을 돕는 사람을 선호하고, 나이가 들수록 못된 사람을 처벌하려는 심리를 갖게 된다. 이는 선과 악을 판단하는 우리의 감정과 사고가 생물학적 적응 과정을 통해 형성되었음을 보여주는 것이다.

다른 사람에게 도움 주기

인간은 어느 시점부터 다른 사람을 도울 수 있을까?

도덕적 판단 능력이 생물학적으로 타고나는 것이라면, 도덕적 행동은 스스로 몸을 움직일 수 있는 시점부터 나타나야 할 것이다. 2006년 펠릭스 바르네켄(Felix Warneken)과 마이클 토마셀로(Michael Tomasello)는 14~18개월 사이의 아이들이 자발적으로 다른 사람을 도울 수 있는지 관찰한 후 침팬지 세 마리의 행동과 비교했다.

연구팀은 아이들 앞에서 다양한 상황을 연출했다. 칠판에 글씨를 쓰다가 펜을 떨어뜨리거나, 무거운 책을 양손으로 든 채 닫혀 있는 책장 앞으로 다가가거나, 책상에서 물건을 떨어뜨리는 행동을 보여주었다. 또 연구팀은 도움이 필요할 때 아이와 눈을 맞추거나 바닥에 떨어진 물건과 아이를 번갈아 바라보는 등 다양한 상황을 만들었다. 물론 도움을 준 행동에 대한 보상은 없었다. 도움의 대가로 사탕 한 알 받지 않은 상황에서 두 살도 안 된 아이들이 어른들이 필요로 하는 것을 눈치채고 도와줄 수 있을까?

실험 결과 놀랍게도 열 가지 과제 중 여섯 가지 과제에서 아이들이 돕는 행동을 보였다. 또 24명 중 22명이 적어도 한 가지 과제를 도와주었다. 이는 14개월짜리 아이도 낯선 사람이 무엇을 원하는지 안다는 뜻이다. 가족이 아닌 사람까지 돕는 것은 매우 이례적인 일이다. 특히 18개월이 된 아이들은 다양한 상황에서 낯선 사람을 쉽게 도와주었다.

아이들은 타인의 목표를 이해할 뿐 아니라 어려운 처지에 있는 사람을 도와야 한다는 이타적 동기를 갖고 있다. 침팬지들도 공동의 목표를 위해 협력한다는 증거는 많다. 그러나 순전히 다른 존재의 목표 달성을 돕는다는 증거는 없다. **아이와 침팬지는 모두 남을 도울 수 있지만, 남이 필요로 하는 도움을 해석하는 능력은 다르다. 이것이 우리가 밀림의 영장류로 남아 있지 않고 호모사피엔스로 진화한 이유 중 하나일지 모른다.**

어떻게 정직한 아이로 키울 수 있을까?

아이가 사기꾼으로 자라기를 바라는 부모는 없다. 하지만 이 말이 정직한 사람으로 자라기를 원한다는 의미는 아니다. 예컨대 당신의 아이가 하굣길에 폭력배들에게 구타당하고 있는 이웃 사람을 목격했다고 해보자. 경찰관이 목격자를 찾아다니다가 당신의 집을 방문해 아이에게 법정에서 증언해줄 것을 부탁한다. 이때 당신은 아이에게 법정에서 진술하도록 할 것인가? 아마 많은 부모들이 자신의 아이가 사건에 연루되는 것을 꺼려 할 것이다. 그러면서도 부모는 아이에게 늘 정직한 사람이 되어야 한다고 가르치고, 정직한 사람이 성공하는 동화를 들려준다.

아이들의 거짓말

정직성의 척도는 얼마나 자주, 의도적으로, 악의적인 거짓말을 하는가이다. 우리는 성인이 되어서도 곧잘 거짓말을 한다. 위기를 모면하기 위해, 또는 상대방의 기분을 고려해 선의의 거짓말을 하기도 한다. 여자 친구가 "오늘 나 예쁘지?"라고 물었을 때, "아니, 정말 형편없어!"라고 대답하는 멍청이는 없을 것이다.

아이들에게도 거짓말은 매우 자연스러운 것이다. 아이들은 대개 거부하기 힘든 유혹 앞에서 쉽게 무너진다. 사탕 한 알을 얻을 수 있다면 기꺼이 거짓말을 하는 것이다. 예컨대 선생님이 아이에게 상자 속에 들어 있는 장난감을 선물로 줄 예정인데, 지금 상자를 열어보면 안 된다고 말하고 밖으로 나간다. 이런 상황에서 아이는 상자를 열어볼 것인지, 아니면 선생님이 돌아올 때까지 기다릴 것인지 갈등하게 된다. 잠시 후 선생님이 돌아와 아이에게 이렇게 묻는다.

"상자를 열어본 건 아니지?"

이때 아이들은 어떻게 대답할까? 자신의 행동을 목격한 사람이 없다는 확신이 들면 상당수의 아이들이 거짓말을 할 것이다.

2013년 연구에 따르면, 이 질문을 던졌을 때 보통 2~3세의 아이들은 거짓말을 하지 않는 경향이 있다. 2세 아이는 약 30%, 3세 아이는 약 55%가 거짓말을 했다. 그러나 조금 더 나이가 들면 대부분의 아이들이 거짓으로 대답했다. 4~5세가 넘으면 약 80~85%가 거짓말을 하고, 거짓말의 내용도 더 그럴듯해졌다. 이러한 성향은 상당 기간 유지된다. 만 세 살이 되면 대부분의 아이들은 거짓말이 나쁘다는 것을 알지만 실제 행동으로 옮기지는 못한다. 그리고 다섯 살이 넘으면 거짓말을 합리화히는 수법도 정교해진다. 상자를 열어보았냐는 질문에 이렇게 대답하는 것이다.

"열긴 했어요. 하지만 손끝으로 만지기만 했어요."

거울 앞에 서면 더 정직해진다

사전에 진실을 말하겠다고 약속한 아이는 거짓말을 하지 않을 가능성이 더 크다. 그러나 매번 아이에게 약속을 받아두기는 쉽지 않다. 그래서 심리학자들은 한 가지 재미있는 실험을 생각해냈다. 1979년 아서 비면(Arthur L. Beaman) 연구팀은 핼러윈 축제 때 각 가정을 돌아다니며 사탕을 얻는 어린이들을 실험 대상으로 삼았다. 연구팀은 시애틀에 거주하는 18가구의 현관 옆에 낮은 테이블을 놓고 그 위에 사탕을 가득 채운 그릇을 올려놓았다. 그런 다음 핼러윈 축제를 알리는 배경 막을 치고 작은 구멍을 뚫어 아이들의 행동을 몰래 지켜보았다.

아이들이 집을 방문하면 주인은 사탕 한 개씩만 가져가라고 말한 후 다른 방으로 몸을 피한다. 연구팀의 임무는 아이들이 주인의 말대로 사탕을 한 개씩만 가져가는지 확인하는 것이다. 첫 번째 실험 결과 지시를 어긴 아이의 비율이 34.2%에 달했다. 두 번째 실험에서는 사탕

이 놓여 있는 테이블 옆에 아이가 자신의 모습을 볼 수 있도록 거울을 배치했다. 그 결과 사탕을 두 개 이상 가져간 아이의 비율이 11.7%로 감소했다.

이 실험 결과가 의미하는 것은 무엇일까? 사람은 자신의 모습을 바라볼 때 스스로에 대해 생각하게 된다. 이 실험에서 거울은 자신의 모습을 숨김없이 드러내주는 역할을 한다. 아이들은 거울 속의 자신을 바라보면서 무의식적으로 자신이 어떤 존재인지를 인식하는 것이다. 자신의 존재를 인식할 때 정직한 행동을 할 가능성이 커진다.

누군가 바라보고 있다는 느낌

도덕적 행동을 유도하는 것은 타인의 시선이다. 사람들은 아무도 보지 않을 때 몰래 쓰레기를 버리고 교통법규를 어긴다. 만일 누군가 자신을 지켜보고 있다면 부도덕한 행동을 하지 않을 것이다. 그런 의미에서 CCTV는 상당한 효과가 있다. 진짜 촬영을 하지 않고 카메라 케이스만 설치해도 효과가 있다. 꼭 카메라가 아니더라도 누군가 지켜보고 있다는 느낌을 주는 것만으로도 정직한 행동을 유도하는 효과가 있다.

2006년 멜리사 베이트슨(Melissa Bateson) 연구팀은 대학의 구내식당이 운영하는 음료 무인 판매대를 실험 장소로 골랐다. 간혹 돈을 내지 않고 커피를 가져가는 사람들이 실험 대상이었다. 연구팀은 사람의 눈을 찍은 사진과 꽃 그림을 준비한 후 무인 판매대 알림판에 일주일씩 번갈아가며 붙여놓았다. 그러자 놀라운 일이 벌어졌다. 사람의 눈 사진을 붙였을 때 판매 금액이 평소보다 2.76배나 뛰어올랐다. 음료를 구입한 사람들은 사진 속의 눈이 보고 있다는 사실을 의식하는 것만으로 더 정직하게 행동한 것이다.

여기에서 눈 사진마저 사라지게 하면 어떨까? 2005년 세 명의 심리학자가 심리학 수업에 등록한 127명의 학생들을 대상으로 독특한 실험을 진행했다. 연구팀은 실험에 참가한 학생들에게 컴퓨터 화면에 나오는 도형 찾기 게임을 하게 한 후, 정답이 미리 노출되는 버그를 찾아달라고 요청했다. 그리고 버그를 가장 많이 찾아낸 학생에게는 50달러의 상금을 지불하겠다고 약속했다. 학생들은 버그를 찾아내기 위해 게임에 몰두했다. 연구팀은 실험을 진행하면서 참가 학생의 3분의 2에게 이 게임이 지난해 갑작스레 사망한 대학원생을 기리기 위한 것이라고 말해주었고, 그중 절반에게는 사망한 대학원생의 유령이 이곳에서 몇 차례 목격되었다고 알려주었다.

게임에 숨어 있는 버그는 25개 문제 중 다섯 개였다. 작은 독방에서 다섯 개의 버그를 다 찾으면 버튼을 누르면 되고, 실험은 그것으로 끝이었다. 한 문제를 풀고 다음 문제로 넘어가는 시간은 그룹마다 조금씩 달랐다. 아무 정보가 없는 학생들은 7.2초, 대학원생의 사망 소식만 들은 학생들은 6.3초, 유령을 목격했다는 얘기까지 들은 학생들은 4.3초가 걸렸다. 유령이 있을지 모른다고 생각한 학생들은 급하게 문제를 푼 것이다. 이들은 자신이 맞힌 문제의 개수에 대해서도 다른 그룹보다 더 정직하게 대답했고, 실제로 점수가 가장 낮았다. 유령이 지켜보고 있을지 모른다는 상상이 이들을 더 정직하게 행동하도록 한 것이다.

타인의 시선이 도덕적 행동을 만든다

생물학자 존 휘트필드(John Whitfield)는 《무엇이 우리의 관계를 조종하는가》에서 이런 말을 남겼다.

"인류사회는 파놉티콘(Panopticon)이다. 모든 사람이 수감자이자 간수다. 하지만 결과적으로 우리는 편집증이 아닌 협력이라는 이익을 얻는다."

그는 사회적 관계 속에서 가장 중요한 역할을 하는 것은 우리의 입이며, 그다음이 눈이라고 말한다. 타인의 행동을 지켜보는 것만으로는 그 사람의 행동을 변화시키기 어렵다. 우리는 입을 통해서, 즉 그 사람에 대한 소문과 평판을 퍼뜨림으로써 그의 행동을 좀 더 쉽게 변화시킬 수 있다. 그래서 우리는 늘 자신에 대한 평판을 관리하기 위해 노력하며, 이 때문에 타인의 시선에 민감하게 반응한다.

우리 뇌에는 타인의 거짓말을 가려내는 거짓말 탐지기가 장착되어 있다. 팬터마임 배우는 풍선을 들어 올리면서 무거운 바위를 드는 것처럼 연기할 수 있고, 텅 빈 공간에서 유리벽에 갇힌 것처럼 보이게 할 수 있다. 하지만 우리는 그것이 실제가 아니라 연기라는 것을 금세 알아차린다.

2004년 연구에서 사람들은 배우들이 다양한 무게의 상자를 들고 6~9초간 움직이는 영상을 본 후 배우가 거짓으로 연기하는지를 평가하는 실험을 진행했다. 배우는 상자가 무겁거나 가벼운 척 연기하면서 다른 배우에게 상자를 넘겨주었다. 이때 실험 참가자가 배우의 표정이나 감정을 판단할 수 없도록 배우의 얼굴을 흐릿하게 편집했다. 그런데도 사람들은 배우의 연기를 쉽게 알아차렸다. 뇌를 촬영한 결과 배우가 속이려는 행동을 눈치챘을 때 후부 상측두구(pSTS)와 내측 전전두피질(mPFC)이 활성화되었다.

거짓말은 습관이다

거짓말은 하면 할수록 능숙해진다. 2012년 한 연구팀이 48명의 실험 참가자에게 자신의 신분을 속이도록 훈련시키자 거짓말로 답하는 속도가 점점 빨라지는 것으로 나타났다. 거짓말을 자주 할수록 더 잘할 수 있는 것이다. 특히 우리는 상대방과 직접 대면하지 않았을 때 더 능숙하게 거짓말을 한다. 2012년에 발표한 연구에 따르면, 사람들은 문자메시지로 이야기를 나눌 때 화상으로 통화할 때보다 거짓말을 하는 빈도가 31%나 증가했다.

인간은 도덕적이지 못한 행동을 할 때 가슴이 뛰고 양심의 가책을 느낀다. 2016년 연구에 따르면, 비양심적 행동을 억제하는 장치는 뇌의 편도체다. 연구팀은 실험 참가자 80명에게 게임을 하도록 하고 fMRI(자기공명 영상 촬영장치)로 뇌를 촬영했다. 그 결과 거짓말을 하거나 비양심적인 행동을 할 때 편도체가 급격히 활성화되었다. 편도체는 주로 불안감과 두려움 같은 감정을 처리하는 영역이다. 따라서 편도체의 급격한 활성화는 양심의 가책 때문에 불안을 느끼는 정도가 강해지는 것으로 해석할 수 있다. 하지만 거짓말이 반복될수록 편도체의 활동은 감소했다. 거짓말이 반복될수록 양심의 가책을 덜 받으며, 죄책감 없이 더 큰 거짓말을 하게 되는 것이다. 특히 사람들은 자신과 상대방에게 모두 득이 되는 거짓말을 할 때 양심의 가책을 덜 받았다.

부모들은 아이들이 잘못했을 때 혼을 내면 다시는 그런 행동을 하지 않을 것이라고 생각한다. 하지만 캐나다 맥길대학교 연구팀이 2015년에 실시한 연구에 따르면 그렇지 않다. 연구팀은 4~8세 사이의 아이 372명을 대상으로 실험을 진행했다. 연구팀은 아이가 1분 동안 장난감과 함께 혼자 방에 있도록 하면서 장난감을 몰래 엿보지 말라는 말을 남기고 자리를 비웠다. 1분 후 방으로 돌아온 연구팀은 아이들에게 몰래 장난감을 보았는지 물었다. 아이들의 행동은 관찰 카메라에 기록되었다. 확인 결과 67.5%에 해당하는 251명이 몰래 장난감을 훔쳐보았다. 그런데 이들 중 66.5%에 해당하는 167명이 장난감을 보지 않았다고 거짓말을 했다. 연구팀의 분석 결과 거짓말을 한 아이들은 혼날 것이 무서워 진실을 말하지 않았다. 꾸중에 대한 두려움이 오히려 아이들을 거짓말쟁이로 만든 것이다. 따라서 심하게 혼을 내면 오히려 역효과를 가져올 수 있다.

　어린 시절의 경험과 학습은 습관적인 거짓말쟁이가 되는 데 큰 영향을 미친다. 아이들을 거짓말쟁이로 만들지 않으려면 어떻게 해야 할까? 2014년 미취학 어린이들을 대상으로 진행한 연구에서 거짓말에 대한 처벌은 효과가 거의 없는 것으로 나타났다. 〈피노키오〉나 〈늑대와 양치기 소년〉처럼 거짓말쟁이가 처벌받는 이야기는 아이들에게 별다른 영향을 주지 못했다. 그러나 〈조지 워싱턴과 체리나무〉처럼 정직함을 칭찬받는 이야기는 아이들이 진실을 말하는 데 큰 영향을 미쳤다. 거짓말을 처벌하기보다는 정직성을 칭찬하는 것이 더 효과적인 것이다.

　거짓말쟁이에게 가장 큰 벌은, 진실을 말하는데도 사람들이 믿어주지 않는 것이다. 신뢰를 쌓는 데는 오랜 시간이 걸리지만, 신뢰가 무너지는 것은 한순간이다. 대수롭지 않은 한 번의 거짓말이 한 사람의 인생을 무너뜨릴 수 있다.

아이가 '자아'를 인지하는 시기는 언제일까?

1860년대 후반, 찰스 다윈은 런던동물원에 갇혀 있는 두 마리의 오랑우탄 앞에 거울을 가져다 놓고 이들의 행동을 관찰했다. 서로 만난 적이 없는 두 마리의 오랑우탄은 서로에게 다가가 입술을 삐죽 내밀며 입맞춤을 하는 듯한 행동을 보였다. 다윈이 거울을 들여놓자 이들은 깜짝 놀라 거울에 비친 자신의 얼굴을 한동안 바라보았다. 얼마 후 다시 거울을 들여놓자 오랑우탄은 처음 만난 친구에게 했던 것처럼 거울 속의 자신에게 입술을 내밀고 다양한 표정을 지어 보였다. 때론 거울을 누르거나 문지르고 다양한 자세를 취하기도 했다. 다윈은 런던동물원에서 관찰한 결과를 바탕으로 1872년에 《인간과 동물의 감정표현 *The expression of the emotions in man and animals*》을 출간했다.

찰스 다윈의 거울 실험은 100여 년이 지난 뒤 한 심리학자에게 영감을 주었다. 1970년 심리학자 고든 갤럽 주니어(Gordon Gallup Jr.)는 침팬지 우리에 3미터 크기의 거울을 가져다 놓은 후 이들의 행동을 관찰했다. 처음 거울을 접한 침팬지들은 거울에 비친 자신의 모습을 다른 침팬지로 여겼다. 하지만 시간이 지나면서 거울 속의 침팬지가 자신임을 알아치리기 시작했고, 나중에는 거울 앞에 앉아 표정을 바꾸거나 털을 손질하기도 했다.

다음 실험에서 고든 갤럽 주니어는 거울에 익숙한 침팬지와 거울을 본 적이 없는 침팬지들을 마취한 후 눈썹과 귀에 붉은색 물감을 칠했다. 그런 다음 그들 앞에 커다란 거울을 가져다 놓았다. 거울에 익숙한 침팬지는 마취에서 깨어나 거울을 바라본 후 붉게 칠해진 자신의 눈썹과 귀를 만졌다. 하지만 거울을 처음 본 침팬지들은 아무런 반응을 보이지 않았다. 고든 갤럽 주니어는 침팬지가 거울 속의 자신을 알아보며, 높은 지능을 가진 동물만이 자아를 인지한다고 결론지었다.

아기는 언제쯤 거울 속의 자신을 알아볼까?

거울 자아인식 테스트는 동물들이 자아를 인지하는지 알아보기 위해 즐겨 사용하는 방법이다. 자아인식 능력을 가진 동물은 거울에 비친 표시를 본 후 자신의 몸에 표시가 있는지 확인하는 행동을 취한다.

그렇다면 인간 아기들은 어떤 반응을 보일까? 2004년 세 명의 심리학자가 이 궁금증에 도전했다. 연구팀은 태어난 지 15개월에서 23개월된 아이 90명을 대상으로 거울 테스트를 진행했다. 먼저 놀고 있는 아이들의 얼굴을 폴라로이드 카메라로 촬영했다. 그런 다음 아이들을 소파에 앉히고 5분 동안 거울을 바라보게 한 후 거울을 치웠다. 이때 연구자들은 손수건으로 아이들의 코를 닦아주는 척하면서 파란 물감을 묻혔다. 이후 30초 동안 아이들을 놀게 한 후 다시 거울을 보여주고 90초 동안 반응을 살폈다. 아이들이 거울을 보고 파란 물감이 묻은 코를 만지면 자아를 인식한다고 볼 수 있다.

다음에는 아이들에게 세 장의 사진을 보여주고 자신의 얼굴을 찾는 실험을 세 차례 진행했다. 세 차례 테스트에서 두 번을 성공하면 자아를 인식하는 데 성공한 것으로 판단했다. 실험 결과 거울 테스트를 통과하는 연령은 평균적으로 생후 17개월이었고, 사진을 통해 자신을 알아보는 아이의 평균 연령은 18.5개월이었다. 사진은 움직임을 동반하지 않기 때문에 대상을 인식할 수 있는 시기가 다소 늦다. 따라서 아이들은 생후 18개월을 전후해 자아를 알아차리는 것으로 보인다.

다른 동물들은 어떨까?

이후 수십 종의 동물들을 대상으로 거울 테스트가 이루어졌다. 거울 테스트를 통과한다는 것은 동물이 자신의 몸에 대한 개념을 가지고 있음을 암시하기 때문에 '자기인식'의 증거로 여겨졌다. 그렇다면 어떤 동물들이 거울 테스트를 통과했을까?

먼저 새들을 살펴보자. 그동안의 실험에서 매우 지능이 높다고 알려진 비둘기와 앵무새는 거울 테스트를 통과하지 못했다. 똑똑한 새로 알려진 까마귀 역시 실패했다. 까마귀는 거울에 비친 자신의 모습을 보고 놀라거나 거울 뒤를 뒤지거나 공격하려는 행동을 보였다. 이로써 조류는 거울 테스트를 통과하지 못한다고 여겨졌다. 그러나 2008년 독일 연구팀이 유럽 까치를 대상으로 실험한 결과 조류 중 처음으로 거울 테스트를 통과했다.

실험 조건을 바꾸어 거울 테스트를 통과한 까마귀도 있다. 클라크 잣까마귀는 수백 군데에 2만 개 이상의 먹이를 숨겨놓고 배가 고플 때 다시 찾아내는 기억력을 가지고 있을 뿐 아니라 다른 까마귀가 지켜볼 때는 먹이를 숨기지 않다가 한눈을 팔 때 먹이를 숨길 만큼 영리하다. 한 실험에서는 도토리가 저장된 69개의 방 중에서 25개 방을 기억하고, 그 기억을 285일 동안 유지했다.

2016년 도슨 클레어리(Dawson Clary)와 데비 켈리(Debbie M. Kelly) 연구팀이 이들 앞에 거울을 가져다 놓고 먹이를 주었다. 그러자 이들은 거울에 비친 자신의 모습을 다른 까마귀로 여기고 먹이를 몰래 흙에 묻었다. 거울 테스트를 통과하지 못한 것이다. 하지만 흐릿하게 보이는 거울로 실험하자 이들은 거울 속의 까마귀가 자신임을 알고 먹이를 흙에 묻지 않았다. 흐릿한 거울 앞에서는 테스트를 통과한 것이다. 연구팀은 까마귀에게 익숙한 것은 깨끗한 거울이 아니라 자연에 존재하는 호수나 개울처럼 흐릿한 거울일 것이라고 그 이유를 설명했다.

다음 후보자는 다소 둔감해 보이는 코끼리다. 2006년 연구에서 아시아코끼리는 거울 테스트를 통과했다. 연구팀이 아시아코끼리의 얼굴에 흰색 물감으로 표시한 후 거울을 보여주자 거울을 빤히 쳐다본 다음 자신의 얼굴에 있는 표시를 확인했다. 그러나 세 마리 중 두 마리는 아무런 반응을 보이지 않았다.

지금까지의 연구에 따르면 인간을 비롯해 침팬지, 오랑우탄, 코끼리, 돌고래, 범고래 등이 거울 테스트를 통과했다. 반면 고릴라, 원숭이, 판다, 개, 바다사자 등은 테스트를 통과하지 못했다. 테스트를 통과한 동물 중에 실패한 경우도 있으며, 테스트를 통과하지 못한 동물 중에도 성공한 경우가 있다. 예컨대 테스트를 통과하지 못한 비둘기 중에도 성공한 사례가 있고, 인간과 함께 생활한 몇몇 고릴라는 테스트를 통과했다. 심리학자들은 고릴라가 상대방과 눈을 마주치는 것을 공격성을 드러내는 신호로 받아들이기 때문에, 거울 속의 자신과 직면하는 것을 꺼리는 경향이 있다고 설명한다.

테스트를 통과하지 못한 원숭이 역시 2010년 연구에서 다른 결과가 나왔다. 뇌에 이물질을 이식한 원숭이가 거울을 보고 자신의 머리를 확인하고, 자기가 볼 수 없었던 성기를 거울을 통해 확인하는 모습이 발견된 것이다. 자신의 모습을 거울로 비추어본다는 것은 거울 속의 원숭이와 자신이 동일하다는 것을 알고 있다는 것이며, 이는 곧 자아를 인식하고 있다는 뜻이다. 그러나 원숭이에게 자아인식 능력이 있는가, 없는가의 문제는 전문가들 사이에서 여전히 논란거리다.

거울 테스트로 자아인식 여부를 확인할 수 있을까?

거울 테스트의 효과를 의심하는 심리학자들도 꽤 있다. 거울 테스트로 우리가 확실히 알 수 있는 것은 손을 사용하고, 호기심이 많으며, 시각이 발달하고, 몸의 청결에 관심이 많은 동물이 테스트를 통과할 가능성이 높다는 것이다. 까마귀나 고릴라의 예에서 보듯이, 거울 테스트는 동물들이 살아가는 환경을 전혀 고려하지 않은 것일 수도 있다.

인간과 가장 친밀한 개의 사례를 보자. 개가 거울 테스트를 통과하지 못한 이유는 시각보다 후각에 의존하기 때문일 수 있다. 그동안 거울 테스트는 냄새가 없는 물감을 사용해왔다. 대부분의 동물이 냄새로 대상을 확인하기 때문에 이를 방지하기 위해서다. 그렇다면 후각으로 실험할 경우 대부분의 동물이 테스트를 통과하지 못할까?

실제로 2017년에 36마리의 개를 대상으로 냄새 테스트를 진행했다. 연구팀은 몸에 물감을 칠하는 대신 개의 오줌을 넣은 작은 통을 사용했다. 개가 자신의 오줌 냄새로 자기를 알아보는지 실험한 것이다. 의심할 여지도 없이 개는 자신의 오줌 냄새를 금세 알아차렸다. 더구나 오줌에 다른 첨가물을 넣어 냄새를 바꾸었는데도 자기 냄새를 정확하게 구분해냈다. 따라서 거울 테스트는 인간을 비롯해 시각이 발달한 일부 동물에만 효과가 있는지도 모른다. 그렇기 때문에 다른 동물이 자아에 대한 인식을 갖지 못했다고 섣불리 판단하는 것도 인간의 편견일 수 있다.

놀라운 사실 중 하나는 모든 아이가 거울 테스트를 통과하는 것이 아니라는 점이다. 2011년에 발표한 논문에 따르면 문화권에 따라 거울 테스트의 결과가 달리 나타났다. 연구진이 케냐의 아이들 82명을 대상으로 실험한 결과 단 두 명만이 거울 테스트를 통과했다. 2017년 피지, 페루, 잠비아 등의 아이들을 대상으로 진행한 실험에서도 비슷한 결과가 나왔다. 따라서 현재까지 진행해온 거울 테스트는 자아인식 여부를 판단하는 데 적절치 않을 수도 있다.

인간이 가진 메타인지 능력

'나'와 '다른 존재'를 구분하는 능력은 생존하는 데 반드시 필요한 능력이다. 하지만 나와 '내가 아닌 것'을 구분하는 것과 '내가 나임을 아는 것'은 전혀 다른 문제다. 내가 아닌 것을 구분하는 능력은 세포 수준에서도 발휘된다. 단세포 동물도 적과 아군을 구분할 줄 알기 때문이다. 우리 몸의 면역세포는 외부에서 침입한 낯선 적을 골라내어 공격한다. 더 깊이 들어가면 '내가 아닌 것'은 화학적 수준에서도 구분된다. 화학적 결합과 분리는 소립자 세계에서도 일어나기 때문이다. 하지만 '내가 나임을 아는 것', 즉 자아를 인지하려면 발달한 뇌가 필요하다.

인간은 자신과 자신의 생각을 판단하고 평가하는 메타인지 능력을 가지고 있다. 그래서 우리는 다른 동물과 달리 자아를 성찰할 수 있다. 우리가 이런 능력을 갖게 된 것은 잘 발달한 뇌 덕분이다. 우리 뇌는 어떤 형용사가 자신을 표현할 때와 다른 사람을 표현하고 있을 때 다르게 반응한다. 2002년 연구에 따르면 언어로 자신을 표현할 때는 다른 사람을 표현할 때와 달리 뇌의 극히 일부분만 활성화된다. 2007년 매튜 리버만(Matthew Lieberman)의 연구에서도 타인을 바라볼 때와 자신의 모습을 바라볼 때 뇌의 다른 영역이 반응한다는 사실이 밝혀졌다. 이는 자아를 인지하는 능력이 매우 고차원적인 능력임을 의미한다.

재미있는 사실은 뇌에서 몸을 인지하는 체계와 마음을 인지하는 체계가 분리되어 있다는 것이다. 우리 몸에 대한 표상은 두정엽에서 인지하지만, 마음에 대한 표상은 내측 전전두피질에서 인지한다. 이 때문에 우리는 몸과 마음을 분리해 인식하고, 영혼이 몸 밖에 존재한다고 믿게 되었다.

내측 전전두피질은 내면적인 자아인지, 즉 '나는 누구인가'를 떠올릴 때 일관되게 반응한다. 이 영역은 흔히 제3의 눈으로 불리는 곳에 위치해 있으며, 오직 영장류만이 가지고 있다. 다른 영장류는 이 영역이 뇌에서 차지하는 비율이 0.2~0.7%에 불과하지만 인간은 1.2%에 이른다. 인간은 다른 영장류에 비해 내측 전전두피질이 두 배 이상 큰 것이다. **자아를 인식하고 자신의 생각을 평가하는 메타인지 능력은 인간 정신의 정수라 할 수 있다. 이러한 능력 덕분에 인간은 자신의 한계를 인식하면서 보다 나은 존재가 되기 위해 노력하는 존재가 될 수 있었다.**

아이는 당신의 마음을 알고 있을까?

동화 속의 아이들은 늘 악한 존재에게 속아 넘어간다. 백설공주는 계모가 건넨 사과를 의심하지 않고, 헨젤과 그레텔 역시 계모가 파놓은 함정과 마녀의 친절에 속는다. 〈빨간 망토〉에 등장하는 주인공 역시 할머니로 변장한 늑대에게 속는다. 독자들은 늑대가 할머니로 변장했다는 사실을 금세 알아차리지만, 소녀는 변장한 늑대를 할머니로 착각한다. 우리나라 전래 동화에 등장하는 주인공들도 엄마로 변장한 사악한 동물에게 속아 위험에 처하게 된다. 왜 아이들은 사악한 존재에게 쉽게 속아 넘어가는 것일까?

틀린 믿음 과제

심리학자들은 같은 상황에서 서로 다른 생각을 하는 것을 '틀린 믿음 과제(False-Belief Tasks)'라 부른다. 동화 속에서 펼쳐지는 상황은 똑같지만 주인공과 동화를 읽는 독자의 믿음은 서로 다르다. 독자는 늑대가 할머니로 변장했다는 사실을 알고 있다. 그러나 동화 속의 주인공은 그 사실을 전혀 모르고 있다. 이 때문에 독자들은 애를 태우며 동화를 읽는다.

틀린 믿음 과제를 해결하려면 상대방의 마음을 읽을 수 있어야 한다. 상대방의 마음을 알면 동화 속의 주인공이 속을 수밖에 없는 상황을 이해할 수 있다. 상대방이 하루 종일 아무것도 먹지 못했다는 사실을 알면, 우리는 그 사람이 배고프다는 사실을 안다. 그 사실을 알면 그가 원하는 것이 무엇인지 알게 되고, 내가 어떤 행동을 취해야 하는지도 알게 된다. 이렇듯 타인의 마음이나 의도를 예측하는 것을 '마음 이론(Theory of Mind)'이라 부른다.

마음 이론에 관한 연구는 1978년 데이비드 프리맥(David Premack)과 가이 우드러프(Guy Woodruff)에 의해 이루어졌다. 이들이 선택한 대상은 침팬지였다. 연구팀은 여러 과제에 부딪힌 인물을 촬영해 침팬지에게 보여주었다. 연구팀이 보여준 영상은 손이 닿지 않거나 감추어놓은 바나나를 찾는 장면, 우리에 갇혀 있는 장면, 추위에 떠는 장면 등 다양했다. 침팬지들은 영상을 보고 해결책이 담긴 장면을 일관되게 바라보았다. 침팬지들은 해결책이 바로 옆에 있는데 왜 행동하지 않느냐는 듯한 반응을 보인 것이다. 이는 침팬지가 영상 속 인물의 의도를 이해할 뿐 아니라 문제를 해결할 수 있는 대안을 선택한다는 것을 의미했다. 침팬지도 마음 이론을 가지고 있었던 것이다.

　그로부터 30년이 지난 2008년에 두 명의 심리학자가 침팬지에게 타자의 목표를 이해하는 능력이 있음을 확인했지만, 틀린 믿음을 완전히 이해한다는 결론에는 도달하지 못했다. 이후에 이루어진 연구에서도 침팬지를 비롯한 영장류가 부분적으로만 마음 이론을 가지고 있다는 것을 확인할 수 있었다.

　침팬지를 비롯한 유인원이 타자의 믿음을 추론할 수 있는지에 대해서는 아직 분명한 결론이 내려지지 않았다. 2016년 한 연구팀이 1978년의 연구 결과를 재현하기 위한 실험을 진행했다. 이번에는 좀 더 과학적인 방법이 동원되었다. 연구팀은 스토리가 있는 영상을 촬영해 침팬지, 보노보, 오랑우탄 등 20~30마리의 대형 유인원들에게 보여준 후, 이들의 시선을 아이 트래킹(eye tracking) 기술로 추적했다. 아이 트래킹은 눈 주위에 센서를 부착하거나 탐지 코일이 내장된 콘택트렌즈를 부착해 실시간으로 시선을 추적하는 방법이다.

　영상에는 두 명의 배우가 등장하는데, 그중 한 명은 '킹콩'으로 분장했다. 다른 한 명의 배우는 킹콩을 찾기 위해 분주히 움직이고, 킹콩은 배우의 눈을 피해 이리저리 옮겨 다닌다. 그러다가 배우는 '킹콩'이 숨었던 건초 더미 두 개 중 한 개에 몽둥이를 휘두른다. 하지만 배우의 믿음과는 달리 그곳에는 킹콩이 없었다. 배우가 잠시 한눈을 파는 사이 킹콩이 다른 장소로 이동했기 때문이다. 더구나 킹콩은 배우가 보지 않는 틈을 타서 완전히 도망쳐버린다. 이제 배우가 나타나 아무것도 없는 두

무더기의 건초 더미로 접근한다. 대형 유인원들은 이 상황을 어떻게 이해했을까?

배우가 건초 더미로 다가가는 모습을 본 대형 유인원의 70% 정도는 일제히 한 장소를 바라보았다. 유인원들이 바라본 곳은 배우가 마지막으로 킹콩이 숨어 있다고 믿는 장소였다. 이는 유인원이 타자의 틀린 믿음을 이해한다는 것을 보여준다. 즉 인간이 어떤 생각을 하고 있는지 파악하고, 인간이 틀린 믿음을 바탕으로 실수할 것까지 예상한 것이다. 이 결과를 토대로 연구팀은 대형 유인원들이 틀린 믿음을 이해한다고 제안했다.

이 대목에서 이런 의문이 들 수도 있다. "집에서 키우는 개는 침팬지보다 사람의 마음을 훨씬 잘 알고 있지 않은가?" 사실 개는 사람이 무엇을 원하는지 잘 알고 있다. 그래서 주인이 등지고 있어도 공을 물고 와 주인 앞에 떨어뜨린다. 따라서 개는 초보적인 마음 이론을 가지고 있다고 할 수 있다. 하지만 이는 **개와 인간 사이에만 해당될 뿐, 자신의 동료에게는 해당되지 않는다. 개가 인간의 마음을 이해할 수 있게 된 것은 인간과 함께하도록 진화했기 때문이며, 이 과정에서 인위 선택이 중요한 역할을 했다.**

아이들은 틀린 믿음을 이해할까?

사람을 대상으로 처음 틀린 믿음 과제를 연구한 것은 1983년이다.

이때 처음으로 실험 모형이 만들어졌고, 이후 다양한 버전의 과제들이 등장했다. 가장 보편적인 실험은 '샐리-앤 테스트(Sally-Anne test)'로 불린다. 이 실험에는 샐리와 앤이라는 두 명의 아이가 등장한다. 실험에 참여한 아이들은 두 아이의 행동을 지켜보거나 이야기를 들은 후 상황을 판단해야 한다.

먼저 샐리가 자신의 장난감을 바구니에 숨기고 밖으로 나간다. 샐리가 밖으로 나간 후 앤이 나타나 바구니에서 장난감을 꺼내 상자에 숨겨놓는다. 이제 밖으로 나갔던 샐리가 돌아와 장난감이 있는 곳으로 걸음을 옮긴다.

이 장면을 목격한 아이들은 샐리가 장난감을 찾으러 어디로 향할지 대답해야 한다. 두 아이의 행동을 지켜본 아이들은 장난감이 어디에 있는지 알지만, 샐리는 장난감을 상자에 숨겨놓았다는 사실을 알지 못한다. 따라서 아이들은 샐리가 처음 장난감을 숨겨놓았던 바구니로 걸어갈 것이라고 대답해야 한다.

아이들은 이 문제를 알아맞힐 수 있을까? 이 문제를 맞히려면 자신과 샐리가 알고 있는 것이 다르다는 것을 이해해야 하고, 그 이해에 기초해 샐리의 행동을 예측할 수 있어야 한다. 1983년 연구에서 하인츠 빔머(Heinz Wimmer)와 요제프 페르너(Josef Perner)는 만 네 살이 되어야 이 문제를 해결할 수 있다고 결론 내렸다.

네 살이 되어야 침팬지 수준이 된다?

네 살 아이의 마음이 침팬지와 다를 바 없다는 결론은 인간의 자존심을 상하게 만든다. 이 결론에 의심을 품은 심리학자들은 2007년에 다시 실험을 진행했다. 실험 결과 생후 25개월짜리 아이들도 틀린 믿음을 이해했다. 이로써 네 살이 되어야 타인의 마음을 인지할 수 있다는 학설이 수정되었다. 2013년 연구에서는 마음 이론을 갖는 연령이 다시 18개월로 줄어들었다. 클라크 배럿(Clark Barrett) 연구팀이 중국, 에콰도르, 피지 등 다양한 문화권에서 살아가는 만 19개월에서 만 다섯 살 사이의 아이 91명을 대상으로 실험한 결과 모든 문화권에서 유사한 결과를 얻었다.

그동안의 연구를 살펴보면, 타인의 마음을 바라보는 시각은 18개월에 이르러 중대한 전환이 이루어지는 것으로 보인다. 생후 18개월이 되면 아이들은 다른 사람들이 자신과 다른 욕망을 가지고 있다는 것을 배우기 시작한다. 이는 일상에서도 쉽게 확인할 수 있다. 두 개의 물건을 들고 있는 아이에게 "좋은 걸 나한테 줄래?" 하고 물어보면, 18개월 미만의 아이는 자신이 좋아하는 것을 건네준다. 하지만 18개월이 넘은 아이는 상대방이 좋아하는 것을 건네준다. 18개월이 넘은 아이들은 타인이 원하는 것이 무엇인지를 아는 것이다.

18개월 이전의 아이들은 모든 판단 기준이 '자신'이다. 이 아이들은 갖고 싶은 것은 모두 자기 것이며, 타인에게 주었더라도 마음이 바뀌면 다시 자기 것이라고 믿는다. 또 빼앗을 수 있는 것은 모두 자기 것이며, 다른 아이와 함께 획득한 것도 자기 것이다.

마음 이론의 단계

아이는 성장하면서 타인의 마음을 좀 더 잘 이해하게 된다. 심리학자들은 이를 네 단계로 구분하고 있다.

1단계는 자신의 개체성을 인식하는 '자기인식 단계'다. 자신의 몸과 마음을 인식하는 능력은 일부 포유류와 조류도 가지고 있다.

2단계는 다른 개체도 지각과 목표를 가진 의도적 행위자임을 인식하는 '초보적인 마음 이론 단계'다. 대형 유인원들은 이 단계의 마음 이론을 가지고 있다.

3단계는 다른 개체도 자신처럼 독립된 마음을 가지고 있음을 이해하는 '완전한 마음 이론 단계'다. 이 단계에 이르러야 자신과 다른 개체의 믿음이 다르다는 것을 이해할 수 있다. 아직은 인간만이 이 단계에 도달한 것으로 보인다.

4단계는 제3자도 마음을 지니고 있음을 이해하는 '확장된 마음 이론 단계'다. 성숙한 인간은 직접 만난 적이 없는 사람이나 소설 속에 등장하는 허구적인 인물의 마음도 이해할 수 있다.

사람마다 차이가 있기는 하지만, 우리는 3단계부터 4단계에 이르는 마음 이론을 가지고 있다. 우리가 타인의 마음을 깊이 이해할 수 있는 것은 '재귀적 마음 이론'을 가지고 있기 때문이다. 즉 우리는 타인의 마음뿐 아니라 타인이 나에 대해 갖고 있는 마음까지 이해할 수 있다. 예컨대 우리는 "나의 대답이 틀렸다는 영희의 믿음을 철수가 고려할 것이라고 나는 믿는다."는 문장이 성립될 수 있음을 안다.

마음 이론이 필요한 이유

다음 두 가지 상황을 떠올려보자.

첫 번째 상황은 보석 상점을 턴 도둑이 도망가는 장면이다. 그때 경찰관 한 명이 도둑이 떨어뜨린 장갑을 보고 소리친다.

"잠깐만, 거기 서!"

도둑은 깜짝 놀라 자신이 저지른 도둑질을 자백한다.

두 번째 상황은 도둑이 보석을 훔치기 위해 상점에 침입하는 장면이다. 도둑은 문을 열고 안으로 들어가 금고 문을 연다. 반짝이는 보석을 꺼내기 위해 손을 뻗었을 때 갑자기 경보기가 울린다.

두 가지 상황은 1995년에 발표된 논문에서 인용했다. 심리학자들은 첫 번째 이야기를 들었을 때와 두 번째 이야기를 들었을 때 반응하는 뇌 영역이 다르다는 것을 알아냈다. 첫 번째 상황은 마음 이론과 관련된 것이고, 두 번째 상황은 오직 물리적 사실 관계만 보여준다.

장갑을 떨어뜨린 도둑은 경찰관이 부르는 순간, 자신의 범죄 행위가 들켰다고 생각할 것이다. 하지만 경찰관은 장갑을 떨어뜨렸다는 사실을 알려주려 했을 뿐이다. 도둑이 제 발이 저려 자수한 상황을 이해하려면 도둑이 틀린 믿음을 갖고 있다는 것을 이해할 수 있어야 한다.

인간은 타인의 마음을 이해하고, 그 이해를 바탕으로 타인을 배려한다. 그런 의미에서 마음 이론은 도덕감각의 출발점인 동시에 도덕규범의 기초라 할 수 있다. 우리는 다른 사람이 나에 대해 어떤 마음을 갖는지 알기 때문에 잘못을 저질렀을 때 양심의 가책을 느낄 수 있다.

어린 시절의 기억을 떠올리지 못하는 이유

몇 살 때 경험까지 기억하십니까?

지그시 눈을 감고 어린 시절의 기억을 떠올려보자. 기억이 가물가물하다면 앨범 속의 사진들을 들춰보아도 좋다. 돌잔치를 하던 때를 기억하는가? 또는 유치원에 입학하던 때를 기억하는가? 아마 유치원에 입학하던 모습은 어렴풋이 기억할지 모르지만, 돌잔치에 대한 기억은 없을 것이다. 우리는 아주 어린 시절에 경험한 일들을 기억하지 못하는데, 이런 현상을 '유아기억상실증'이라고 한다. 유아 시절의 기억을 정확하게 진술하는 사람도 더러 있지만, 이들의 기억은 대부분 가짜 기억이다.

물론 끝내 잊을 수 없거나 잊히지 않는 기억도 있다. 유아기에 배운 동작은 나이가 들어서도 기억에 남아 있다. 예컨대 숟가락을 사용하는 동작은 한번 익히면 잊히지 않는다. 이런 기억을 '절차 기억'이라 부르는데, 자전거 타기나 자동차 운전도 여기에 속한다. 그래서 기억상실증 환자는 아침에 양치질을 하는 것을 깜빡 잊을 수는 있지만, 칫솔을 주면 알아서 양치질을 한다. 절차 기억이 잊히지 않는 것은 기억을 담당하는 뇌 영역이 다르기 때문이다. 절차 기억은 뇌에서 가장 깊숙이 자리 잡은 기저핵과 습관적 움직임을 담당하는 소뇌에서 관장한다.

우리 뇌는 생존에 반드시 필요한 정보를 장기 기억으로 저장한다. 예컨대 뜨거운 난로에 손을 댔다가 된통 혼이 났던 기억은 죽을 때까지 잊히지 않는다. 이런 기억을 '지각 기억'이라 부른다. 만일 절차 기억이나 지각 기억까지 사라지게 되면 우리는 정기적으로 걸음마와 숟가락질을 다시 배워야 하고, 손에 화상을 입을 때마다 자신의 형편없는 기억력을 원망해야 한다.

아이들은 언제 기억을 잃는가?

우리가 흔히 잃어버리는 기억은 일반 지식에 해당하는 '의미 기억'과 자전적 연대기에 해당하는 '일화 기억'이다. 우리는 모든 것을 기억할 수 없다. 또 새로운 정보를 기억하려면 쓸모없는 과거의 기억들을 청소해야 한다. 그래서 어린 시절에 배운 지식과 경험은 나이가 들면서 점차 사라진다. 그렇다면 우리는 몇 살까지의 경험을 기억할 수 있을까?

1991년 연구에 따르면 생후 6개월 된 아기들의 기억은 하루 정도 유지된다. 생후 9개월이 되면 기억은 한 달 정도 유지되고, 생후 2년이 지나면 1년 전의 기억을 떠올릴 수 있다. 연구팀의 분석 결과 세 살 반이 된 아이는 자신의 세 번째 생일인 18개월 진에 디즈니월드에 갔던 것을 자세히 기억해냈다.

자전적 기억이 생성되려면 내가 '나'라는 것을 알아야 한다. 즉 자기를 인지할 수 있어야 일화 기억이 만들어진다는 얘기다. 내가 아닌 다른 사람의 기억을 공유하는 것은 아무런 의미가 없다. 1994년 세 명의 심리학자가 생후 17개월에서 66개월에 이르는 어린이 25명을 대상으로 연구한 결과, 자전적 기억이 만들어지는 시점은 자기 인지가 시작되는 시점과 거의 일치했다. 아이들은 적어도 생후 18개월은 지나야 거울 속의 자신을 알아본다. 그러므로 아무리 빠르게 잡아도 두 살이 안 된 아이는 자신의 경험을 인지할 수 없고 기억할 수도 없다는 것이다.

하지만 자아의식과 언어 능력이 있어야 기억을 만들 수 있다는 주장에 대한 반론도 만만치 않다. 자아의식이 형성되기 전, 즉 한 살이 안 된 유아들도 최소 한 달 전의 기억을 떠올릴 수 있다는 사실이 실험을 통해 밝혀졌기 때문이다. 따라서 자아의식이 있어야 기억이 생성된다거나 최소 18개월이 되어야 자아의식을 갖는다는 가설 중 하나는 틀렸다고 볼 수 있다.

이후 연구자들은 다양한 연구를 통해 세 살을 전후해 이전의 기억이 사라진다는 사실을 밝혀냈다. 그러나 2005년 연구에서 아이들이 기억을 잃기 시작하는 시점이 6~7세 무렵이라는 사실이 밝혀졌다. 연구팀의 실험 결과에 따르면, 다섯 살 반 된 어린이는 세 살 때 경험한 일을 80% 정도 기억했지만, 일곱 살 반이 된 어린이는 그 절반도 기억하지 못했다. 이는 여섯 살에서 일곱 살 사이에 아이들의 기억이 집중적으로 사라진다는 것을 의미한다.

2014년 연구에서는 그 시기가 7~8세로 높아졌다. 미국 에모리대학 연구팀은 어린이 83명과 그들의 부모들을 대상으로 6년간 추적 조사를 진행했다. 연구팀은 실험에 참가한 부모들에게 세 살 생일파티처럼 특별한 경험을 할 때 아이들과 대화한 내용을 녹음해달라고 부탁했다. 그런 다음 아이들이 그 경험을 얼마나 기억하고 있는지 6년 동안 확인했다. 그랬더니 5~7세 아이들은 세 살 때 경험의 63~72%를 기억한 반면, 8~9세 아이들은 35%만 기억해냈다. 7세를 넘어서면 세 살 이전의 기억이 대부분 사라지는 것이다. 기억은 시간이 지나면서 빠르게 잊혔다. 다섯 살 반 어린이는 80%를 기억했지만 일곱 살 때는 60%, 일곱 살 반이 되었을 때는 40% 이하만 기억했다. 아이들은 사건을 경험할 무렵에는 상세히 기억하고 있었지만 성장하면서 조금씩 기억을 잃어갔던 것이다.

7~8세에 이르러 이전의 기억을 거의 잃는다는 얘기가 믿기지 않을 것이다. 대부분의 사람들은 그보다 어린 시절의 경험을 생생하게 기억하고 있기 때문이다. 하지만 그 기억은 사실이 아닐 가능성이 높다. 어린 시절의 기억이 오랫동안 선명하게 남아 있는 이유는 대개 가족들끼

리 그 사건에 대한 이야기를 자주 나누었기 때문이다.

자주 언급되는 사건은 기억을 강화한다. 하지만 가족들 사이에서도 그 사건에 대한 기억이 다른 것을 흔히 볼 수 있다. 사람들은 그 사건에 대한 이야기를 나누면서 자신의 관점과 경험을 계속 추가하기 때문에 기억이 왜곡되거나 변형된다. 우리는 자신의 스토리에 맞게 변형된 기억을 생애 최초의 기억으로 믿을 뿐 아니라 그것이 진실이라고 착각한다. 그렇기 때문에 같은 사건을 경험한 가족들끼리도 서로 기억이 다를 수밖에 없다.

물론 아동기의 기억상실이 특별한 것이 아니라는 반론도 있다. 자전적 기억이 만들어지면서 망각도 함께 시작되지만, 아동기에 기억이 한꺼번에 사라진다는 생각은 '착시'에 불과하다는 것이다. 다섯 살 이전의 기억은 전 생애에서 5% 정도에 지나지 않는다. 설령 일곱 살 때 기억의 절반을 잃는다 해도 전 생애로 보면 잃어버린 기억은 고작 2.5%에 지나지 않는 것이다. **한 사람의 성인이 살아가면서 잃는 기억은 이보다 훨씬 많다. 그러므로 어린 시절의 경험을 기억하지 못한다고 해서 기억이 사라졌다고 할 수는 없다는 것이다. 어쩌면 어른들은 아이들보다 더 많은 기억들을 잃어버리고 있는지도 모른다.**

어린 시절의 기억이 사라지는 이유

우리는 어린 시절에 대한 기억을 거의 가지고 있지 않다. 연구자들의 주장대로 일곱 살을 즈음해 이전의 기억들을 거의 잃어버린다면, 우리의 삶은 초등학교 시절부터 다시 시작되는 것이나 다름없다. 그렇다면 왜 어린 시절의 기억이 사라지는 것일까? 일찍이 프로이트는 불편한 기억을 억누르는 심리적 기제 때문에 어릴 적 기억을 잃게 된다고 주장한 바 있다. 성장해가면서 어린 시절에 겪었던 고통스런 경험들이 억압되고, 이 과정에서 기억이 소실된다는 것이다.

뇌의 신경세포를 뉴런(neuron)이라 부른다. 뉴런은 어머니의 배 속에서 거의 완성된다. 한때 신경과학자들은 한번 만들어진 뉴런은 재생되지 않는다고 생각했다. 하지만 1998년 페테르 에릭손(Peter Eriksson)이 암으로 사망한 환자 다섯 명의 뇌를 해부한 결과, 기억을 담당하는 해마에서 새로운 뉴런이 생성된 흔적을 찾아냈다. 페테르 에릭손의 발견은 엘리너 매과이어(Eleanor A. Maguire) 연구팀에 의해 증명되었다. 연구팀이 2년에서 42년 사이의 경력을 지닌 런던의 택시기사 16명과 일반인 50명의 뇌를 비교한 결과, 택시기사의 오른쪽 해마 뒷부분이 일반인보다 크다는 사실이 확인되었다. 특히 30년 정도의 경력을 가진 사람이 일반인보다 해마가 3% 정도 컸고, 뉴런 수도 20%나 많았다. 해마는 뇌에서 기억을 관장하는 부위다. 택시기사들은 복잡한 도시의 도로와 골목길을 기억해야 하고, 해마다 신설되는 도로와 건축물들도 기억해야 하기 때문이었다. 2007년에는 뇌가 손상되었을 때 새로운 뉴런이 만들어진다는 사실도 밝혀졌다.

아동기에 기억이 사라지는 이유에 대해서는 그동안 여러 가설들이 있었지만, 2012년에 이르러 뇌의 신경세포가 교체되면서 기억이 초기화된다는 가설이 제시되었다. 뉴런이 교체되면서 기억이 초기화된다는 가설은 새로운 뉴런의 생성과 관련이 있다. 새로 만들어진 뉴런은 기존 뉴런보다 정보를 더 효과적으로 저장할 수 있다. 뉴런은 나른 뉴런과 수천 개 이상의 시냅스(synapse)로 연결되어 있는데, 해마에서 뉴런이 새로 만들어지면 기존의 연결을 끊어버릴 가능성이 있다.

토론토 어린이병원 연구팀은 쥐 실험을 통해 새로 만들어진 뉴런이 기존의 기억을 파괴한다는 사실을 증명했다. 연구팀은 우리에서만 갇혀 살던 어린 쥐와 어른 쥐를 금속으로 만든 우리에 넣고 가끔씩 밑바닥에 전기 충격을 주었다. 어른 쥐들은 우리로 들어갈 때마다 공포에 떨었지만 어린 쥐들은 하루 정도가 지나자 전기 충격을 받았다는 사실을 잊어버렸다. 그런데 놀라운 일이 벌어졌다. 어른 쥐들도 쳇바퀴를 돌며 운동을 하고 나면 어린 쥐들처럼 전기 충격의 공포를 잊은 것이다.

쳇바퀴에서 운동을 하게 되면 새로운 신경조직이 만들어진다. 기억을 담당하는 해마에도 새로운 뉴런이 연결되면서 기존의 기억이 점차 사라진 것이다. 반면 운동을 하지 않은 쥐들은 과거의 기억을 그대로 가지고 있었다. 새로운 뉴런이 만들어지면 과거의 기억이 사라지고, 새로운 뉴런이 만들어지지 않으면 과거의 기억이 그대로 유지된 것이다. 그렇다면 기억의 상실은 뇌 기능의 쇠퇴라기보다 성장을 위한 하나의 과정인 셈이다.

2014년 연구에서는 어린 시절의 기억이 완전히 사리지는 것이 아니라 왜곡된 형태로 남아 있다는 사실이 밝혀졌다. 연구팀은 쥐들의 뉴런에 초록색 형광물질을 주입한 후 기존의 기억이 완전히 사라지는지 관찰했다. 그 결과 새로운 신경조직이 생겨나도 기존의 기억을 간직한 대부분의 뉴런은 사라지지 않고 남아 있었다. 과거의 기억들은 사라진 것이 아니라 뒤죽박죽으로 다시 배열되었다. 이 때문에 원래의 기억을 온전히 불러내는 것은 불가능했다. 신경회로가 재구축되는 과정에서 어린 시절의 기억 중 일부는 사라지고, 다른 기억들도 왜곡되거나 뒤틀린 채 남아 있는 것이다.

물론 모든 기억이 뇌에 남아 있는 것은 아니다. 스탠퍼드대학교 연구팀에 따르면 이 과정에서 어느 정도 망각이 수반된다. 해마에 새로운 뉴런이 생성되면 기존의 회로가 끊어졌다가 새로 연결되기 때문에 어릴 적 기억의 일부가 상실된다는 것이다. 많은 전문가들은 어린 시절의 기억이 사라지는 이유가 아동기의 뇌가 급격히 성장하기 때문이라고 생각한다. **뇌가 성장하면 뉴런과 뉴런 사이에 기존의 연결이 끊기고 새로운 연결이 생긴다. 과거의 기억을 담고 있던 기존의 연결이 끊어지면서 어린 시절의 기억이 상당 부분 사라지는 것이다.**

모든 걸 기억하는 여자

유년의 기억이 떠오르지 않는다고 해서 실망할 필요는 없다. 누구나 어린 시절에 기억상실증에 걸린 적이 있고, 유년의 기억을 되살릴 방법도 없다. 그럼에도 모든 것을 기억하는 사람들이 있다. 가령 10년 전 오늘 무엇을 했는지 기억하는 사람이 있다면 믿겠는가? 실제로 모든 것을 기억하는 '과잉 자전적 기억'을 가진 사람들이 존재한다. 이들은 10대 이후에 경험한 거의 모든 일상을 정확히 기억한다.

2006년 연구자들은 이런 증상을 가진 500명의 사람들을 조사해 33명을 과잉 자전적 기억으로 확인했다. 2012년에 이들 중 11명을 연구한 결과 기억과 연관된 뇌 영역이 일반인들과 유의미한 차이를 보였다. 그러나 일반적인 기억력 검사에서는 높은 점수를 받지 못했다. 오직 자전적 경험과 관련된 기억력만 특별하게 좋았던 것이다. 자신이 겪었던 일에 대해서는 정확히 기억한 반면, 단순한 정보를 암기하는 기억력은 일반인들과 별다른 차이가 없었다.

과잉 기억을 하는 사람들은 서번트증후군을 가진 사람들과는 다르다. 영화 〈레인 맨〉의 실제 모델인 킴 피크(Kim Peek)는 사진을 찍듯이 정보를 기억한다. 이들은 전화번호부를 통째로 외울 수 있지만, 자신의 일상에 대한 기억력은 일반인들에 비해 특별하지 않다.

망각의 역할

모든 것을 기억하는 것이 좋기만 한 것일까?

사실 뇌는 모든 것을 기억할 만큼 한가하지 않고, 그럴 필요도 없다. 뇌는 주변에서 일어나는 모든 상황을 지각하지만, 생존에 중요한 정보가 아니면 대부분 '무의식'이라는 창고 속에 처박아둔다. 중요한 것은 최대한 많이 기억하는 것이 아니라 중요한 정보를 위해 불필요한 것들을 빨리 버리는 것이다. 따라서 우리가 의식적으로 떠올릴 수 있는 기억은 경험 중 극히 일부분에 불과하다.

최근 망각이 기억만큼이나 중요하다는 사실이 속속 밝혀지고 있다. 2007년에는 의도적인 망각이 다른 기억력을 높여준다는 연구 결과가 발표되었다. 또 2014년에는 뇌에 망각 메커니즘이 존재한다는 연구 결과도 나왔다. ADD-1 단백질이 기억 형성에 관여하고, MSI-1 단백질은 망각에 관여한다는 것이다. 인간은 MSI-1 단백질을 만드는 유전자를 가지고 있기 때문에, 망각은 뇌의 실수나 오류가 아니라 능동적인 기억 과정의 일부라는 것이다. 망각은 기억력을 높이기 위해 반드시 필요한 과정인 것이다.

건망증 역시 중요한 결정을 내리기 위해 기억을 취사선택하는 과정의 일부라는 사실도 밝혀졌다. 2017년 연구에 따르면 해마는 필요한 기억만 남기고 불필요한 기억을 버리는 선택 과정을 수행한다. 따라서 건망증이 생겼다는 것은 해마가 중요한 정보로 가득 차 있다는 의미일 수도 있다. 뇌의 목적은 모든 정보를 저장하는 것이 아니라 필요한 순간에 최선의 의사결정을 내리는 것이다. 망각은 최선의 선택을 하기 위해 방해물을 제거하는 과정인 것이다. 망각도 진화의 산물이다. 생존 경쟁에서 살아남으려면 찌꺼기들을 버리고 필요한 것만 가지고 있는 것이 유리하다.

아이의 말을 얼마나 믿어야 할까?

왜곡된 기억의 죄악

1969년 9월 22일, 여덟 살 소녀 수전 네이슨이 실종되었다가 두 달 만에 시체로 발견되었다. 소녀는 강간당한 후 살해되었지만, 범인은 끝내 밝혀지지 않았고 사건은 미궁에 빠졌다. 그로부터 20여 년이 흐른 뒤, 살해된 소녀의 친구 아일린은 최면치료를 받다가 친구가 강간당한 후 살해되는 장면을 기억해냈다. 아일린은 고민 끝에 경찰에 신고했고, 11월 28일 범인이 체포되었다. 놀랍게도 아일린이 고발한 범인은 자신의 아버지 조지 프랭클린이었다.

목격자와 피의자의 진술이 오락가락했음에도 경찰은 프랭클린을 법정에 세웠다. 1990년 심리학자 엘리자베스 로프터스(Elizabeth F. Loftus)는 이 사건의 변호인으로부터 전문가로서 법정에서 증언해달라는 요청을 받았다. 변호인이 로프터스에게 증언을 요청한 이유는 그녀가 오랫동안 '거짓 기억'에 관한 연구를 진행했을 뿐 아니라, 1984년 9월 캘리포니아에서 사건이 발생했을 때도 전문가로서 증언한 적이 있기 때문이다.

로프터스는 이 사건에서도 아일린의 기억이 왜곡될 수 있다고 증언했다. 하지만 프랭클린은 1990년 11월 29일 배심원 평결에서 1급 살인죄로 종신형을 선고받았고, 수감된 지 5년 뒤 딸의 증언에 문제가 있다는 사실이 발견된 후에야 가까스로 석방되었다.

비슷한 시기에 더 끔찍한 사건이 발생했다. 이 사건은 폴 잉그럼이 자신의 두 딸에게 고발당하면서 시작된다. 1988년 폴의 딸 에리카와 줄리는 사이비 기독교 집단의 수련회에 참가했다가 어린 시절에 아버지에게 성폭행을 당한 사실을 고백했다. 자매는 1988년 11월 21일 경찰서를 찾아가 자신들의 경험을 진술했고, 이후 경찰은 5개월 동안 자매를 심문했다.

자매의 고백은 충격적이었다. 이들은 17년 동안이나 아버지와 오빠로부터 성추행을 당했다고 진술했다. 이들의 진술은 시간이 지날수록 더 끔찍한 내용으로 채워졌다. 아버지와 함께 근무하는 동료들에게도 성폭행을 당했다는 진술이 더해진 것이다. 폴 잉그럼은 그 지역의 보안관이자 공화당 지부장이었으며 독실한 기독교인이었다.

상황은 거기서 끝나지 않았다. 나머지 가족들을 심문한 결과 자매의 오빠와 어머니도 아버지와 그의 동료들에게 성폭행을 당했다고 진술했다. 자매는 아버지가 사탄 숭배 집단의 대사제이고, 의식을 거행하면서 어린아이 25명의 사지를 절단하고 인육을 먹었으며, 어머니가 동물들과 난잡한 성행위를 했다고 진술했다. 또 아버지가 자신의 팔에 못을 박고, 아빠 친구들로부터 펜치로 고문을 당했다고 말했다. 하지만 경찰은 어떤 증거도 찾아내지 못했다. 아무런 증거도 발견되지 않자 자매는 가족에 대한 모든 고발을 철회했다. 하지만 아버지는 1990년 4월 3급 강간죄로 20년 형을 선고받았다.

기억 전쟁

어떻게 이런 일이 벌어질 수 있을까?

로프터스는 심리치료사들의 역할에 의심을 품었다. 당시 미국에는 심리치료사들이 대거 배출되고 있었고, 엘렌 베스와 로라 데이비스가 쓴 성범죄 피해자들을 위한 안내서 《The Courage to Heal》이 큰 인기를 끌고 있었다. (이 책은 2012년 국내에도 《아주 특별한 용기: 성폭력 생존자들을 위한 영혼의 치유》라는 제목으로 출간되었다.)

이 책의 저자들은 성폭력에 대한 전문가가 아니었다. 엘렌 베스는 1970년대에 글쓰기 워크숍을 강의하다가 성폭력을 당한 여성들이 많다는 사실을 알았고, 이때부터 성폭력 생존자를 위한 워크숍과 세미나를 진행해왔다. 공저자인 로라 데이비스 역시 글을 쓰는 프리랜서였다. 그녀는 어린 시절에 할아버지에게 성폭행을 당했던 경험이 있었고, 치유를 위해 노력해왔다.

저자들은 어린 시절의 고통스런 기억에서 벗어나기 위한 치유 프로그램을 제시했다. 치유의 첫 단계는 손상된 상처를 기억해내고 그 사건이 실제로 일어났음을 믿는 것이다. 그리고 그 사건이 자신의 잘못 때문에 일어난 것이 아님을 이해하고 분노나 슬픔 같은 감정을 솔직하게 드러낸다. 그다음에는 용기 있게 자신의 상처를 드러내며 진실을 고백하는 것이다.

문제는 심리치료사들이 고백을 유도하는 데 집중한 것이었다. 심리치료사들은 고백을 이끌어내기 위해 수없이 유도 질문을 던졌다. 법정에서 전문가 증언을 한 로프터스는 아버지를 고발한 소녀의 고백이 가짜 기억일 가능성이 크다고 주장했다. 그녀는 거짓 고백을 하는 여성들의 기억이 심리치료사들이 은연중에 흘린 피암시성 때문에 왜곡된다고 생각했다. 피암시성은 타인의 암시를 받아들여 실제가 아닌데도 실제처럼 기억하거나 진술하는 것을 말한다. 아이가 어릴수록 상대방의 암시에 쉽게 동조하는 경향이 있다.

실제로 암시에 민감한 사람들의 기억 중에는 책이나 다큐멘터리 또는 언론에 소개된 사건들과 유사한 내용들이 많다. 대표적인 사례로 외계인들에게 납치되어 실험 대상이 되었다는 이야기를 들 수 있다. 다른 사람이 겪은 일을 자신의 일로 기억하는 '출처 혼동'이 일어날 수도 있다. 예컨대 최면 상태에서는 어린 시절의 기억을 생생하게 떠올리지만, 이 중에는 실제 경험한 적이 없는 기억들이 상당수 포함되어 있다.

로프터스는 어떻게 가짜 기억이 만들어지는지 알아보기 위해 몇 가지 실험을 고안했다. 먼저 실험 참가자들에게 교차로에서 일어난 자동차 사고 영상을 보여준다. 참가자들은 영상을 본 후 연구팀의 몇 가지 질문에 답해야 한다. 연구팀은 질문을 하기 전에 절반의 참가자들에게 한 가지 암시를 주었다.

"사고가 날 때 신호등이 노란불 아니었나요?"

실제 신호등은 빨간불이었지만 노란불일 것이라는 암시를 준 것이다. 실험 결과 암시를 받은 참가자 중 대부분이 신호등이 노란불이었다고 기억했다.

로프터스는 유사한 실험들을 여러 차례 진행했다. 복면을 한 남자가 등장하는 영상을 보여준 후 "그 남자의 얼굴에 난 수염을 기억하십니까?"라고 물었을 때, 대부분의 참가자들은 수염이 있었다고 기억했다. 하지만 그 남자는 복면으로 얼굴 전체를 가리고 있었다. 또 살인을 묘사한 영상을 보여준 후 암시를 주자 범인이 탄 청색 차량을 흰색으로 기억하기도 했다. 참가자들은 단순한 암시만으로 존재하지도 않는 것들을 기억해낸 것이다.

놀라운 것은 암시를 줄 때 단어만 바꾸었는데도 기억이 왜곡되었다는 사실이다. 연구팀은 자동차 충돌 사고를 담은 영상을 보여준 후 실험 참가자들에게 자동차의 속도를 물었다. 한 그룹에는 자동차가 부딪쳐 '박살났을' 때의 속도를 물었고, 다른 그룹에는 '부딪쳤을' 때의 속도를 물었다. 일주일 후 연구팀은 피험자들을 불러 영상 속에서 자동차의 유리창이 깨졌는지 물었다. 그러자 '박살'이라는 표현을 들은 참가자들 중에서 깨진 유리를 봤다는 사람이 훨씬 많았다. 실제 영상에서는 유리창이 깨지지 않았다. 단어 하나 때문에 기억이 왜곡된 것이다.

로프터스는 제공된 정보에 따라 기억이 쉽게 왜곡될 수 있음을 실험을 통해 입증했다. 그녀는 심리치료사들의 유도 질문과 암시, 최면의 오남용 등으로 가짜 기억이 만들어진다고 주장했다. 심리치료사의 기대에 부응하기 위해 상담자들이 거짓으로 고백했을 가능성이 크다는 것이다. 그녀의 법정 증언이 계속되자 심리치료사들이 반발하고 나섰다. 이른바 '기억 전쟁(memory wars)'이 시작된 것이다. 여론도 불리했다. 비판자들은 그녀가 성범죄를 옹호한다고 비난했고, 심지어 살해 위협도 서슴지 않았다.

쇼핑몰에서 길을 잃다

가짜 기억이 만들어질 수 있다는 사실을 인정하더라도, 사람들은 왜 그것을 진짜 기억으로 오해하는 것일까? 로프터스는 가짜 기억을 주입해 궁금증을 풀어보기로 했다. 실험은 두 단계로 진행되었다. 먼저 18세에서 53세의 참가자 24명을 모집한 다음, 이들에게 어린 시절의 인상적인 기억 네 가지를 글로 쓰도록 했다. 이 중 세 가지는 피험자들이 다섯 살 무렵에 실제 겪었던 일로, 부모들의 도움을 받아 추출했다. 하지만 한 가지는 연구팀이 만들어낸 거짓 기억으로 쇼핑몰에서 길을 잃은 경험이었다. 가짜 기억의 스토리는 단 한 문단에 지나지 않았다. 길을 잃었을 때 울었으며, 한 노인의 도움으로 가족과 극적으로 재회한다는 스토리였다. 피험자들은 그때그때 떠오르는 생각들과 함께 네 가지 기억을 생생하게 묘사해야 했다.

2단계 실험은 2주일 뒤에 이루어졌다. 연구팀은 피험자들을 인터뷰하면서 쇼핑몰에서 길을 잃었던 경험이 있는지를 물었다. 놀랍게도 일부 피험자들은 가짜 기억을 생생하게 묘사했다. 이들은 가족과 재회했을 때 어머니로부터 들은 말과 도움을 준 노인의 옷 색깔과 외모까지 창조해냈다. 2단계 실험에서 피험자 24명 중 7명이 쇼핑몰에서 길을 잃은 경험을 '진짜'로 기억하고 있었다. 실험이 끝나고 그것이 거짓이라는 사실을 알렸을 때, 피험자들은 매우 당혹스런 반응을 보였다.

로프터스는 이 실험을 통해 가짜 기억을 심을 수 있으며, 어떤 것을 상상하면 할수록 세부적인 내용을 덧붙여 기억을 부풀린다는 것을 알아냈다. 그녀는 이런 현상을 '상상 팽창'이라 불렀다. 거짓 기억을 삽입할 수 있다는 사실은 최근 연구에서도 확인되고 있다.

2016년 영국의 킴벌리 웨이드(Kimberley Wade) 연구팀은 400명 이상의 실험 참가자들에게 거짓 기억을 심었다. 어린 시절에 열기구를 타고 하늘을 날았다든지 친척 결혼식에서 말썽을 부렸다는 기억을 심어준 것이다. 그 결과 실험 참가자의 30%가량이 그 사건을 기억했으며, 다른 23%의 참가자들은 그러한 일이 실제로 일어났다고 믿었다.

기억은 변형된다

오랜만에 친척들이 모이면 어린 시절의 추억을 떠올리기 마련이다. 하지만 그 경험을 함께했던 사람들의 기억이 일치하는 경우는 거의 없다. 사람마다 그 경험을 달리 기억하는 것이다. 기억은 어떻게 뇌에 남게 되는 것일까? 여기에는 두 가지 가설이 존재한다.

하나는 해마에서 만들어진 기억이 대뇌피질로 옮겨간다는 것이다. 해마가 손상된 환자들은 새로운 기억을 만들지 못하지만, 과거의 기억을 가지고 있다는 사실이 이를 뒷받침한다. 이 가설에 따르면 해마는 기억을 만들어 대뇌피질로 보낸다. 그러므로 해마가 손상되면 대뇌피질로 옮겨간 기억은 남아 있지만 새로운 기억을 만들 수는 없다. 과거의 기억은 해마에 남아 있지 않은 것이다.

또 한 가지 가설은 해마에는 일화 기억만 남고 의미 기억은 대뇌피질에 저장된다는 것이다. 즉 해마는 사건 경험에 대한 자전적 기억을 간직하고 있다. 그러나 일반지식과 관련한 정보는 대뇌피질에 저장되어 있다는 것이다.

2013년 연구에 따르면, 기억은 해마와 대뇌피질에 모두 저장된다. 우리가 기억을 떠올리면 해마는 피질의 뉴런들을 선택적으로 활성화시킨다. 기억이 인출될 때마다 활성화되는 신경들은 조금씩 바뀌는데, 장기 기억은 자주 활성화되는 뉴런들에 저장된다. 어떤 기억을 자주 떠올릴수록 더 오랫동안 뇌에 남는 것이다. 하지만 기억을 떠올릴 때마다 실제 경험하지 못한 사실들이 추가될 수 있다. 기억이 조금씩 달라지는 것이다.

구로사와 아키라 감독의 영화 〈라쇼몽〉은 살인사건을 목격한 사람들의 기억이 어떻게 다른지 잘 보여준다. 영화를 관람하는 관객들노 누구의 말이 사실인지 모를 정도로 모든 목격자의 진술이 일관성을 가지고 있다. 사람들은 어떤 사건을 사진처럼 기억하는 것이 아니라 자신이 가진 프레임에 맞춰 기억한다. 어떤 프레임을 가지고 있느냐에 따라 사건은 재구성되며, 때로는 자신의 믿음에 맞게 기억을 조작한다. 이 때문에 사람들의 기억은 조금씩 달라진다. 우리는 어떤 사건에 편견을 입혀 기억하는 것이다.

기억을 떠올릴 때

기억이 어떤 방식으로 재생되는지는 심리학자들의 오랜 관심거리였다. 기억이 인출되는 메커니즘은 두 가지 모형이 존재한다. 하나는 뇌가 도서관처럼 기억을 저장했다가 검색을 통해 인출한다는 것이고, 다른 하나는 뇌 곳곳에 흩어져 있는 단편적 기억들을 조립해 재생한다는 것이다. 지금까지의 연구에 따르면, 두 가지 모형이 다 옳다. 다만 뇌는 컴퓨터 하드디스크처럼 기억을 저장하지 않는다. 컴퓨터는 한 장의 사진을 하나의 주소에 저장하지만, 뇌는 상대방의 목소리와 얼굴을 각각 다른 장소에 저장했다가 기억을 인출할 때 목소리와 얼굴을 합성한다.

한 가지 기억을 떠올리면 당시에 일어났던 다른 기억들도 한꺼번에 떠오르게 된다. 2016년 쥐를 대상으로 진행한 연구에서 그 원인이 밝혀졌다. 신경과학자들은 기억이 저장되는 뉴런 집단을 '인그램(engram)'이라 부른다. 기억이 저장되려면 꽤 오랜 시간이 걸리는데, 이때 다른 기억이 들어오면 두 기억이 같은 뉴런 집단에 저장된다. 비슷한 시간에 겪었던 사건들은 한 가지 사건을 기억할 때 함께 재생되는 것이다.

여러 사람이 공유하고 있는 기억은 함께 찍은 사진처럼 똑같은 것이 아니다. 2000년 조지프 르두(Joseph LeDoux)의 연구에 따르면, 기억은 재생될 때마다 조금씩 흔들린다. 기억을 떠올릴 때마다 기존의 집을 허물고 다시 짓는 과정을 반복하는 것이다. 이 과정에서 기억이 변형된다. 최근에는 인위적으로 가짜 기억을 만들고, 기억을 조작할 수 있다는 사실이 여러 실험을 통해 증명되고 있다. 앞서 소개한 로프터스도 2009년에 사람들의 기억을 바꿈으로써 특정 음식을 싫어하도록 만드는 데 성공한 바 있다. 예컨대 그 음식을 먹고 식중독에 걸린 적이 있다는 거짓 기억을 삽입하면, 그 음식을 멀리하게 된다.

기억은 원형대로 뇌에 묻혀 있는 것이 아니고 완벽하게 보존되는 것도 아니다. 우리는 사건의 하이라이트만 선택해 기억하며, 그마저도 자신의 프레임에 맞게 변형한다. 또 회상을 할 때마다 기억이 변형된다. 그러므로 우리가 사실이라고 믿는 기억은 사실이 아닐 가능성이 매우 높다. 어린 시절의 기억일수록 더욱 그렇다.

world | future | genius

02

아이의 미래,
부모에게
달려 있다

부모의 노력으로 아이를 얼마나 바꿀 수 있을까?

아이와 침팬지를 함께 키운다면

늑대소년 이야기를 기억할 것이다. 어쩌다가 부모와 떨어져 늑대 무리에서 자란 아이가 훗날 인간 사회로 돌아와 늑대처럼 행동한다는 이야기다. 물론 늑대 무리에서 구출된 소년이 오랫동안 사람들과 함께 살아간다면 차츰 인간의 본성을 되찾을 것이다. 그렇다면 입장을 바꾸어 보면 어떨까? 늑대가 인간 사회에서 살아간다고 해서 인간처럼 되지는 않는다. 하지만 인간 사회에서 살아가는 늑대가 개처럼 바뀔 수는 있지 않을까? 늑대는 자신의 본성을 쉽게 바꿀 수는 없지만 집에서 키우는 개처럼 행동할 가능성이 크다.

침팬지가 인간과 함께 자란다면 어떨까?

1931년 심리학자 윈스럽 켈로그(Winthrop N. Kellogg)와 그의 아내 루엘라 애거(Luella D. Agger)는 침팬지를 사람과 같은 환경에서 자라게 하면 어떻게 될지 의문을 품었다. 부부는 태어난 지 7.5개월 된 침팬지 구아(Gua)를 집으로 데려와 10개월 된 아들 도널드의 동생으로 삼은 후 아들과 똑같이 대했다.

켈로그 부부는 침팬지를 인간 아기와 똑같이 양육하면 인간처럼 행동할 것이라고 기대했다. 이들의 예측은 어느 정도 맞아떨어졌다. 침팬지는 인간의 몇몇 행동을 학습하고, 일부 행동은 인간보다 더 나은 학습 수준을 보였다. 그러나 침팬지의 언어능력은 거의 향상되지 않았으며, 아들 도널드의 언어능력 역시 뒤처졌다.

오히려 뛰어난 모방 능력을 보인 것은 침팬지가 아니라 아들 도널드였다. 도널드는 침팬지처럼 걷고, 구두를 물어뜯고, 벽에다 이를 문질러댔다. 심지어 배가 고플 때는 침팬지처럼 짖어댔다. 결국 실험은 9개월 만에 중단했고, 구아는 플로리다의 영장류센터로 보내졌다가 1933년 12월 21일 폐렴으로 숨졌다. 이 실험이 의미하는 것은 환경이 아무리 중요해도 타고난 유전적 요인을 무시할 수는 없다는 것이다. 침팬지가 인간 사회에서 성장한다 해서 인간처럼 행동할 수는 없는 것이다.

행동주의 심리학

인간의 정체성은 유전적으로 타고나는 것일까, 아니면 환경에 의해 만들어지는 것일까?

한때 심리학자들은 이 문제를 두고 서로 대립했다. 만일 우리가 유전적으로 결정되어 있는 존재라면 배우고 익히려는 노력은 한계에 부딪힐 것이고, 환경에 의해 결정되는 존재라면 부모가 물려준 유전자는 별 쓸모가 없게 된다.

심리학에서 유전적 요인을 무시하고 환경의 중요성을 강조했던 흐름을 '행동주의'라 부른다. 행동주의는 '빈 서판(blank slate)' 가설을 바탕으로 하고 있다. 이 가설에 따르면 인간은 백지 상태로 세상에 태어난다. 이후 누구와 만나 어떤 환경에서 성장하는가에 따라 백지의 빈 면들이 조금씩 채색된다. 이는 환경을 바꾸면 어떤 사람이든 원하는 인간으로 빚어낼 수 있다는 말과 같다. 그래서 행동주의를 대표하는 존 왓슨(John B. Watson)은 자신에게 12명의 건강한 아기를 주고 직접 꾸민 환경에서 키우게 한다면 부모의 자질이나 성향과 무관하게 어떤 아기라도 의사, 변호사, 예술가, 상인, 심지어 거지나 도둑 등 자신이 원하는 대로 길러낼 수 있다고 장담했다고 한다.

정말 이런 일이 가능할까?

이런 의문에 한 치의 의심도 품지 않은 심리학자가 있었다. 바로 버러스 스키너(Burrhus F. Skinner)다. 그가 실험에 사용했던 '스키너의 상자'는 널리 알려져 있다. 그는 쥐에게 지렛대를 누르게 할 수 있다면, 인간도 그렇게 만들 수 있다고 생각했다. 행동주의 심리학을 관통하는 것은 '강화(強化)'다. 강화는 어떤 행동의 결과가 그 행동의 빈도를 결정한다는 뜻이다. 다시 말하면 반복적으로 학습된 행동은 앞으로 더 많이 발현된다. 강화된 행동이 그 후에 일어나는 행동의 결정적 원인이 되는 것이다. 행동주의 심리학자들은 인간이 선천적으로 가지고 태어나는 것은 매우 적고, 대부분 학습을 통해 만들어진다고 믿었다. 이들의 생각은 1920년대에서 1970년대까지 심리학을 지배했다.

스키너의 베이비 박스

스키너는 동물실험에서 한 걸음 더 나아가 인간을 실험 대상으로 삼았다. 그는 실험 조건을 잘 갖춘다면 인간을 완전히 개조할 수 있다고 생각했다. 그는 인간에게 타고난 마음 같은 것은 존재하지 않으며, 인간의 정신세계는 보상과 처벌이라는 자극을 통해 만들어진다고 주장했다. 그가 꿈꾼 세상 또한 사람들을 로봇처럼 훈련시킬 수 있는 심리학자들로 정부를 구성하고, 이를 전 세계에 확산시켜 유토피아를 만드는 것이었다. 이 때문에 그에게는 '심리학의 거장'이라는 영예와 '전체주의자'라는 오명이 함께 따라다닌다.

스키너가 오명을 얻게 된 결정적 이유는 그가 고안한 베이비 박스(baby box) 때문이었다. 그는 동물실험에서 얻은 결과를 바탕으로 육아에 도움이 되는 베이비 박스를 개발했다. 이 박스는 젖은 기저귀 때문에 발생할 수 있는 피부 발진 등을 방지하고 아기가 편안하게 움직일 수 있도록 습도와 온도 조절이 가능했다. 실제로 스키너 부부는 어린 딸 데버라를 일정 기간 동안 이 상자에서 키웠다.

문제는 소문이었다. 소문에 따르면 스키너는 2년 동안 데버라를 좁은 상자 안에 가두어 키우면서 각종 실험을 진행했다고 한다. 이 때문에 데버라는 성장하면서 정신질환을 앓게 되었고, 31세가 되었을 때 아버지를 자녀 학대 혐의로 고소했다가 패소했으며, 이후 볼링장에서 권총으로 자살했다는 소문이 돌았다.

그가 얼마 동안 딸을 상자 안에서 키웠는지 정확히 알 수는 없다. 스키너는 잡지에 기고한 글에서 딸이 11개월 동안 베이비 박스 안에서 생활했다고 밝혔다. 하지만 데버라가 아버지를 고소한 후 자살했다는 것은 거짓 소문이었다.

베이비 박스가 언론에 소개된 후 사람들은 스키너의 베이비 박스를 자식을 훈육하는 소름 끼치는 도구로 인식했다. 하지만 이런 인식은 과장된 것이다. 스키너 스스로 밝혔듯이, 이 박스는 온도조절기에 가깝다. 침대의 온도를 적절히 조절함으로써 수면의 질을 높이고, 침구를 깨끗하게 유지함으로써 질병을 예방하는 것이 주요 목적이었다.

그가 개발한 것 중에는 '교수 기계(teaching machine)'도 있다. 기계 안에는 미리 선택된 질문과 답이 담겨 있고, 학생이 답을 적을 수 있는 두루마리 종이도 있다. 상자의 뚜껑이 닫히면 기계는 학생들에게 질문과 함께 답을 적을 수 있는 종이를 제공한다. 기계 아랫부분에는 학생 스스로 점수를 매기고 진도를 파악할 수 있는 손잡이도 달려 있다. 그는 이 기계가 학생들의 학습 능력을 크게 향상시킬 것이라고 믿었다.

행동주의에 대한 반격

1970년대 사회생물학이 출현하고, 1980년대에 진화심리학이 등장하면서 행동주의는 점차 쇠퇴한다. 그럼에도 유전과 환경에 대한 논쟁은 '본성 대 양육'이라는 이름으로 오랜 기간 지속되었다. 유전자의 영향이 더 큰가, 아니면 환경의 영향이 더 큰가를 알기 위해서는 쌍둥이들을 연구해야 한다. 일란성 쌍둥이는 유전자가 100% 일치하지만 이란성 쌍둥이는 절반 정도만 일치한다. 연구자들은 이들을 대상으로 친부모 밑에서 자란 경우, 쌍둥이로 태어났으나 한 아이가 입양되어 다른 환경에서 자란 경우, 서로 다른 가정에 입양된 경우 등 다양한 경우의 수를 감안해 연구를 진행한다.

이 분야에서 중요한 성과를 거두고 있는 행동유전학자 중 한 사람은 로버트 플로민(Robert Plomin)이다. 그는 영국 웨일스 지역에서 1994~1996년 사이에 태어난 1만 1,117쌍의 쌍둥이를 추적 조사하고 있다. 2010년 아홉 살짜리 초등학생 쌍둥이 2,602쌍을 대상으로 한 연구에서, 그는 과학 탐구 영역 성적에서 유전자의 영향이 60% 이상 차지한다는 결론을 얻었다. 또 16세를 대상으로 한 연구에서는 영어 능력의 52%, 수학 능력의 55%, 과학 능력의 58%가 유전적 요인의 영향을 받는 것으로 나타났다. 평균적으로 보면 약 58%가 유전적 요인, 약 36%가 공유하는 환경의 영향을 받았다.

행동유전학자들은 인간의 모든 심리적 특성이 유전적 영향을 받는다고 말한다. 그렇다고 해서 유전자가 절대적인 영향을 미치지는 않는다. 우리의 행동 중에는 오직 학습을 통해서만 발현되는 것들이 있다. 물론 우리의 학습 능력은 상당 부분 유전적으로 결정된다. 따라서 유전자와 환경이 모두 영향을 미친다고 할 수 있다.

유전자-문화 공진화(共進化)

행동주의를 반박할 수 있는 증거들은 많다. 인간의 선천적인 언어 능력, 새들에게서 보이는 각인(刻印) 현상이 대표적이다. 인간은 언어를 학습하는 능력을 타고났다. 언어 본능을 타고나지 않았다면 아이들은 언어를 배우는 데 엄청난 시간이 걸릴 것이다. 연구에 따르면 새들도 노래를 배우는 능력을 타고난다.

유전자-문화 공진화 가설은 유전자와 환경이 함께 진화에 영향을 준다는 이론이다. 최근에 제시된 증거 중 하나는 우유를 소화시키는 능력이다. 우리는 어머니의 배 속에서 나와 모유를 먹는다. 그렇기 때문에 태어날 때 우유를 소화시키는 효소를 만드는 유전자를 가지고 태어난다. 하지만 나이가 들면 모유를 먹지 않기 때문에 이 효소는 필요가 없어진다. 그래서 우리 몸은 이 효소를 점점 덜 만들게 되고, 성인이 되면 거의 만들지 않는다. 어른이 되면 이 효소를 만드는 유전자가 활동을 멈추는 것이다. 그래서 지금도 우유를 먹으면 배탈이 나는 사람들이 있다.

그러나 인류가 목축을 시작하면서 환경이 달라졌다. 가축으로부터 우유를 얻게 되면서 성인도 다시 우유를 먹게 되었고, 우유를 소화시킬 수 있는 효소가 다시 필요하게 된 것이다. 인류가 가축을 기르기 시작한 것은 약 1만 년 전이며, 젖소를 기르기 시작한 시점은 그보다 훨씬 늦다. 이 때문에 원시사회의 성인들은 우유를 발효시키거나 치즈 형태로 만들어 섭취했다. 수렵채집사회에서 성인들은 우유를 먹을 기회가 거의 없었고 우유를 소화시킬 능력도 필요 없었지만 다시 과거의 능력이 필요해진 것이다. 이 때문에 약 6,000년 전쯤 우유를 소화시킬 수 있는 락타아제를 갖게 되었다.

그럼에도 우유를 마실 수 있는 성인의 비율은 지역에 따라 다르다. 특히 목축이 발달한 지역의 성인들은 대부분 락타아제를 스스로 만들어낸다. 농경사회에서 탈 없이 우유를 마실 수 있는 사람이 10% 이하인 데 비해 이들 지역은 70~90%가 유유를 소화시키는 데 문제가 없다. 이는 목축이라는 환경이 유전자에 영향을 미쳤음을 의미한다. 목축업과 낙농업이 발전하면서 유전자도 변화한 것이다. 유전학자들과 인류학자들은 이를 유전자와 문화가 함께 진화한 증거로 삼는다.

유전자는 완벽하게 설계된 불변의 청사진이 아니라 선택 사항을 제시해놓은 요리책일 뿐이다. 유전자는 중요한 역할을 하지만 인간을 구성하는 결정적인 요소도 아니다. 유전자는 환경에 영향을 미치고, 환경은 유전자에 영향을 미친다. 인류가 오늘날의 문명과 문화를 이룰 수 있었던 것은 조상들이 물려준 유전적 자산 위에 문화를 모방하고 학습하는 능력을 갖추었기 때문이다.

아이가 잘 자라는 것은 모든 부모의 바람이다. 하지만 부모가 원하는 대로 아이가 만들어지지는 않는다. 부모는 아이가 잘 성장할 수 있도록 환경을 만들어주고 도움을 줄 수 있을 뿐이다. **아이가 원하지 않는 모습을 보인다고 해서 아이를 탓할 필요도 없다. 절반 이상은 당신이 물려준 유전자에 원인이 있기 때문이다. 부족한 환경을 탓할 이유도 없다. 당장 유전자를 바꿀 수는 없지만, 사람은 학습과 노력을 통해 얼마든지 자신의 운명을 바꿀 수 있다.**

아이는 당신의 손길을 원한다

세상의 모든 부모들은 늘 '이렇게 아이를 길러도 되는 걸까?' 하는 마음으로 살아간다. 엄하게 대하면 아이의 기를 죽이는 것 같고, 지나치게 너그러우면 버릇이 나빠질 것만 같다. 행동주의 심리학이 지배하던 1950년대만 하더라도 이 문제에 대해서만큼은 분명한 답이 나와 있었다. 당시는 행동주의 심리학과 정신분석학에 바탕을 둔 과학적 육아법이 널리 통용되던 시대였다.

행동주의 입장에서 보면 부모의 지나친 사랑은 아이를 망치는 지름길이며, 아이의 응석을 받아주는 것은 어리석은 행동이다. 당시의 심리학자들은 객관적으로 측정할 수 없는 감정의 존재를 인정하지 않았다. 부모의 사랑 또한 보살핌과 수유에 의해 만들어진 유대감의 한 종류일 뿐이었다. 즉 부모와 아이 사이의 사랑은 먹이를 공급하는 것에 대한 보상 차원에서 이루어지는 감정으로 치부되었다. 아이가 엄마에게 애착을 느끼는 것 또한 젖이 필요하기 때문이고, 아이가 엄마에게 매달리는 것도 배가 고프기 때문이라고 이해했던 것이다.

아기 원숭이는 왜 수건을 좋아하는가?

영장류 학자였던 해리 할로(Harry Harlow)는 이런 생각에 의심을 품었다. 그는 원숭이의 행동을 관찰하면서 행동주의 심리학에 의문을 가졌다. 당시 그는 어미로부터 격리된 아기 원숭이들에게 우유를 먹인 후 수건으로 입 언저리를 닦아주었는데, 아기 원숭이들은 수건을 붙잡고 놓아주려 하지 않았다. 수건을 치우려고 하면 버럭 성을 내며 비명까지 내질렀다. 왜 원숭이들은 수건에 집착하는 것일까? 할로는 그 이유를 알고 싶었다. 그는 먼저 철사로 어미 모형을 만들고 앞쪽에 우유가 흘러나오는 젖꼭지를 만들었다. 그런 다음 원기둥 위에 부드러운 천을 입힌 가짜 어미를 하나 더 만들었다.

연구팀은 원숭이 새끼들을 두 개의 가짜 어미가 있는 우리 안에 넣었다. 하나는 항상 우유가 흘러나오는 철사 어미였고, 다른 하나는 젖은 나오지 않지만 푹신한 천으로 만든 어미였다. 처음엔 낯설어 하던 새끼들도 시간이 흐르면서 새로운 환경에 적응해갔다. 곧 흥미로운 현상이 관찰되었다. 새끼들은 우유를 먹을 수 있는 철사 어미 대신 아무것도 주지 않는 헝겊 어미에 더 애착을 보였다. 하지만 헝겊 어미는 먹이를 제공하지 않기 때문에 배가 고플 때는 철사 어미에게 달려가

배를 채운 다음 다시 헝겊 어미에게 돌아왔다. 헝겊 어미를 꽁꽁 얼려 놓거나 심지어 찬물이 흐르도록 해도 아기 원숭이들은 헝겊 어미를 떠나지 않았다.

이후 할로의 원숭이 실험은 다양한 형태로 진행되었다. 그의 관심은 새끼가 어미로부터 고립되었을 때 어떤 변화를 겪는가 하는 것이었다. 연구팀은 가짜 어미의 몸속에 코일을 넣거나 차가운 물이 흐르도록 온도를 조절했다. 또 가짜 어미를 허공에 매달아 조금씩 움직이도록 했다. 그 결과는 한결같았다. 아기 원숭이들은 부드럽고 따뜻하고 움직이는 엄마에게 매달렸다.

혼자서는 살아갈 수 없다

연구팀은 가짜 어미에게 가면을 씌워보았다. 어미의 얼굴이 애착을 형성하는 데 중요한 변수일 수도 있기 때문이다. 가짜 어미의 얼굴에는 눈이 있어야 할 자리에 자전거에서 떼어낸 검은 반사경이 달려 있었다. 연구팀은 이 반사경을 떼어내고 실제 원숭이를 닮은 가면을 붙였다. 하지만 아기 원숭이들은 가면에 특별한 반응을 보이지 않았다. 아기 원숭이는 얼굴이 없는 헝겊 어미를 더 사랑했다. 오히려 원숭이들은 그동안 친숙해진 헝겊 어미에게 가면을 씌우자 심한 거부 반응을 보였다. 아기 원숭이들은 맨 처음 보았던 얼굴을 가장 친숙한 얼굴로 여긴 것이다.

하지만 이후 진행된 연구에서 헝겊 어미 밑에서 자란 아기 원숭이들도 제대로 성장하지 못한다는 사실이 밝혀졌다. 친어미와 떨어져 자란 아기 원숭이들은 소심하고 폭력적이며 반사회적인 행동을 보였다. 철사 어미 밑에서 자란 아기 원숭이는 정도가 더 심했다. 어떤 원숭이는 자신의 손가락을 통째로 갉아먹기도 했다. 놀라운 것은 움직이는 어미를 제작해 하루 30분 동안 놀 수 있게 하자 폭력적이고 공격적인 행동이 줄어들었다는 사실이다.

친어미와 떨어져 자란 아기 원숭이들은 성체가 된 후에도 제대로 놀 줄도, 짝짓기를 할 줄도 몰랐다. 연구팀은 '강간 침대'라는 것을 만들어 억지로 교미를 시도했지만 실패했다. 또 대부분의 어미는 새끼와 정상적인 유대감을 형성하지 못했고, 일부 어미는 자신의 새끼들을 살해했다.

연구 논문이 발표되면서 할로의 잔인한 실험 방식이 도마에 올랐다. 하지만 그의 실험은 과학자들이 동물실험 윤리를 고민하는 계기가 되기도 했다. 비록 할로의 실험은 끔찍한 것이었지만, 희생당한 아기 원숭이들 덕분에 우리는 인간의 본성에 대해 더 많은 것을 알게 되었다. 오랜 연구 끝에 연구자들은 한 가지 결론에 도달했다. 부모와 아이의 사랑을 만들어내는 세 가지 변수는 접촉, 움직임, 놀이라는 사실이었다.

할로의 실험은 행동주의 심리학에 치명타를 가했다. 새끼들은 '먹이'라는 보상이 아니라 따뜻한 보살핌에 더 애착을 느꼈다. 인간도 마찬가지다. 인간은 우유만으로 살 수 없다. 사랑은 먹이보다 따뜻한 스킨십으로부터 생겨나는 것이다. 할로는 1958년 미국 심리학회 기조연설에서 그동안의 연구 결과를 발표했다. 이를 계기로 스키너주의는 서서히 내리막길을 걷기 시작했다.

터치(touch)의 과학

할로의 연구 결과를 토대로 스킨십과 관련된 과학이 탄생했다. 털을 가진 모든 포유동물은 스킨십을 좋아한다. 인간은 다른 육상 포유류에 비해 털이 적지만, 인간이야말로 스킨십을 가장 필요로 하는 동물이다. 스킨십에 대한 초기 연구들은 대개 동물들을 대상으로 진행되었다.

포유동물은 태어나는 순간부터 어미의 따뜻한 보살핌을 받는다. 어미는 새끼를 핥고 보듬고 쓰다듬고 털을 골라준다. 새끼는 걷기 시작하면서 또래들과 함께 뒹굴며 쫓고 쫓기는 놀이를 즐긴다. 이 모든 것이 스킨십을 동반한다. 이러한 과정을 통해 새끼들은 가족 간의 유대감과 동료애를 경험하고, 생존 기술을 습득하면서 무리의 일원으로 성장하게 된다.

2009년 연구에서는 쥐에게 부드러운 빗질을 해주자 불안감이 감소하고 기억력이 향상되었다. 부드러운 터치가 뇌에서 기억을 담당하는 해마의 신경세포를 증가시킨다는 사실도 확인되었다. 최근에는 피부

아래 자리 잡은 감각 수용체 중 'CT 수용체'의 역할이 주목받고 있다. 피부에는 여러 수용체가 있는데 CT 수용체는 자극을 감지했을 때 감정을 생성하는 것으로 알려져 있다. 신경과학자들은 이미 1990년대에 이 수용체가 스킨십을 할 때 기분을 좋게 한다는 사실을 발견한 바 있다. CT 수용체가 감지한 감각 정보가 정서와 밀접한 연관이 있는 뇌의 섬엽(insular)으로 연결되기 때문이다.

털이 있는 포유류는 모두 CT 수용체를 가지고 있다. 우리가 스킨십을 통해 서로의 감정을 느낄 수 있는 것도 이 수용체 덕분이다. 이 수용체는 촉각만이 아니라 온도 감각에도 반응한다. 그래서 아무리 부드러운 손길이라도 손이 차가우면 기분이 좋지 않다.

2014년에는 부모나 교사가 머리를 쓰다듬어주는 것과 같은 따뜻한 '터치'가 아이의 자기 통제력을 키우는 데 도움이 된다는 연구 결과가 발표되었다. 아기의 얼굴을 만져주거나 쓰다듬으면 스트레스 호르몬이 줄어든다. 이 때문에 인간의 피부를 '사회적 기관'이라 부르는 사람도 있다. 연구에 따르면 초속 3센티미터 속도로, 체온 32도 이상의 온도로 쓰다듬을 때 가장 기분이 좋다. 하지만 지금까지의 연구에 따르면 손바닥이나 발바닥을 쓰다듬는 것은 효과가 없다.

원숭이 실험에서도 보았듯이 학대를 받으며 자란 아이는 정상적으로 성장하기 어렵다. 2001년 연구에 따르면, 학대받은 경험이 있는 아이들은 상대방이 모호하거나 슬픈 표정을 지었을 때 이를 분노로 해석한다. 이 아이들은 즐거운 표정에 정상적으로 반응하지만 분노한 표정에는 강렬하게 반응한다. 그래서 이들은 사소한 감정 표현에도 쉽게 두려움을 느끼거나 공격적인 행동을 보인다.

가부장사회에서 육아는 대개 엄마의 몫이다. 하지만 최근에는 아빠의 역할이 매우 중요한 것으로 밝혀졌다. 2017년 영국 킹스칼리지 런던 연구팀은 영아 시절에 아빠와 많은 시간을 보낸 아이의 인지능력이 더 높다는 연구 결과를 발표했다. 연구팀이 생후 3개월 된 아이를 둔 128명의 아빠를 대상으로 연구한 결과, 아이들이 만 두 살이 되었을 때 두뇌 발달에 차이를 보였다. 태어난 지 3개월이 되었을 무렵 아빠가 함께 놀아준 아이들은 사고능력 테스트에서 높은 점수를 받았다. 또 독서, 언어능력, 사회적 관계, 문제 해결 능력 등이 더 우수한 것으로 나타났다.

터치는 다른 사람과 관계를 맺는 데 가장 원초적인 역할을 해왔다. **우리는 타인과 스킨십을 나누면서 관계를 형성하고, 타인의 능력을 탐색하며, 때로는 위로하고 위로받는다. 누군가 내 몸을 부드럽게 안아줄 때 부정적 감정은 조금씩 누그러지고 세상으로부터 이해받고 있다고 느낀다. 터치는 피부감각 그 이상의 감정을 우리에게 선사하는 것이다.**

고립과 분리의 고통

동물의 새끼는 보호자와 떨어졌을 때 거친 울음소리를 낸다. 인간도 마찬가지다. 엄마와 떨어진 아이는 자지러지게 울음을 터뜨린다. 엄마와 떨어졌을 때는 스트레스 호르몬이 급격히 증가하는 반면, 엄마와 함께 있을 때는 모르핀을 맞은 것처럼 마음이 편안해진다. 1978년 연구 결과에 따르면, 엄마와 애착을 느끼는 과정은 뇌에 아편이 작용하는 과정과 유사하다. 어미와 떨어진 포유동물에게 적당량의 아편을 주입하면 울음이 현격히 줄어들었다. 1995년 연구에서도 헤어졌던 어미와 새끼가 만나면 양쪽 모두 아편과 같은 역할을 하는 신경호르몬이 증가하는 것으로 나타났다.

누군가에게 따뜻한 보살핌을 받으면 행복한 감정을 느낀다. 신경전달물질인 옥시토신이 엄마와 아이의 유대감을 형성하는 데 중요한 역할을 한다는 것은 이미 잘 알려져 있다. 옥시토신은 흔히 '신뢰의 호르몬', '사랑의 호르몬'으로 불린다. 옥시토신은 아이를 출산할 때 자궁 수축을 돕고, 엄마의 젖샘 근육을 수축시켜 젖이 쉽게 분비되도록 하는 역할을 한다. 엄마와 아기의 관계뿐 아니라 연인이나 동료의 유대관계, 다른 사람에 대한 연민이나 고통을 느끼게 하는 데도 옥시토신이 작용한다. 이 때문에 옥시토신의 분비가 원활하지 않으면 사회 적응에 문제가 생기거나 자폐증을 유발한다는 보고도 있다.

2005년 연구에서는 옥시토신이 보살핌 행동을 촉진하는 도파민 분비를 조율한다는 사실이 밝혀졌다. 옥시토신이 도파민의 분비를 촉진하는 것이다. 도파민은 보상을 얻고자 하는 동기를 불러일으킨다. 다시 말하면 도파민은 보상이 예측될 때 그것을 얻기 위한 행동을 촉발시킨다. 이는 옥시토신이 남을 돌보는 행동을 촉진할 뿐 아니라 그에 대한 보상으로 돌봄을 받고 싶은 감정을 동시에 촉발한다는 것을 의미한다.

이웃사촌이라는 말이 있듯이 유대감이 형성되려면 가까이 있어야 한다. 할로의 원숭이 실험에서 확인했듯이 얼굴은 유대감 형성에 큰 영향을 미치지 않는 것으로 나타났다. 우리 뇌에는 얼굴을 인식하는 영역이 따로 존재하지만, 2017년 원숭이를 대상으로 진행한 연구에 따르면 얼굴을 인식하는 뇌 영역은 경험을 통해서만 형성된다. 원숭이는 출생 후 200일이 지난 뒤에야 이 영역이 발달한다. 따라서 어려서부터 얼굴을 보지 않고 자란 원숭이는 얼굴을 인식하지 못한다.

사랑은 함께 얼굴을 맞대고 서로 부대끼면서 살아가는 동안 형성된다. 연인의 사랑은 금세 달아올랐다가 시들어버리지만, 부모와 자식의 사랑은 서서히 달아오르는 구들장과 비슷하다. 오랫동안 사랑을 유지하려면 함께 존재해야 한다. 눈에서 멀어지면 마음도 멀어지는 법이다.

가난은 아이에게 어떤 영향을 미치는가?

미네소타 기아 실험

제2차 세계대전이 막바지에 이른 1944년 말, 미네소타대학에서 충격적인 실험이 진행되었다. 생리학자 안셀 키즈(Ancel Keys)가 이끄는 연구팀은 36명의 양심적 병역 거부자들을 대상으로 6개월간 극한의 굶주림을 견디는 실험을 진행했다. 36명의 젊은이들은 자발적 의사에 따라 실험에 참여했다.

실험의 목적은 전쟁과 굶주림으로 죽어가는 수백만 명의 인류를 의학적으로 지원할 수 있는 방안을 찾는 것이었다. 1944년 11월 19일부터 1945년 12월 20일까지 지속된 실험은 음식 섭취를 줄여 체중의 25%를 줄인 다음, 기아 상태에 이른 실험 참가자들을 다시 회복시키는 방식으로 이루어졌다.

실험 결과 굶주림의 기간이 길어질수록 우울증과 히스테리가 증가했다. 일부는 극심한 심리적 고통을 겪었는데, 그중에는 손가락을 도끼로 절단한 사람도 있었다. 전체적으로 피험자들은 성적 욕구가 급격히 감소했고, 사회적 고립감을 느꼈으며, 집중력과 판단력이 저하되었다. 생리적으로는 기초대사율이 감소하고, 체온이 떨어졌으며, 호흡과 심장박동이 감소했다. 어떤 사람들은 온몸에 부종이 생기기도 했다.

연구 결과는 1950년에 서적으로 출간되었다. 그로부터 55년이 지난 2005년 두 명의 과학자가 당시 실험에 참여했던 36명 중 그때까지 생존해 있던 18명을 인터뷰한 내용을 보고했다. 당시 실험에 참가했던 사람들은 자신들의 희생에 자부심을 느끼고 있었지만, 굶주림의 기억은 여전히 아픈 상흔으로 남아 있었다.

굶주린 겨울

끔찍한 실험이었지만 현실은 더 비참했다. 제2차 세계대전이 한창이던 1944년 9월, 독일은 네덜란드 서부지역을 봉쇄했다. 식량 사정이 좋지 않았던 네덜란드는 외부로부터의 식량 공급이 완전히 차단되었다. 주민들은 튤립 구근 등 식량이 될 만한 것이면 무엇이든 먹어치웠지만, 봉쇄가 풀린 1945년 5월 5일까지 무려 2만 명이 굶어 죽었다.

2008년 영국과 네덜란드 연구팀이 이 '굶주린 겨울'을 견뎌낸 연령별 집단을 추적 조사한 연구 결과를 발표했다. 놀랍게도 당시 엄마의 배 속에 있던 태아들은 척추 파열 등 중추신경계에 결함이 생기거나 정신 질환에 걸릴 가능성 높았고, 대사증후군을 앓을 위험도 증가했다. 이들은 성인이 된 후에도 비만, 심장질환, 동맥경화, 당뇨에 걸릴 확률이 높았으며, 결혼 후에 낳은 아이들의 체중도 평균에 미달했다. 이러한 결과는 어머니가 경험한 굶주림이 후손에게도 영향을 미쳤다는 것을 의미한다. 또 임신을 하지 못하는 여성들은 튤립 구근을 많이 먹었다는 공통점이 발견되었다. 튤립 구근에 여성호르몬과 유사한 물질이 포함되어 있어 배란이 교란된 것이다.

배고픔은 생존을 위해 반드시 필요한 본능적 욕구다. 동물은 배고픔을 느낄 때 더 민감해지고 문제 해결 능력도 향상된다. 빨리 생존의 문제를 해결하려면 더 기민해져야 한다. 여러 실험을 통해 밝혀졌듯이 쥐는 배가 고플 때 후각 능력이 향상되고, 미로를 더 빨리 통과하며, 더 오래 고통을 견딘다. 배고픔에서 벗어나려면 더 민첩하게 행동하고 위험을 감수해야 하기 때문이다.

사람은 어떨까? 배가 고프면 의욕을 잃고 행동도 둔해질 것처럼 보인다. 하지만 2015년 연구에 따르면, 사람들은 배가 고플 때 물건을 소유하려는 욕구가 강해진다. 연구팀은 63명의 대학생들에게 네 시간 동안 아무것도 먹지 못하게 한 후 이들을 두 그룹으로 나누어 원하는 만큼 케이크를 먹게 하거나 먹지 못하게 했다. 그런 다음 원하는 만큼 사무용 클립을 가져가도록 했다. 그 결과 케이크를 먹지 못했던 학생들은 그렇지 않은 학생들보다 무려 70%나 더 많은 클립을 가져갔다. 배고픔이 무의식적으로 무언가를 축적하려는 행위를 촉발한 것이다.

이어 연구팀은 쇼핑몰에서 나오는 81명의 쇼핑객들에게 언제 무엇을 먹었는지 물은 다음 이들의 영수증을 조사했다. 그 결과 배가 고픈 사람들은 그렇지 않은 사람들에 비해 60% 더 많은 물건을 샀다. 먹을 것을 원하는 욕망이 물건을 원하는 욕망으로 변한 것이다.

2014년에는 배고픈 인간이 더 위험을 감수한다는 사실도 밝혀졌다. 배가 고픈 사람들은 요구르트를 먹은 사람들에 비해 카드 게임에서 훨씬 더 위험한 도박을 했다. 이들은 패배할 가능성이 점점 더 커지는데도 더 큰 위험과 보상을 추구했다. 합리적 판단보다 막연한 직감에 의존한 것이다.

배고픔은 정신 건강에도 심각한 영향을 미치는 것으로 알려져 있다. 배가 고프면 뇌의 시상하부에서 식욕을 자극하는 그렐린(ghrelin)이라는 호르몬이 분비된다. 지금까지 쥐를 대상으로 실험한 결과에 따르면 배가 고프면 충동적으로 행동할 가능성이 커진다. 인간도 마찬가지다. **배가 고프면 뇌는 생명을 위협받을 수 있다는 경고를 보낸다. 이 때문에 스트레스호르몬 수치가 높아지고 기분을 안정시키는 세로토닌이 감소해 분노와 짜증 같은 부정적 감정이 우세해진다.**

가난이 아이의 마음을 망친다

'개천에서 용 난다'는 말이 있다. 어려운 환경에서 자란 사람이 오랜 노력 끝에 입신양명하는 것을 일컫는 말이다. 하지만 이는 극소수의 사례를 일반화한 것에 지나지 않는다. 과학자들의 연구 결과를 보면 가난은 사람을 망치는 경우가 더 많다. 2013년 연구에 따르면, 어렸을 때 가난으로 스트레스를 받은 아이는 성인이 된 후 감정 조절 능력이 떨어진다. 연구팀은 49명의 실험 참가자를 9세부터 24세까지 추적 조사했다. 이들 중 절반은 빈곤층의 자녀였다. 연구팀은 이들의 가족 소득, 스트레스, 정서 발달, 부모와의 친밀도 등 다양한 자료를 15년간 분석했다. 또 이들의 감정 조절을 실험하면서 기능성 fMRI로 뇌를 촬영했다.

영상을 분석한 결과 어릴 때 가난한 가정에 자란 사람은 다른 사람들에 비해 편도체가 더 활성화되고, 전전두엽은 덜 활성화된다는 사실이 밝혀졌다. 편도체는 불안이나 공포 감정과 관련이 있고, 전전두엽은 이러한 부정적 감정을 제어하는 역할을 한다. 따라서 가난한 가정의 아이들은 위협적인 자극에 민감할 뿐 아니라 충동을 제어할 힘이 부족하다고 할 수 있다. 이는 가난한 가정의 아이들이 폭력이나 가정불화, 열악한 주거 환경 때문에 받은 만성적 스트레스로 장기적인 두뇌 손상을 입을 가능성이 크다는 것을 의미한다.

2016년 연구에서는 가난한 가정에서 자란 어린이들은 DNA 구조의 변화로 우울증 같은 정신질환에 걸릴 위험이 높다는 사실이 밝혀졌다. 가난은 스트레스다. 이 스트레스 때문에 영양 결핍, 과다 경쟁, 흡연 기회 등이 증가해 뇌의 발달에 영향을 미치게 된다. 연구팀은 11~15세의 백인 어린이 183명의 혈액 샘플을 채취해 우울증 징후를 검사했다. 그런 다음 공포에 찬 얼굴 사진을 보여주며 뇌 영상을 촬영해 어린이들이 스트레스에 어떻게 반응하는지를 분석했다. 이 실험은 3년간 정기적으로 실시되었다.

실험 결과 가난한 환경에서 자란 아이들은 동년배에 비해 SLC6A4 유전자의 변화가 많이 나타났다. SLC6A4 유전자는 세로토닌을 운반하는 단백질을 만드는 역할을 하는데, 세로토닌은 우울증과 밀접한 관련이 있다. 가난한 아이들은 세로토닌을 운반하는 단백질의 생성이 억제되어 우울증에 걸릴 확률이 더 높은 것이다.

가난이 아이의 건강을 위협한다

가난은 아이의 마음만 좀먹는 것이 아니다. 가난한 가정에서 자란 아이일수록 성인이 된 후 암에 걸리거나 비만이 될 확률이 증가한다. 2013년 군 입대를 앞둔 이스라엘 청소년 100만여 명을 대상으로 한 연구에 따르면, 소득이 낮은 집단에 속해 있던 청소년들은 평균 수준의 소득 계층보다 위암 발병률이 2.2배나 높았고, 교육 수준이 낮은 집단 역시 1.9배나 높았다.

놀랍게도 가난과 비만은 밀접한 관련이 있다. 2014년 스웨덴 연구팀이 소득과 비만의 상관관계를 분석한 결과를 발표했다. 연구팀은 환경적인 변수를 배제하고 오직 비만과 소득의 상관관계를 분석하기 위해

한 명 이상이 비만인 형제 15만 명의 연간 소득을 비교했다. 그 결과 비만인 사람의 소득이 평균 16% 적었다. 이는 스웨덴에서 3년의 교육 과정을 더 거쳤을 때 나타나는 소득 차이에 해당한다. 비만은 대학 졸업장이 없는 깃과 마찬가지인 것이다.

2016년에는 가난한 가정에서 자란 아이가 잘사는 가정의 아이에 비해 비만이 될 확률이 세 배 가까이 높다는 연구 결과가 나왔다. 연구팀은 2000년 9월에서 2002년 1월 사이에 영국에서 태어난 어린이 1만 9,244명을 추적 조사했다. 생후 9개월 때 첫 조사를 한 후 3세, 5세, 7세, 11세 등 네 차례에 걸쳐 조사를 진행했다.

5세와 11세의 데이터를 분석한 결과, 5세에서는 소득이 최하위인 집단의 6.6%가 비만이었고, 최상위 집단에서는 3.5%가 비만으로 나타났다. 그러나 11세가 되자 최하위 집단의 7.9%, 최상위 집단의 2.9%가 비만이었다. 6년이 지난 후 부유한 환경에서 자란 아이들의 비만은 감소한 반면, 빈곤층 자녀의 비만은 증가한 것이다.

소득 수준은 비만에 가장 직접적인 영향을 미치는 지표에 속한다. 가난한 집안의 아이는 비만이 될 확률이 높을 뿐 아니라 교육 수준도 낮다. 그만큼 소득을 올릴 기회도 충분치 않기 때문에 가난이 대물림될 가능성이 크다.

또 대부분의 연구에서 가난한 이들의 수명이 짧은 것으로 나타났다. 가장 큰 이유는 운동 부족, 좋지 않은 식습관, 불결한 환경, 흡연과 음주, 의료 기회의 부족 등일 것이다. 하지만 2014년 연구에서 가난한 가정에서 자란 아이는 텔로미어(telomere)의 길이가 짧아진다는 사실이 밝혀졌다. 텔로미어는 염색체 말단의 염기서열 부위를 가리키는데, 세포분열이 진행될수록 길이가 점점 짧아져 나중에는 세포분열을 멈추고 사망에 이르게 된다. 가난은 인간의 수명까지 줄이는 것이다.

오늘날에도 가난과 굶주림으로 고통받는 어린이들이 세계 도처에 널려 있다. 자연재해와 식량 부족이 원인인 경우도 있지만, 전쟁이나 권력 분쟁 때문인 경우가 더 많다. 한 사람의 미래는 유전적 요인에만 달려 있는 것이 아니다. **가난은 한 사람의 미래를 결정하는 데 중요한 영향을 미친다. 한 아이의 삶을 바꾸고, 보다 나은 사회를 만들고 싶다면 아이들이 처해 있는 환경부터 바꾸어야 한다.**

가정환경이 아이의 학습 능력에 미치는 영향

맹모삼천

맹자(孟子)의 집은 본래 공동묘지 근처에 있었다. 맹자의 어머니는 아들이 친구들과 어울려 장례 행렬을 흉내 내자 시장 근처로 이사했다. 하지만 그곳에서도 맹자는 장사꾼들을 흉내 내며 놀았다. 어머니는 다시 글방 근처로 이사했다. 그제야 맹자는 어른들에게 인사하는 법을 배우고, 제물을 늘어놓으며 제사를 올리는 흉내를 내며 놀았다. 어머니는 안도의 한숨을 내쉬며 말했다.

"이곳이야말로 내 아들이 살 만한 곳이구나!"

맹자의 어머니가 아들을 위해 세 번 이사했다는 '맹모삼천(孟母三遷)' 이야기는 유향(劉向)의 《열녀전》에 나온다. 이 이야기는 주변 환경이 아이의 양육에 얼마나 중요한지를 일깨워준다. 오늘날에도 아이의 교육

108

을 위해 모든 것을 희생하는 부모들이 많다. 하지만 아이의 교육 환경은 부모의 노력으로 쉽게 해결할 수 있는 문제가 아니다.

주변 환경은 아이의 성장에 얼마나 영향을 미칠까?

2016년에 발표한 에릭 췬(Eric Chyn)의 연구에 따르면, 가난한 환경에서 자란 아이는 어른이 된 후에 나쁜 일자리를 얻을 가능성이 크고 소득도 낮았다. 그는 1995~1998년 시카고 도심 재개발 때문에 다른 지역으로 이주한 저소득층 가구와 이런저런 사정으로 그곳을 떠나지 못하고 빈민촌에 남아 있던 가구의 자녀들을 비교했다. 그 결과 아이들이 성인이 되었을 때 더 나은 동네로 이사했던 아이들이 그대로 남아 있던 아이들에 비해 소득이 16%나 높았으며, 일자리를 찾을 확률도 9%나 높았다. 특히 이주할 당시 나이가 어릴수록 차이가 컸다.

주변 환경의 변화가 아이의 성장에 중요한 영향을 미친다는 사실은 2015년 하버드대학 연구팀의 연구를 통해서도 확인된 바 있다. 미국 주택도시개발부는 빈곤층 아이들의 주거지 이동을 통해 기회를 확대하는 '기회 이동' 프로그램을 진행하고 있다. 연구팀은 이 프로그램을 통해 13세가 안 되었을 때 다른 지역으로 이사한 빈곤층 자녀들을 추적조사했다. 그 결과 더 나은 동네로 이주한 아이들의 대학 진학률이 높았고, 연간 소득도 31%나 높은 것으로 나타났다.

빈민가를 떠난 아이들이 훗날 범죄를 저지를 가능성이 낮다는 연구는 많다. **인간은 나태한 성향 때문에 가난해질 수 있지만, 가난이 나쁜 성품을 만들 가능성도 있다. 이는 개인이 처한 경제적 환경을 변화시키는 것**

만으로도 더 나은 사회를 건설할 수 있음을 의미한다.

가정환경이 아이의 학습 능력을 결정한다

전문가들은 아이의 학습 능력이 어린 시절의 가정환경에 좌우된다고 말한다. 2011년 연구에 따르면, 소득 수준이 상위 10%인 가정의 아이와 하위 10%인 가정의 아이를 대상으로 수학과 읽기 능력을 조사했더니 6세에 이미 상당한 격차를 보였고, 이 격차는 18세까지 거의 줄어들지 않았다. 연구팀이 50년 동안 추적 조사한 결과 고소득 가정과 저소득 가정 자녀의 소득 격차도 계속 증가했다.

유치원 교육을 받는 것과 그렇지 않은 것도 취업, 소득, 건강, 범죄 등 거의 모든 면에 영향을 미친다. 가난한 사람들이 자녀를 유치원에 보내지 못하는 것을 고려하면, 가난한 가정의 자녀는 부모의 가난을 그대로 물려받는다고 할 수 있다. 이 문제를 해결하는 한 가지 방법은 공교육을 유치원까지 확대하고 다양한 계층이 한데 어울려 생활하도록 하는 것이다.

가난한 환경에 있는 아이들은 왜 학습 능력이 떨어질까?

최근 몇몇 심리학자들은 소득 수준과 뇌 발달의 상관관계 연구에 집중해왔다. 하버드대학의 교육학자 찰스 넬슨(Charles A. Nelson)이 루마니아의 보육원에서 생활하는 생후 18~24개월의 아기들을 추적 조사한 결과 뇌의 회백질(灰白質)과 백질(白質)이 보통 아이들보다 더 적은 것으로 나타났다. 회백질은 뇌의 신경세포가 밀집되어 있는 영역이고, 백질은 신경섬유가 밀집되어 있는 영역이다. 회백질과 백질이 부족하다는 것은 뇌의 발달이 정상적으로 진행되지 않았음을 의미한다. 그러나 아기들을 위탁 가정에 맡겨 보살피자 다른 아이들과의 차이가 사라졌다. 뇌가 발달하지 못한 원인이 가정환경에 있었던 것이다.

2015년 4~22세 사이에 있는 398명의 소득 수준과 두뇌 상태를 분석한 결과에서도 빈곤층 자녀는 뇌의 회백질이 또래 평균보다 8~10% 적은 것으로 나타났다. 빈곤층 아이들은 행동과 학습을 관장하는 전두엽과 측두엽의 회백질이 적었고, 학업 성취도도 다른 아이들보다 20% 정도 뒤처졌다. 전두엽과 측두엽은 각각 주의력과 언어능력을 담당하는 곳이다.

같은 해 3~20세까지의 1,099명을 조사한 결과에서도 빈곤층 자녀의 대뇌피질 면적이 고소득층 자녀에 비해 6% 적다는 사실이 밝혀졌다. 또 부모가 고등학교만 졸업한 아이들은 부모가 대학을 졸업한 아이들보다 대뇌피질 면적이 3% 적었다.

2016년 7~15세 어린이 105명의 가정환경을 장기간 추적하면서 뇌의 변화를 분석한 연구에서는 빈곤층 아이의 해마와 편도체의 연결 상태가 느슨한 것으로 나타났다. 해마는 기억과 학습을 관장하고, 편도체는 스트레스와 정서를 관장한다. 이는 가난한 집 아이일수록 학습과 인지 기능이 떨어지고 정서도 불안정할 가능성이 크다는 것을 의미한다.

가난한 집 아이들의 인지능력이 낮은 이유는?

한 가지 상황을 떠올려보자. 당신의 자동차에 문제가 생겨 정비소를 찾았다. 가까운 정비소를 찾아가니 정비공은 수리비로 160만 원을 요구했다. 이때 당신은 어떤 기분이 들까? 아마 머릿속이 하얘질 것이다. 2013년 심리학자들이 이와 유사한 상황에서 실험을 진행했다. 연구팀은 미국 뉴저지의 한 쇼핑몰을 찾은 400명의 소득 수준을 파악한 후, 소득이 7만 달러 이상인 사람과 2만 달러 이하인 사람으로 분류했다. 이들에게는 금전과 관련된 네 가지 상황이 부여되었다. 예컨대 "당신의 자동차가 고장이 났는데 수리비가 150달러 또는 1,500달러가 나왔는데 이 비용을 어떻게 처리하겠는가?" 같은 상황이다. 그런 다음 이들에게 논리력 테스트와 지능 테스트를 실시했다.

실험 결과 소득이 높은 사람일수록 지능 테스트에서 좋은 점수를 받았다. 쉬운 문제는 소득에 상관없이 대부분 높은 점수를 받았지만, 어려운 문제는 소득이 낮은 사람들의 점수가 현저히 떨어졌다. 특히 문제 해결 능력은 두 배 가까이 차이가 났다. 놀라운 점은 수리비가 1,500달러일 때 저소득층 참가자들의 IQ가 최대 14포인트까지 떨어졌다는 사실이다. 이 정도의 IQ 하락은 24시간 동안 잠을 자지 못한 사람들에게서 나타날 수 있는 수치다.

연구팀은 가난한 사람들의 인지능력이 갑자기 저하된 이유를 돈에 대한 걱정과 스트레스 때문이라고 밝혔다. 우리의 인지능력은 한정된

자원이다. 날마다 생활비를 걱정해야 하는 사람들에게는 생존과 관련이 없는 문제에 신경 쓸 여력이 없는 것이다.

이 실험 결과는 왜 가난한 집 아이들의 성적이 좋지 않은지를 설명해준다. 가난한 집 아이들의 인지능력이 떨어지는 것은 돈에 대한 스트레스 때문일 가능성이 많다. 하지만 부모의 투자와 학교 환경도 인지능력의 차이를 만들 수 있다. 미국 국가경제연구소(NBER)의 2015년 보고서에 따르면, 교육 기회의 형평성을 유지하는 것이 무엇보다 중요하다.

예컨대 플로리다주의 브로워드 카운티 공립학교는 학생의 절반 이상이 흑인과 히스패닉이었고 저소득층 가정도 50%가 넘었다. 그런데도 영재 클래스에 배정된 학생 중 이들의 비율은 28%에 그쳤다. 영재 클래스 편성이 교사와 부모의 추천을 통해 이루어졌기 때문이다. 하지만 2005년부터 영재 클래스에 들어갈 때 자격시험을 치르도록 하자 히스패닉 학생이 2%에서 6%로 증가했고, 흑인 학생은 1%에서 3%로 증가했다.

하지만 2010년 자격시험이 폐지되자 다시 백인과 아시아계 학생들이 증가하고 흑인과 히스패닉 학생들이 줄어들었다. 2012년에 다시 시험이 부활되었지만 객관적 시험 대신 언어능력 테스트로 대체되었다. 그러자 부유한 부모들은 엄청난 돈을 들여 자녀에게 사교육을 시키기 시작했고, 결과적으로 부유한 백인 학생들에게 유리한 결과를 가져오게 되었다.

이 사례는 교사의 편견이나 부모의 개입이 아이들의 인지능력에 영향을 미친다는 것을 보여준다. 가장 대표적인 편견은 피부색, 소득 그리고 학력과 지위다. 이러한 편견을 극복하지 못하면 아이들은 부모의 소득, 학력, 지위를 그대로 물려받을 가능성이 크다. 빈곤층 부모들은 자녀에게 투자할 여력이 별로 없기 때문에 시간이 지날수록 학습 능력의 차이는 더 벌어질 수 있다.

가난으로 인한 불평등을 극복하기 위한 노력

2017년 7월《네이처》에 따르면, 찰스 넬슨 연구팀이 방글라데시 다카 지역에서 2~3개월 된 아이 12명의 뇌를 분석한 결과 회백질의 크기가 상당히 적은 것으로 나타났다. 또 36개월 된 아이 130명을 조사한 결과 성장이 더딘 아이들은 사회적인 자극에도 둔감했다. 사람의 얼굴보다는 자동차 같은 사물에 더 예민하게 반응한 것이다. 이는 가난한 환경에 노출된 아이들의 뇌가 다른 방식으로 발달하고 있다는 것을 의미한다.

인지능력, 학력, 사회적 지위의 차이는 대부분 빈부 격차 때문에 생긴 것이다. 따라서 세계적인 비영리단체들은 부의 불평등이 초래한 인지능력의 격차를 해소하기 위해 다양한 프로그램들을 진행하고 있다. 대표적인 비영리단체로 EMPath(Economic Mobility Pathways)와 중미파나마영양협회(INCAP)를 들 수 있다. 이들의 특징은 뇌 과학 이론을 바탕으로 가구 소득과 아이의 성장 관계를 분석하고 해결책을 찾는다는 점이다.

EMPath는 계층 간 이동을 활성화함으로써 가난으로 인한 인지능력의 차이를 줄이기 위해 노력하고 있다. 또 중미파나마영양협회는 1969년부터 7세 미만의 어린이에게 단백질이 풍부한 음식을 제공하는 프로그램을 진행하고 있는데, 2010년 연구팀의 종단 연구에 따르면, 단백질이 풍부한 음식을 섭취한 아이들은 청소년이 되었을 때 지능 테스트에서 높은 점수를 받았다. 특히 1~3세 때 고단백질 음식을 먹은 여자 아이들은 대부분 고학력자가 됐으며 남성보다도 많은 소득을 올렸다. 모든 학교에서 부모의 소득에 관계없이 무상급식이 실시되어야 하는 것은 이 때문이다.

빈부 격차는 모든 차별의 원천인 동시에 가장 끔찍한 사회적 차별이다. 하지만 다른 생물학적 차별에 비해 우리 사회가 쉽게 바꿀 수 있는 차별이다. 따라서 인류의 삶을 개선하려는 모든 노력은 빈부 격차를 해소하는 것으로부터 시작되어야 한다.

칭찬의 효과와 역효과

교수를 강의실에서 내보내는 방법

심리학을 전공하는 학생들 사이에 떠도는 유머 중에 '교수를 강의실에서 내보내는 방법'이 있다. 교수가 강의를 시작하면 학생들은 철저히 무시하는 행동을 취한다. 그러다가 교수가 문 쪽을 바라보는 순간 갑자기 집중하기 시작한다. 집중은 교수의 행동을 변화시키는 '강화'를 유도한다. 강화가 일어나면 교수가 문을 바라보는 횟수가 점차 늘어난다. 그러다가 학생들은 갑자기 집중을 중단하고 교수가 문 쪽으로 걸어가는 경우에만 집중한다. 그러면 강화의 대상이 되는 행동은 문을 바라보는 행동에서 문으로 다가가는 행동으로 바뀐다. 이런 방식으로 강화의 대상을 조금씩 변화시킨다. 즉 교수가 문에 손을 댈 때, 또는 문을 열 때로 점차 집중의 대상을 이동시키는 것이다. 교수가 강의실을 나갈 때까지 집중의 대상을 이동시키면, 결국 교수는 스스로 강의실에서 나간다는 것이다.

교수가 강의실에서 나갈 때까지 행동을 변화시키려면 상당히 오랜 시간이 걸릴 것이므로, 수업시간에 써먹기는 힘들다. 그러나 이 유머는 사람의 행동을 변화시키는 방법을 잘 요약해서 보여준다. 행동을 변화시키려면 먼저 주의를 기울이고, 칭찬 같은 적절한 강화 수단을 제시하며, 원하는 행동을 했을 때 즉각적인 보상을 제공해야 한다. 물론 사람을 변화시키려면 끈기와 인내가 필요하다.

갓난아이들도 자신이 원하는 것을 얻기 위해 이런 방법을 사용한다. 아이는 엄마가 배설물을 치우거나 품에 안아주면 울음을 그친다. 이 때문에 부모들은 아이가 칭얼댈 기색이 보이면 재빨리 기저귀를 살피고 아이를 품에 안는다. 아이들은 더 완벽하게 부모를 부려먹을 수 있는 전략도 가지고 있다. 바로 해맑은 미소와 옹알이다. 아이가 미소를 짓거나 옹알이를 할 때마다 부모는 행복에 겨워 기꺼이 번거로운 노동을 감수한다. 아이의 통통한 볼과 귀여운 미소는 엄마의 보살핌을 유도하기 위해 유전적으로 타고난 것이다. 그래서 이 세상에 존재하는 모든 동물의 새끼는 귀엽다.

칭찬은 최고의 '강화'다

어떤 사람을 내 편으로 만들기 위한 가장 손쉬운 방법은 그를 칭찬하는 것이다. 누구나 칭찬을 들으면 기분이 좋아진다. 칭찬은 상대방이 나를 좋아하도록 만들고, 하는 일을 스스로 좋아하게 만든다. 그래서 사람들은 '아부'에 쉽게 넘어가고 똑똑한 사람보다 아부하는 사람에게 더 끌리기 마련이다. 아부는 강자와 약자 모두에게 윈윈(win-win) 전략이 된다. 강자에게는 자신의 위치를 더욱 공고히 해주고, 약자에게는 불확실한 상황에서도 안전을 보장해주기 때문이다.

칭찬의 가장 큰 강점은 사람을 변화시키는 힘이 있다는 것이다. 칭찬은 그 자체로 훌륭한 보상인 동시에, 영원히 제공할 수 있는 보상이다. 칭찬이 없어도 배고픈 사람은 음식을 구해야 한다. 하지만 칭찬은 그가 어떤 음식을 구해 올지, 누구에게 음식을 나누어줄 것인지를 결정하는 데 영향을 미친다. 그래서 사람들은 오직 타인의 인정과 칭찬을 받을 수 있다는 이유만으로 자신의 이익과 전혀 관계없는 일에 목숨을 걸고, 때로는 누가 더 따뜻하고 관대한 행동을 하는지를 놓고 경쟁한다. **칭찬이 없었다면 인간 사회의 도덕률은 오래전에 사라졌을 것이다. 그만큼 타인으로부터 인정받고 싶은 인간의 욕구는 깊고도 강렬하다.**

식물도 칭찬에 반응한다

칭찬은 고래도 춤추게 한다는 말이 있다. 고래를 포함한 포유동물이 칭찬에 반응한다는 것은 잘 알려진 사실이다. 포유동물 중에서도 인간과 친밀한 관계를 맺고 있는 반려동물은 더 말할 것도 없다. 놀라운 것은 식물도 칭찬에 반응한다는 것이다. 식물이 긍정적 언어에 반응한다는 사실은 오래전부터 알려져 있었다. 지금은 유치원생이나 초등학생들도 식물을 대상으로 칭찬 실험을 진행하고 있을 정도다.

식물이 사람의 의도나 음성에 반응한다는 연구도 여럿 발표되었다. 예컨대 2004년에는 호박 씨앗을 양손에 올려놓고 마음속으로 빨리 발아하기를 빌었을 때 음악을 들려줄 때와 비슷한 발아율을 보였다. 인간의 간절한 바람이나 의도도 음악만큼이나 식물의 발아율에 영향을 미친 것이다.

식물이 인간의 칭찬에 반응한다면 인간의 언어도 인지할 수 있지 않을까?

이 의문에 대한 답은 2013년 국내 연구팀이 찾아냈다. 연구팀은 들에서 흔히 볼 수 있는 '애기장대'를 키우면서 9일 동안 매일 두 차례씩 긍정적인 말과 부정적인 말을 열 번씩 들려준 후 무게를 측정했다. 그 결과 진심을 담아 긍정적인 언어를 들려준 애기장대는 평균 무게가 0.42밀리그램이었지만, 컴퓨터가 만든 부정적 언어를 들려준 애기장대의 평균 무게는 0.31밀리그램에 그쳤다. 사람이 진심을 담아 긍정적인 말을 해주었을 때 애기장대의 뿌리와 줄기가 더 잘 자란 것이다. 이는 식물이 긍정적인 언어와 부정적인 언어를 구별할 뿐 아니라 말에 담긴 의도도 파악할 수 있음을 의미한다. 식물조차 칭찬에 반응하는 것을 보면, 인간은 말할 나위도 없을 것이다.

인간은 칭찬에 목말라 있다

칭찬이 인간의 행동을 변화시킨다는 연구는 많다. 가장 잘 알려진 것은 로버트 로즌솔(Robert Rosenthal)과 리어노어 제이콥슨(Leonore Jacobson)의 50여 년 전 연구다. 두 사람은 초등학생 중에서 20%를 무작위로 추출하고, 지도교사에게 지능이 우수한 학생들이라는 거짓 정보를 흘렸다. 1년쯤 시간이 흐른 뒤, 20% 학생들은 다른 아이들보다 실력이 향상되었을 뿐 아니라 지능도 높아졌다. 교사들의 긍정적 기대와 격려가 아이들의 학습 성취와 지능에 영향을 미친 것이다.

사람은 타인의 기대에 어긋나지 않기 위해 노력한다. 교사가 학생들을 긍정적인 태도로 대하면 학생들은 교사의 기대에 부응하기 위해 노력한다. 이러한 심리적 현상을 '피그말리온 효과' 또는 '자기 충족적 예언'이라 부른다. 다른 사람의 긍정적 기대는 자신에 대한 믿음으로 이어지고, 이 믿음은 실천적 행동으로 나타난다. 단순한 기대도 이런 효과가 있다면, 기대했던 결과를 인정하는 칭찬은 더 말할 나위가 없다.

2008년에 발표된 연구에 따르면, 칭찬을 받은 사람과 카지노에서 돈을 딴 사람들의 뇌는 비슷한 반응을 보인다. 칭찬은 횡재를 했을 때 만큼이나 사람의 마음을 즐겁게 하는 것이다. 칭찬을 들으면 뇌의 보상회로가 활성화되어 칭찬받을 수 있는 행동을 반복한다. 도박에 빠져들듯 칭찬에 중독되는 것이다. 그래서 아이들은 칭찬에 민감하고, 부모나 교사가 원하는 일을 할 때마다 칭찬을 기대한다. 만일 칭찬을 들지 못하면 아이는 더 이상 그 일을 하지 않으며, 칭찬을 들으면 더 이상 칭찬을 듣지 못할 때까지 그 일에 열심이다.

칭찬이 좋은 결과만 가져오는 것은 아니다

타인에게 줄 수 있는 최고의 보상은 칭찬이다. 그러나 칭찬이 항상 좋은 결과를 가져오는 것은 아니다. 가장 먼저 유의해야 할 점은 '회귀효과'다. 칭찬이 긍정적인 효과가 있는 것은 틀림없지만, 시간이 흐르면 본래 상태로 회귀할 가능성이 매우 높다. 이는 1973년 연구에서 입증되었다. 연구팀은 학교에 일찍 등교하는 학생들을 칭찬하고 지각하는 학생들은 꾸중했다. 그런 다음 학생들의 등교시간을 관찰한 결과 칭찬과 꾸중이 일시적인 효과는 있었지만, 학생들의 평균적인 등교 시간은 거의 변화가 없었다.

칭찬받은 사람은 노름에서 돈을 딴 것처럼 즐겁지만, 똑같은 칭찬이 반복되면 노름꾼처럼 칭찬에 중독된다. 그래서 칭찬받을 수 없는 일에는 도전하지 않고 기회가 주어지면 무슨 수를 써서라도 칭찬을 받으려 한다. 어릴 때부터 칭찬만 받고 자란 사람에게 사회는 너무나 복잡하고 어려운 문제로 가득 차 있다. 명문대 졸업생들이 사회에 진출한 후 직장에서 보여주는 성과가 학교 성적과 비례하지는 않는다는 사실은 이와 관련이 있을지 모른다.

대개 학부모들은 자신의 자녀가 천재성을 타고났다고 믿는 경향이 있다. 이러한 착각이 아이의 미래를 망칠 수도 있다. 2014년에 발표된 연구에 따르면, 자존감이 낮은 아이의 부모일수록 칭찬이 과하다는 사실이 드러났다. 연구팀은 실험에 참가한 144명의 학부모에게 수학 문제를 푸는 자녀의 모습을 지켜보도록 했다. 부모는 아이에게 정답을 가르쳐줄 수는 없지만 곁에서 훈수를 둘 수는 있었다.

부모들이 칭찬하는 횟수와 강도를 아이들의 자존감 수준과 비교해본 결과, 자존감이 낮은 아이의 부모일수록 아이에 대한 칭찬이 과했다. 자존감이 낮은 아이의 부모는 아이에게 더 많은 칭찬을 해주어야 더 잘할 것이라고 생각한 것이다. 하지만 아이들에게 쉬운 그림과 어려운 그림 중 하나를 따라 그리도록 하자 칭찬을 많이 받았던 아이들은 대개 쉬운 그림을 골랐다. 칭찬받지 못할 것이라는 걱정이 앞섰기 때문이다. 이는 부모의 지나친 칭찬이 오히려 심리적 압박으로 작용했음을 보여주는 것이다.

2015년 암스테르담대학 연구팀이 565명의 어린이를 대상으로 18개월 이상 관찰한 연구에서는 **자녀를 칭찬하는 부모 밑에서 자란 아이들의 자아도취 정도가 상대적으로 높은 것으로 나타났다. 그뿐 아니라 아이들의 노력이나 성과에 관계없이 칭찬을 많이 하는 부모는 자녀의 지능지수를 지나치게 높게 평가했다. 부모 역시 자아도취에 빠져 있는 것이다.**

내 아이, 어떻게 칭찬해야 할까?

한 번의 비난이 칭찬 효과를 무너뜨린다

사람들은 남을 칭찬하기보다 비난하는 경우가 더 많다. 남을 칭찬하면 왠지 쑥스러운 기분이 들지만 남을 비판할 때는 약간의 우월감을 느낀다. 인간은 긍정적인 것보다 부정적인 것에 훨씬 민감하게 반응하는 '부정 편향'을 가지고 있기 때문에, 비난을 들었을 때는 순식간에 기분이 상한다. 예컨대 만찬에 다섯 명의 친구를 초대한 경우를 상상해보자. 친구 네 명이 음식 맛이 정말 좋았다고 말하고 한 명이 별로라고 말하면, 네 명의 칭찬보다 한 명의 혹평에 더 마음이 쓰이기 마련이다.

인간이 부정 편향을 갖게 된 것은 부정적인 신호가 생존에 중요한 영향을 미치기 때문이다. 농부에게 두 가지 소식이 전해졌다고 상상해보자. 하나는 마을에 저수지가 생겼으니 올해부터 물 걱정을 하지 않아도 된다는 소식이고, 다른 하나는 저수지 둑에 균열이 생겨 곧 무너질지 모른다는 소식이다.

농부는 첫 번째 소식을 듣고 기분이 매우 좋을 것이다. 그리고 두 번째 소식을 들었을 때는 사색이 되어 저수지로 달려갈 것이다. 긍정적인 소식은 무시해도 삶에 큰 영향을 미치지 않지만, 부정적인 소식은 아무리 사소한 것일지라도 삶에 심각한 영향을 미칠 수 있다. 예컨대 누군가 나를 칭찬하는 것은 무시해도 되지만, 나를 비난하는 것을 내버려두면 나에 대한 평판이 나빠진다. 그래서 우리는 긍정적인 신호보다 부정적인 신호에 더 귀를 기울이도록 진화했다.

사람들은 비난에 민감할 뿐 아니라 더 오랫동안 기억한다. 실제로 긍정적인 말을 들으면 우리 몸에서는 도파민이나 옥시토신의 분비가 증가하고, 부정적인 말을 들으면 스트레스호르몬인 코르티솔의 분비가 증가한다. 우리를 기분 좋게 하는 호르몬의 지속 시간은 짧다. 그러나 스트레스호르몬은 하루 이상 지속될 수 있기 때문에 마음의 상처가 아물기까지 오랜 시간이 걸린다.

칭찬과 비난을 접했을 때 활성화되는 뇌의 영역도 다르다. 2015년 미국 듀크대학 연구팀의 연구에 따르면 긍정적인 이야기를 접하면 뇌의 전두엽이나 측두엽이 활성화되고, 부정적인 이야기를 접하면 편도체가 활성화된다. 칭찬은 논리적인 영역에서 처리되지만, 비난은 가장 예민하고 공격적인 감정 영역에서 처리되는 것이다. 그래서 우리는 타인의 긍정적인 언행을 무덤덤하게 받아들이는 반면, 좋지 않은 언행에 대해서는 민감하게 반응한다.

두 가지 자극을 처리하는 뇌 영역이 다르다는 것은 칭찬과 비난이 동전의 양면이 아니라 전혀 다른 자극이라는 것을 의미한다. 뇌가 칭찬과 비난을 다른 방식으로 처리하게 된 것은 긍정적 신호보다는 부정적 신호를 기억하는 것이 진화적으로 훨씬 유리했기 때문일 것이다. 사소한 말 한마디가 심각한 갈등으로 번질 수 있다. 따라서 칭찬보다 중요한 것은 남을 비난하지 않는 것이다.

재능 대신 노력과 행동을 칭찬하라

무조건적인 칭찬은 역효과를 가져올 수 있다. 그러므로 칭찬을 할 때는 상황과 대상에 따라 방법을 달리해야 한다. 1998년 캐럴 드웩(Carol S. Dweck)의 연구에 따르면, '노력'을 칭찬하는 것은 효과가 있지만 '똑똑함'을 칭찬하는 것은 역효과를 가져온다. 노력을 칭찬받은 아이들은 시험 점수도 높았고 더 어려운 문제에 도전하는 경향을 보였다. 그러나 지능을 칭찬받은 아이들은 점수도 낮았을 뿐 아니라 쉬운 문제를 선택하는 경향이 있었다.

또 어려운 문제에 봉착했을 때 노력을 칭찬받은 아이들은 자신의 노력 부족을 실패의 원인으로 꼽았고, 지능을 칭찬받은 아이들은 자신의 무능을 실패의 원인으로 꼽았다. 노력을 칭찬받았던 아이들은 더 노력하면 어려운 문제도 해결할 수 있다고 생각한 것이다. 하지만 지능을 칭찬받은 아이들은 자신은 어려운 문제를 해결할 만큼 똑똑하지 않다고 생각했다. 더욱 심각한 문제는 자기 점수를 기록하도록 했을 때, 지능을 칭찬받은 아이들의 상당수가 거짓으로 자신의 점수를 기록했다는 사실이다. 칭찬받지 못할 것을 두려워해 거짓으로 점수를 높인 것이다.

왜 칭찬하는 방식에 따라 효과가 달리 나타나는 것일까?

노력을 칭찬받은 아이들은 성공 자체보다 문제를 해결하는 과정과 도전에 집중한다. 자신의 노력을 증명하는 데 초점을 맞추는 것이다. 반면 똑똑함을 칭찬받은 아이들은 '영리하다'는 주위의 기대를 저버리게 될까 두려워 결과에만 신경을 쓰게 된다. 즉 점수가 낮으면 주위의 기대를 저버리는 결과를 가져오기 때문에, 쉬운 문제를 선택하거나 거짓말을 해서라도 점수를 높이는 것이다.

지능을 칭찬받은 아이들은 점수가 낮을 때 자신의 지능이 떨어진다고 생각한다. 이 상황에서 어려운 문제에 도전하는 것은 자신의 낮은 지능을 증명하는 것이 된다. 이런 아이들은 결국 도전을 회피하거나 부정행위의 유혹에 휘둘리게 된다. 이에 반해 노력을 칭찬받은 아이들은 점수가 낮을 때 자신이 노력하지 않았음을 인정하고, 노력하면 문제를 해결할 수 있다는 믿음을 갖게 된다.

이후의 연구에서도 '영리하다'는 칭찬을 받은 아이들은 '잘했다'는 칭찬을 받은 아이들보다 부정행위를 저지를 확률이 더 높다는 사실이 밝혀졌다. 2017년 세 살과 다섯 살 아이들을 대상으로 한 연구에서 똑똑하다는 칭찬을 받은 아이들은 노력이나 행동을 칭찬받은 아이들보다 게임 중 부정직한 행동을 더 많이 했다. 같은 해 이루어진 또 다른 연구에서도 사람들이 자신을 '똑똑한 아이'로 생각한다는 것을 알게 된 아이들이 부정행위를 저지를 확률이 더 높았다. 따라서 **아이를 칭찬하려면 능력이나 재능보다는 특정 행동과 노력을 칭찬해야 한다.**

개인 성향에 따라 칭찬 효과가 다르다

2003년 심리학자들은 실험에 참여한 학생들의 성향을 파악한 후, 알파벳으로 단어를 만드는 과제를 주었다. 그런 다음 성취지향적인 성향을 가진 학생들에게 4달러를 지급하고, 70% 이상 과제를 수행하면 1달러를 추가 지급하겠다고 말했다. 그리고 안정지향적인 성향을 가진 학생들에게는 5달러를 지급한 후 과제 수행이 70%에 못 미치면 1달러를 반납해야 한다고 말했다.

두 그룹에게 주어진 조건은 같다. 점수가 낮으면 4달러를 받고, 높으면 5달러를 받는 것이다. 다른 점은 제시한 프레임이 이익 프레임인가, 손실 프레임인가 하는 것이다. 즉 1달러를 더 받을 것인가, 아니면 1달러를 반납할 것인가 하는 차이였다. 과제가 절반쯤 진행되었을 때, 연구팀은 학생들에게 무작위로 피드백을 제공했다. 과제를 어느 정도 해결했는지에 관계없이 무작위로 수행 수준이 70%보다 낮거나 높다고 말한 것이다.

실험 결과 성취지향적인 학생들은 긍정적인 피드백을 들었을 때 동기가 향상되었다. 잘하고 있다는 칭찬을 들은 후 더욱 신바람 나게 과제를 수행한 것이다. 하지만 부정적인 피드백을 들었을 때는 동기가 감소했다. 열심히 해봐야 소용이 없다고 생각한 것이다. 하지만 안정지향적인 학생들은 그 반대였다. 부정적인 피드백을 들었을 때 의욕을 더욱 불태우고, 긍정적인 피드백을 들었을 때 오히려 동기가 감소했다. 긍정적인 피드백을 들었을 때는 안도의 한숨을 내쉬며 나태해지고, 부정적인 피드백을 들었을 때는 불안에 휩싸여 더욱 분발한 것이다.

실험 결과가 보여주듯이 성향에 맞는 프레임이 제시될 때 동기가 극대화된다. 안정지향적인 성향을 가진 아이에게는 칭찬을 쏟아 부어도 효과가 크지 않은 것이다. 이런 아이에게는 오히려 위기의식을 주는 것이 더 효과가 있다고 볼 수 있다.

칭찬을 통해 아이가 자존감을 가질 수 있도록 돕는 것은 필요하지만 지나치면 독이 된다. 2009년 연구에서는 실험 참가자들에게 '나는 사랑받을 만한 사람이다' 같은 문장을 16회 정도 반복시킨 후 이들의 기분과 자존감을 측정했다. 그 결과 문장을 반복해서 외운 사람들이 그렇지 않은 사람들보다 자존감이 하락하고 부정적인 생각을 더 많이 했다. 자신이 처한 상황이 만족스럽지 않은 상황에서 억지로 자존감을 높이는 시도는 오히려 역효과를 낸다. 상대방의 칭찬이 현실과 괴리되어 있으면 되레 기분이 나빠지고 자존감도 하락하는 것이다. 따라서 현실과 괴리된 허황된 칭찬은 역효과를 가져온다.

꾸중은 먼저, 칭찬은 마지막에

사람들은 누군가를 비판해야 할 때 으레 칭찬부터 늘어놓는다. '넌 이런 점이 참 좋아. 하지만 이게 정말 문제야' 하는 식이다. 이는 상대방의 기분이 상할까 봐 미리 윤활유를 뿌리는 것과 같다. 하지만 칭찬을 먼저 하고 나중에 꾸중하는 방식은 그다지 효과가 없다. 꾸중을 들을 때는 그 전에 들었던 칭찬을 까맣게 잊는 대신, 상대방의 비난을 또렷이 기억하기 때문이다. 따라서 누군가에게 충고를 하려면 먼저 비판을 한 다음에 칭찬은 나중에 해야 한다. 그렇지 않으면 칭찬은 잊어버리고 꾸중만 뇌리에 남아 조언한 사람을 부정적으로 인식하게 된다.

여러 연구에 따르면, 사람들은 칭찬하는 사람보다 비판하는 사람을 더 똑똑한 사람으로 인식하는 경향이 있다. 하지만 남을 비판하는 것이 똑똑해 보이더라도 호감까지 상승하는 것은 아니다. 그렇기 때문에 남을 비판하는 것에 신중해야 하고, 부득이 비판이 필요할 때는 진정성과 애정을 가지고 해야 한다. 물론 가장 좋은 전략은 서로를 계속 칭찬하는 것이다. 진심이 담긴 칭찬은 상대방의 칭찬을 유도할 수 있다.

칭찬은 당장 기분을 좋게 만들지만 쉽게 잊어버린다. 따라서 아이들을 칭찬할 때는 평범한 낱말보다는 기억에 남을 만한 낱말을 사용하는 것이 좋다. 가령 "넌 수학 왕이야!" 또는 "넌 영어 종결자야!"라고 말해주는 것이다.

칭찬의 방법

심리학자들은 칭찬의 역효과를 방지할 수 있는 몇 가지 방법을 제시하고 있다.

첫째, **평가가 담긴 칭찬을 삼가야 한다.** 특히 누군가와 비교하는 것은 금물이다. 칭찬을 할 때는 아이가 잘하는 것을 칭찬해주어야 한다. 굳이 비교가 필요하다면 그 아이의 '과거'와 '현재'를 비교해 나아진 점을 칭찬해주어야 한다. 즉 "너는 작년보다 훨씬 좋아졌어.", "책을 열심히 읽더니 지난달보다 실력이 엄청 좋아졌는데?"라고 말해주는 것이다.

둘째, **지나친 기대를 품지 않아야 한다.** 지나친 기대를 드러내는 것은 그 사람에게 큰 부담으로 작용한다. 기대가 부담으로 작용하면 스트레스가 쌓일 뿐 아니라 어려운 문제를 회피하고 쉬운 답을 찾으려는 유혹에 이끌린다.

셋째, **진심이 담겨 있어야 한다.** 입버릇처럼 내뱉는 막연한 칭찬은 의미가 없다. 축구 경기에 져서 의기소침해 있는 아이에게 습관적으로 "오늘 정말 멋져 보이는데."라고 칭찬하는 것은 오히려 진심을 의심하게 만든다. 따라서 칭찬은 구체적인 강점이나 행동에 초점을 맞추어야 한다.

넷째, **칭찬은 만병통치약이 아니다.** 특히 자녀에 대한 무조건적인 칭찬은 병이 될 수도 있다. 친구와 싸우고 온 아이에게 "그 녀석을 혼내줘서 잘했어."라고 칭찬하는 것은 아이를 망치는 지름길이다. 바람직하지 않은 행동까지 칭찬으로 무마하면 비뚤어진 가치관을 심어주게 된다.

다섯째, **지능이나 능력보다는 과제를 수행하는 과정의 노력과 전략을 칭찬해야 한다.** 능력을 칭찬하면 어려운 과제에 직면했을 때 동기가 약화되고, 타인을 실망시키지 않기 위해 양심에 어긋나는 행동을 할 수도 있다. 반면 어떤 행동을 칭찬하면 결과에 대한 부담에 줄고 오직 바람직한 행동에만 집중하게 된다.

여섯째, **칭찬의 대상이 구체적이어야 한다.** 구체적 행동을 제시하지 않은 구태의연한 칭찬에는 진심이 깃들어 있지 않다. 어린아이조차도 진심 어린 칭찬과 거짓 칭찬을 순식간에 알아챈다. 따라서 구체적인 행동을 칭찬할 수 없다면 아예 아무 말도 하지 않는 것이 낫다.

일곱째, **칭찬할 이유가 분명할 때만 칭찬해야 한다.** 습관적으로 던지는 칭찬은 효과를 발휘할 수 없다. 오히려 상대방은 칭찬을 당연하게 여기고, 칭찬이 없을 경우 기분이 상할 수도 있다. 따라서 칭찬을 할 때는 왜 칭찬을 하고, 무엇을 칭찬받는지 구체적으로 말해주어야 한다.

여덟째, **칭찬받아야 할 아이에게 직접 칭찬하는 것이 좋다.** 공개적인 자리에서 칭찬해야 할 경우도 있지만, 안정지향적인 성향을 가진 아이에게는 여러 사람들 앞에서 하는 공개적인 칭찬이 오히려 부담으로 작용할 수 있다.

아이를 꾸짖는 방법

꾸중을 듣고 기분이 좋은 사람은 없다. 자신에 대한 좋지 않은 평가를 들으면 뇌가 먼저 반응한다. 2015년 660명의 사람들에게 긍정적인 이야기와 부정적인 이야기를 들려준 결과 긍정적인 이야기는 감정을 자극하지 않았으나 부정적인 이야기는 감정을 증폭시켰다.

인간의 뇌는 부정적인 환경에 즉각적으로 반응하도록 진화했다. 그래서 다른 사람에게 좋지 않은 이야기를 들으면 자신에 대한 공격으로 간주한다. 누군가에게 공격을 당하면 우리 몸은 맹수에게 쫓길 때처럼 아드레날린을 분비한다. 심장박동 수가 증가하고 호흡이 가빠지며 몸이 경직된다. 이런 상황에서는 아무리 좋은 충고나 조언도 소용이 없다. 조언을 받아들일 준비가 되어 있지 않을뿐더러 흥분한 상태에서는 이성적으로 판단하기도 어렵다.

아이는 자신의 감정을 조절하기 어렵기 때문에 비난이나 꾸중을 들으면 금세 부정적인 반응을 보인다. 겁을 먹거나 반발하는 것이다. 특히 아이에게 즉각적인 대답을 요구하는 것은 반발만 불러일으킨다. 예컨대 "빨리 대답해!", "할 거야 말 거야?", "뭘 잘못했는지 말해봐!", "앞으로 어떻게 할 거야?" 하는 식으로 몰아붙이는 것은 역효과를 가져온다. 꾸중을 해야 할 상황이라면, 어떤 행동이 잘못된 것인지를 구체적으로 지적하고, 바람직한 행동이 무엇인지를 말해주어야 한다. 또 즉각적인 대답을 강요하지 말고 시간적인 여유를 두고 행동을 개선할 기회를 주어야 한다.

처벌은 큰 효과가 없다

아이를 제대로 키운다는 것은 모든 부모들에게 힘든 일이다. 아무리 성인군자라도 자식에게 매를 들고 싶은 적이 한두 번이 아니었을 것이다. 자기 자식도 올바로 키우기 힘든데, 하물며 남의 아이를 올바른 길도 인도한다는 것은 얼마나 힘든 일인가?

한때 행동주의 심리학자들은 처벌과 보상을 통해 사람의 행동을 변화시킬 수 있다고 믿었다. 즉 당근과 채찍으로 원하는 사람을 만들어낼 수 있다고 생각한 것이다. 그러나 최근에는 채찍이 그다지 효과가 없다는 사실이 속속 밝혀지고 있다.

2013년 원숭이들을 대상으로 한 연구에 따르면, 처벌은 뇌의 보상회로를 활성화시키지 않는다. 이는 칭찬과 처벌이 다른 가치의 범주에 속한다는 것을 의미한다. 많은 사람들이 착각하고 있는 것 중 하나는 '부정적 강화'와 '처벌'을 같은 것으로 보는 것이다. 부정적 강화는 고통을 피하기 위한 행동을 유발한다. 감옥에 가지 않기 위해 법을 지키는 것이 여기에 속한다. 그러나 처벌은 고통을 가해 어떤 행동을 하지 않도록 억누르는 것이다. 공부하는 시간을 늘리기 위해 공부하지 않으면 용돈을 깎는 것이 한 가지 예다. 부정적 강화는 행동을 변화시키는 데 도움이 되지만 처벌은 그렇지 않다.

특히 아이에 대한 처벌은 거의 효과가 없다. 처벌을 받았을 때 반성하거나 다른 대안을 모색하려는 의지가 약하기 때문이다. 따라서 처벌을 통해 아이의 행동을 변화시키려는 시도는 무의미하다. 처벌이 효과가 없는 데는 크게 세 가지 이유가 있다.

첫째, 처벌은 부정적 행동을 없애기보다 이를 은폐하게 만든다. 처벌을 받으면 더 나은 행동을 위해 분발하기보다 처벌받을 일이 생기지 않을까 하는 불안감이 앞선다. 이러한 방어기제가 자신의 잘못을 더욱 숨기게 만든다.

둘째, 싫어하는 것을 통해 그 사람의 행동을 바람직한 방향으로 변화시킬 수 없다. 처벌이 일시적으로 효과가 있을 수는 있지만, 장기적으로는 효과를 기대할 수 없다. 처벌받지 않기 위해 나쁜 행동을 삼가는 아이는 처벌이 없어졌을 때 과거의 행동을 되풀이할 가능성이 크다.

셋째, 처벌은 증오심과 복수심을 유발한다. 아무리 합리적이고 공정한 처벌이라도 처벌한 사람에 대한 불만은 남기 마련이다. 복수심은 인간 본성의 일부다. 아이가 부모나 교사에게 복수하려는 심리를 갖는 것 자체가 심각한 문제를 일으킨다.

부정적 피드백을 하려면

칭찬만 할 수 있으면 좋겠지만, 아이와 함께하다 보면 꾸중이 필요할 때가 있다. 때로 부정적 피드백은 자신이 처한 현실을 냉정하게 바라볼 수 있게 한다. 부정적 피드백은 어떤 경우에 필요할까? 2012년 발표된 연구에서 그 답을 찾을 수 있다.

연구팀은 두 가지 실험을 진행했다. 먼저 프랑스어 초급 및 고급 과정에 등록한 미국 학생 87명을 대상으로 긍정적 피드백과 부정적 피드백을 들려주었다. 그 결과 초급 과정 학생들은 긍정적 피드백을 들었을 때 학습 동기가 증가했고, 고급 과정의 학생들은 부정적 피드백을 들었을 때 학습 동기가 증가했다.

두 번째 실험은 80명의 학생들을 대상으로 진행했다. 연구팀은 학생들을 환경단체에 참여해 활동한 경험이 있는 그룹과 그렇지 않은 그룹으로 구분한 후 환경보호 활동을 실시했다. 활동을 마친 후 그룹 별로 긍정적 피드백과 부정적 피드백을 들려주고, 이들에게 지급한 25달러 중 일부를 환경단체에 기부하도록 권유했다.

그 결과 처음 환경보호 활동에 참여한 학생들은 긍정적 피드백을 들었을 때 더 많은 금액을 기부했고, 환경보호 활동에 참여한 경험이 있는 학생들은 부정적 피드백을 들었을 때 더 많은 금액을 기부했다. 이 실험 결과는 긍정적 피드백이 초보자의 동기를 향상시키고, 부정적 피드백이 숙련자의 동기를 향상시킨다는 것을 의미한다. 특히 숙련된 사람은 부정적 피드백을 들었을 때 자신의 약점을 보완하기 위한 행동을 취할 가능성이 높다.

이로 미루어볼 때 과제 수행능력이 뛰어난 아이일수록 자신의 약점을 지적하는 것에 거부감이 없다는 것을 알 수 있다. 미숙한 아이에게는 칭찬을, 숙련된 아이에게는 비판적으로 지적하는 것이 효과가 크다는 것이다.

긍정적 피드백은 성취지향적인 아이에게 효과가 크다. 이들에게 부정적 피드백은 동기를 감소시킨다. 즉 이들에게는 긍정적 피드백이 "지금 잘하고 있어."라는 말로 들리지만, 부정적 피드백은 "애써도 소용없어."라는 말로 들린다. 반면 안정지향적인 아이에게 긍정적 피드백은 "걱정할 거 없어."라는 말로 들린다. 이들에게는 오히려 부정적 피드백이 효과가 있다. 이들은 부정적 피드백을 "지금 분발하지 않으면 실패할 거야."라는 말로 받아들인다. 따라서 개인의 성향에 따라 적절한 피드백이 필요하다.

만약 부정적 피드백을 해야 할 상황이라면 염두에 두어야 할 점이 있다. 먼저 인격이나 성격을 비난해서는 안 된다는 것이다. 실수는 아이의 인격에서 비롯된 것이 아니다. 목표를 달성하지 못한 것도 아이의 인격과는 관련이 없다. 따라서 부정적인 피드백을 하려면 잘못된 행동과 태도, 그릇된 방법에 대해서만 구체적으로 언급해야 한다. "넌 천성이 게을러." 또는 "그렇게 해서 밥이나 얻어먹고 살겠니?"와 같은 말로 인격을 모독하는 것은 반발심만 부추길 뿐이다.

왼손잡이는 유전일까?

　　이효석의 단편소설 〈메밀꽃 필 무렵〉은 '동이'라는 젊은이가 왼손잡이라는 것을 근거로, 그가 주인공의 아들일지 모른다는 암시를 주면서 끝을 맺는다. 이를 두고 문학평론가들 사이에서 왼손잡이가 유전되는가, 아닌가 하는 논쟁이 일기도 했다. 주변을 살펴보면 아버지가 왼손잡이일 때 아들이 왼손잡이인 경우도 있고, 그렇지 않은 경우도 있다. 그렇다면 왼손잡이는 나중에 형성된 습관 때문에 만들어진 것일까?

　그동안 여러 학자들이 왼손잡이와 오른손잡이가 어떻게 결정되는가 하는 문제를 놓고 씨름했지만 아직까지도 다양한 가설이 존재한다. 이 가설들은 조금씩 나름의 약점을 안고 있다. 연구자들이 이 주제에 관심을 갖는 것도 이 때문이다.

왼손잡이는 유전될까?

왼손잡이가 유전에 의해 결정된다는 주장은 1985년부터 있어왔다. 하지만 손의 우세를 결정하는 유전자가 실제로 존재한다는 주장은 2007년에 나왔다. 사람의 몸은 대칭을 이루고 있는 것처럼 보이지만 실제로는 매우 비대칭적이다. 예컨대 인간의 얼굴은 대칭에 가깝지만 몸을 보면 심장이 왼쪽에 있는 반면, 간은 오른쪽에 있다. 연구팀은 이러한 현상을 만들어내는 것이 LRRTM1이라는 유전자라고 주장했다.

2013년에도 PCSK6라는 유전자가 오른손잡이와 왼손잡이를 결정한다는 연구 결과가 발표되었다. 이 유전자가 장기의 위치를 결정하고 좌뇌와 우뇌의 차이를 만들어 손의 사용에도 영향을 준다는 것이다. 하지만 유전자만으로는 깔끔하게 설명되지 않는다. 일란성 쌍둥이도 서로 다른 손을 사용하는 경우가 있기 때문이다.

2014년에 쌍둥이 3,940쌍의 유전자를 분석한 결과, 일란성 쌍둥이와 이란성 쌍둥이의 왼손잡이 비율은 큰 차이가 없었다. 연구팀은 유전자의 영향을 완전히 부정하지는 않았지만 손의 우세를 결정하는 유전자를 찾아내는 데는 실패했다. 그들이 내린 결론은 유전자, 환경, 문화적 압력 등이 복합적으로 작용해 왼손잡이가 된다는 것이다.

지금까지의 연구들을 종합해보면 유전자가 우리 신체에 미치는 영향은 25% 정도로 추정된다. 유전자의 영향이 크다고 알려진 키조차 300여 개의 유전자가 미치는 영향은 60~80% 정도로 알려져 있다. 따라서 왼손잡이와 오른손잡이를 결정하는 요인은 유전자 외에 다양한 요인이 있을 수 있다. 예를 들어 자궁에 있을 때 남성호르몬에 많이 노출될수록 왼손잡이가 될 확률이 높다고 한다.

무엇이 왼손잡이를 결정하는가?

그동안 신경과학자들은 한쪽 손의 우세가 나타나는 것은 뇌가 좌뇌와 우뇌로 나뉘어져 있기 때문이라고 생각해왔다. 예를 들면 우뇌가 시각 정보를 처리하는 대신 좌뇌는 정교한 손동작을 담당하게 되었고, 좌뇌의 운동 조절 기능이 발달하면서 오른손잡이가 많아졌다는 것이다. 좌뇌는 몸의 오른쪽을, 우뇌는 몸의 왼쪽을 관장한다. 태아 시절부터 성인에 이를 때까지 각 시기에 발달하는 뇌 영역은 차이가 있다. 따라서 좌뇌와 우뇌가 발달하는 순서와 수준에 따라 우세한 손이 결정될 수 있다. 즉 좌뇌가 우세하면 오른손이 우세하고, 우뇌가 우세하면 왼손이 우세해진다.

그러나 우세 손을 결정하는 것은 뇌가 아니라 척수라는 주장을 담은 두 가지 연구 결과가 2017년에 발표되었다. 뇌는 척수에 신호를 보내 양쪽 손을 움직이도록 한다. 하지만 엄마 배 속에 있는 태아는 뇌와 척수의 연결이 불완전하다. 따라서 태아의 한쪽 손이 우세하다는 것이 관찰되면 이는 왼손잡이를 결정하는 것이 뇌가 아니라는 것을 의미한다. 뇌와 척수의 연결이 불완전하면 뇌가 척수에 명령을 내릴 수 없기 때문이다.

먼저 네덜란드 연구팀은 4주에서 8주 사이의 태아에서 왼쪽 척수가 오른쪽 척수보다 약간 빨리 성장한다는 사실을 발견했다. 관찰 결과 8주 된 태아는 오른팔을 왼팔보다 더 많이 움직였다. 연구팀은 이 시기에 뇌와 척수의 연결이 불완전하므로 척수에서 팔운동을 명령했을 것으로 보았다. 몇 주가 더 지나면 좌뇌와 우뇌의 차이가 나타난다. 연구팀이 유전자를 분석한 결과에서도 왼쪽 척수가 오른쪽 척수보다 약간 더 빨리 발달했다.

곧이어 독일 연구팀도 유사한 연구 결과를 발표했다. 연구팀은 8주에서 12주 사이의 태아를 대상으로 척수의 유전자 발현을 분석해 8주째에 오른손과 왼손의 차이를 감지했다. 8주째부터 손의 움직임이 비대칭이었던 것이다. 또 임신 13주차부터는 양손 중 한쪽 손을 더 많이 빠는 것이 발견되었는데 오른손을 더 많이 움직인 태아는 좌우 뇌의 크기가 거의 같았지만, 척수는 왼쪽이 더 발달해 있었다. 뇌가 발달하기 이전에 이미 손의 우세가 결정된 것이다.

동물도 왼손잡이가 있다

유전자의 영향이 어느 정도이든, 태어나기 전부터 우세 손이 어느 정도 결정되어 있는 것은 분명해 보인다. 이는 다른 동물을 통해서도 확인할 수 있다. 왼손잡이는 인간을 포함한 포유동물뿐만 아니라 파충류, 조류 등 여러 동물에게서 폭넓게 관찰된다. 인간과 친숙한 개와 고양이도 마찬가지다. 이는 손의 우세가 진화적으로 매우 오래된 현상임을 보여주는 것이다.

2009년 영국 연구팀은 고양이 암수 각 21마리씩 42마리를 대상으로 재미있는 실험을 진행했다. 연구팀은 고양이들에게 물고기가 담긴 항아리를 제공한 후 어떤 발을 사용하는지 관찰했다. 그 결과 수컷은 왼쪽 앞발을 사용했고, 암컷은 21마리 중 20마리가 오른쪽 앞발을 사용했다. 동물도 우세한 손이 있는 것이다. 하지만 암컷과 수컷이 왜 한쪽 손을 선호하는지는 밝혀지지 않았다.

인간은 성(性)에 관계없이 왼손잡이의 숫자가 적다. 2004년 연구에 따르면, 침팬지 같은 영장류도 왼손잡이가 오른손잡이에 비해 숫자가 적다. 침팬지는 평소 오른손과 왼손을 구분 없이 사용하는 것처럼 보이지만, 도구를 쥐거나 먹이를 다듬을 때처럼 정교한 움직임이 필요할 때는 오른손을 사용하는 개체가 더 많다. 하지만 이들은 왼손잡이와 오른손잡이의 비율이 1:2 정도로 인간만큼 큰 차이가 나지는 않는다.

왼손잡이가 차지하는 비율은 연구 자료마다 조금씩 차이가 난다. 2008년 영국 어린이들을 대상으로 조사한 연구에서는 왼손잡이 어린이가 10%, 양손을 모두 사용하는 어린이가 7.5%로 나타났다. 또 2014년 연구에서는 왼손잡이의 비율이 11~13%였다. 시대나 지역, 연구자의 조사방법에 따라 차이가 있긴 하지만 대개 왼손잡이의 비율은 10% 정도인 것으로 보인다. 유독 인간에게 왼손잡이가 적은 이유는 무엇일까? 그 이유를 설명하는 가설 중에는 유인원의 습관에서 유래했다는 설도 있다. 나무에서 생활하는 유인원이 가끔씩 나무에서 떨어질 때 오른손잡이가 심장을 보호하는 데 유리했다는 것이다.

물고기한테서 왼손잡이의 기원을 찾다

최근에는 아프리카 물고기를 통해 왼손잡이의 비밀을 밝히려는 시도가 잇따르고 있다. 2017년 일본 연구팀은 송사리와 비슷한 시클리드(cichlid, 학명 Perissodus microlepis)를 번식시켜 이들의 먹이 활동을 관찰했다. 이 물고기는 다른 물고기의 비늘을 뜯어 먹고 사는데, 왼쪽에서 뜯는 습성을 가진 개체와 오른쪽에서 뜯는 습성을 가진 개체의 생김새는 차이가 있다.

관찰 결과 처음에는 시클리드가 다른 물고기를 공격하는 방향에 큰 차이가 없었으나 시간이 지나면서 한쪽 방향을 선호하기 시작했다. 다만 몸의 굴절은 처음 비늘을 뜯어 먹을 때부터 차이가 있었다. 자주 공격하는 방향으로 1.3배 더 구부러져 있었던 것이다. 따라서 좌우의 차이는 이미 선천적으로 결정되어 있으나 학습하는 과정에서 더 유리한 방향으로 습관이 굳어진 것으로 볼 수 있다.

독일과 국내 연구팀의 후속 연구에서도 이 사실이 확인되었다. 연구팀이 오른쪽과 왼쪽을 공격하는 비율을 계산한 결과 39마리 중 27마리가 왼손잡이였다. 이들의 뇌를 분석하자 왼손잡이는 시각을 담당하는 영역은 우뇌가 더 컸고, 행동 발현을 담당하는 영역은 좌뇌가 더 컸다. 좌우 뇌에 존재하는 하나의 영역이 각각 역할 분담을 한 것이다.

여러 연구들을 종합해보면 왼손잡이는 타고난 유전자와 후천적 요인이 모두 작용해 만들어진다고 볼 수 있다. 즉 **왼손잡이는 유전적으로 어느 정도 결정되어 있지만, 고정된 습관으로 만드는 것은 경험과 학습이다. 그래서 왼손잡이 아이들은 부모가 아무리 꾸중을 해도 습관을 고치기 어렵다.**

왼손잡이를 오른손잡이로 바꾸어야 할까?

오른손잡이가 지배하는 세상

나라마다 약간의 차이는 있지만, 대개 열 명 중 한 명은 왼손잡이다. 그렇기 때문에 우리가 사용하는 모든 도구와 편의시설은 오른손잡이를 위해 설계되어 있다. 왼손잡이는 오른손잡이가 지배하는 세상에서 불편을 감수하며 살아가야 하는 것이다. 조상들도 마찬가지였다.

그동안 연구자들은 다양한 방법으로 조상들이 왼손과 오른손 중어느 손을 주로 사용했는지를 연구해왔다. 연구자들이 주로 사용해왔던 방법은 발견된 유골 화석의 오른팔과 왼팔 근육을 비교하거나 남아있는 석기 조각의 흔적을 분석하는 것이다. 오른손잡이는 석기를 다듬을 때, 왼손으로 다듬어야 할 돌을 잡은 후 오른손으로 내려친다. 이때 떨어져 나간 조각의 흔적을 통해 어느 손을 사용했는지 알아내는 것이다. 최근에는 치아의 흔적을 분석하는 방법으로 우세 손을 구분하고 있다. 고기를 찢어 먹으려면 손과 치아를 동시에 사용하는데, 이때 치아 표면에 긁힌 흔적이 남게 된다. 연구자들은 치아 화석에서 긁힌 흔적을 찾아내 우세 손을 판별해낸다.

2012년 연구자들이 네안데르탈인의 치아 화석들을 조사한 결과 47%인 559개의 화석 주인공이 오른손을 사용했고, 왼손잡이가 11%였다. 2016년에는 같은 방법으로 180만 년 전 화석을 분석해 화석의 주인공이 주로 오른손을 사용했다는 사실을 밝혀내기도 했다.

왜 왼손잡이는 오른손잡이보다 턱없이 적을까?

왼손은 우뇌의 지배를 받고 오른손은 좌뇌의 지배를 받는다. 따라서 오른손잡이가 많다는 것은 좌뇌가 우세한 사람이 그만큼 많다는 것이며, 이는 오른손잡이가 진화에 더 유리했음을 의미한다. 우세 손과 관계없이 좌뇌에는 언어를 담당하는 영역이 자리 잡고 있다. 지금까지 알려진 바로는 왼손잡이의 70%는 좌뇌에 언어중추가 자리 잡고 있다. 15%는 우뇌에 있고, 나머지 15%는 양쪽 뇌에 분산되어 있다.

언어중추가 있는 반구를 '우세 반구'라 부른다. 우세 반구를 결정하는 것이 언어능력에 달려 있다는 뜻이다. 그렇다면 오른손잡이가 다수를 차지하는 것도 언어의 진화와 관련이 있을 것이다. 즉 인류가 언어를 사용하게 되면서 오른손잡이가 급격히 증가했을 것이란 추정이 가능하다. 분명한 사실은 한 손을 자주 사용하는 것이 더 효율적이라는 것이다. 가령 여러 사람이 일할 때는 모든 사람이 같은 손을 사용하는 것이 효율적이다. 따라서 오른손잡이가 다수인 세상에서는 오른손잡이의 생존 가능성이 더 높았을 것이다.

오른손잡이가 진화에 유리했다면 왼손잡이는 어떻게 자연선택의 문턱을 통과할 수 있었을까?

왼손잡이가 진화한 이유에 대해서는 몇 가지 가설이 있다. 첫째, 왼손잡이가 적과의 싸움에서 유리했을 것이라는 가설이다. 오른손잡이는 왼손잡이 맞수를 만났을 때 불리한 상황에 처한다. 오른손잡이는 왼손잡이의 전략에 익숙하지 않기 때문이다. 이는 스포츠 경기에서도 흔히 볼 수 있다. 우 타자가 많은 팀과 경기할 때는 좌 투수를 마운드에 세우는 게 유리하다.

두 번째 가설은 배변 후 사용하는 손과 관련이 있다. 과거에는 배변 후 손으로 뒤처리를 했을 것이다. 손으로 배변을 처리하면 위생적으로 많은 문제가 발생한다. 과거에는 전염병이 집단의 흥망을 결정하는 중요한 변수였다. 따라서 조상들 중 일부는 오른손으로 뒤처리를 한 후 세균이 옮지 않도록 음식을 먹거나 인사할 때는 왼손을 사용했을 것이다. 이들은 전염병이 발생했을 때 생존 가능성이 더 높다.

때로는 역방향을 선택하는 것이 생존에 유리할 수도 있다. 영국 연구팀이 2014년에 발표한 논문에 따르면 사람과 달리 개미는 왼쪽을 선호하는 경향이 강하다. 연구팀은 개미를 왼쪽과 오른쪽으로 나뉘는 갈림길 앞에 놓아두고 어느 쪽을 선택하는지 관찰했다. 그 결과 개미들은 낯선 갈림길 앞에 섰을 때 왼쪽 길을 더 많이 선택하는 것으로 나타났다.

개미가 왜 왼쪽을 선호하는지는 알 수 없다. 하지만 미로처럼 얽힌 개미굴에서 길을 찾아가려면 일관되게 한쪽 방향을 선택하는 것이 효과적이다. 갈림길에 서서 매번 50%의 확률을 시험한다면 미로를 빠져나오기가 더 힘들다. 특히 낯선 길에서는 다 같이 왼쪽으로 향하는 것이 적의 허점을 찌를 수 있다. 어쩌면 오늘날의 왼손잡이들은 상대방의 허점을 찔러 승리한 조상들의 후예일 수 있다.

오른손잡이로 바꿔야 할까?

태어난 지 3개월 된 아기는 대부분 양손을 사용한다. 이후 양손을 번갈아 사용하다가 18개월이 되면 오른손잡이인지 왼손잡이인지가 50% 정도가 결정되고, 만 네 살이 되면 90%가 결정된다. 어느 나라에서도 왼손잡이는 늘 배척의 대상이었다. 그래서 많은 부모들이 아이들이 왼손을 사용할 때 혼을 낸다. 왼손잡이인 아이를 훈육을 통해 오른손잡이로 바꿀 수 있을까?

뇌는 가소성을 지니고 있기 때문에 반복적으로 훈련하면 우세한 손을 바꿀 수 있다. 하지만 완전히 바꾸는 것은 어려운 일이며, 훈련을 통해 양손을 모두 사용할 수 있도록 하는 것은 가능하다. 실제로 호주에서 진행된 1981년 연구에 따르면, 1880년에 태어난 사람 중 왼손잡이는 2%에 불과했지만 1969년에 태어난 사람들은 13.2%가 왼손잡이였다. 90여 년 사이에 왼손잡이가 10% 이상 증가한 것이다. 이는 왼손잡이에 대한 편견이 조금씩 사라졌기 때문이다. 가부장적이거나 집단주의적인 문화가 강한 사회일수록 왼손잡이 비율이 적다는 연구도 있다. 이런 사회에서는 왼손잡이를 용납하지 않기 때문이다. 따라서 문화적 요인도 손의 우세를 결정하는 데 중요한 영향을 미친다고 볼 수 있다.

억지로 양손을 쓰도록 만드는 것은 스트레스만 가중시킬 뿐이다. 7,871명의 어린이를 15년 동안 추적 조사한 2010년 연구에 따르면, 양손을 모두 사용하는 아이들은 발달장애 가능성이 있고 학업에도 어려움을 겪을 수 있으며 ADHD(주의력결핍 과잉행동장애)와도 관련이 있을 수 있다. 뇌의 신경회로를 억지로 바꾸는 것은 수억 년 동안 누적되어온 유전자의 역할과 기능을 무시하는 것과 다를 바 없다.

왼손잡이의 좋은 점과 좋지 않은 점

흔히 왼손잡이가 오른손잡이보다 더 창의적이라는 얘기가 있다. 이 속설은 사실일까? 이 속설을 전파하는 사람들은 위인들 중에 왼손잡이가 많고, 특히 예술 분야에서 두각을 나타낸 천재들이 많다는 점을 예로 든다. 하지만 아직까지 이 속설을 뒷받침할 증거는 발견되지 않았다. 이 속설은 매우 그럴듯해 보이지만 인류사에 위대한 족적을 남긴 위인들을 모두 열거하면 오른손잡이가 훨씬 많을 것이다. 물론 왼손잡이에게 더 유리한 일이나 직종이 있을 수 있다. 하지만 이는 왼손잡이가 가진 장점 중 하나일 뿐이다. 왼손잡이의 비율이 일성한 수준을 유지하고 있는 이유도 이러한 장점 때문일 것이다.

왼손잡이가 더 창의적이라는 주장은 좌뇌와 우뇌의 기능적 차이 때문에 생겨난 것으로 보인다. 우뇌는 읽기, 쓰기, 말하기, 계산 등의 기능이 약한 반면 상상력, 패턴 및 공간 인식 기능이 강한 것으로 알려져 있다. 따라서 왼손잡이는 시공간 능력을 필요로 하는 예술 분야에서 자신의 능력을 발휘할 가능성이 높다.

왼손잡이는 늘 편견의 대상이 되어왔지만, 실제로 좋지 않은 소식도 많다. 우선 왼손잡이 여성은 폐경 전에 유방암에 걸릴 확률이 두 배나 높다고 한다. 왼손잡이가 오른손잡이보다 평균적으로 낮은 임금을 받는다는 연구도 있다. 수십 년간 미국인들의 데이터를 분석한 2014년 연구에 따르면, 왼손잡이는 오른손잡이보다 평균적으로 10~12% 낮은 임금을 받았다. 시험 성적도 왼손잡이는 하위 10%에 포함되는 비율이 오른손잡이보다 높았고, 대학을 졸업하는 비율도 마찬가지였다.

하지만 왼손잡이의 인지능력이 낮다는 생각은 매우 위험하다. 인지능력의 차이는 엄마와 아이가 사용하는 손이 다른 경우에 많이 발생한다. 이는 엄마의 행동을 모방하는 과정에서 발생하는 문제다. 왼손잡이의 임금이 낮다는 가설 또한 모든 연구자들로부터 지지받는 것은 아니다. 설령 임금의 차이가 있다고 해도 왼손잡이가 원인이 아닐 수도 있다.

심리에 미치는 영향

왼손잡이에게 불리한 점이 있다면 마음에 관련된 것이다. 2008년 연구 결과에서는 왼손잡이거나 양손을 모두 사용하는 어린이는 언어를 습득하는 데 어려움을 겪을 가능성이 높고, ADHD 증상에도 더 취약한 것으로 나타났다. 8,000여 명의 핀란드 아동을 대상으로 진행한 2010년 연구에서는 왼손잡이보다 양손잡이가 ADHD 증상과 더 관련이 있다는 사실이 밝혀졌다. 양손잡이 어린이는 학업이나 언어에 문제가 있는 비율이 오른손잡이보다 두 배가량 높았고, ADHD일 가능성도 두 배나 높았다.

정신장애 환자 107명을 대상으로 진행한 2013년 연구에서는 조현병 환자의 40%가 왼손잡이였다. 오른손잡이보다 네 배가량 높은 비율이다. 왼손잡이가 마음의 병에 더 취약한 이유에 대해서는 명확하게 밝혀진 바가 없다. 그러나 좌뇌와 우뇌의 기능과 관련이 있다는 데는 대부분의 연구자들이 동의하고 있다. 뇌가 정상적으로 활동하려면 좌뇌와 우뇌가 서로 협력해야 한다. 우리 뇌는 한쪽 반구가 우세하도록 진화했다. 그렇기 때문에 양쪽 뇌가 똑같은 지배력을 가지면 정신적인 문제를 유발할 수 있다. 양손잡이 중에서 조현병 환자가 많은 것도 이 때문일 것이다.

어떤 손을 더 많이 쓰는지는 산모가 임신 기간 동안 겪는 스트레스 수준에 달려 있다. 덴마크의 산모 834명을 대상으로 진행한 2003년 연구에 따르면, 임신 28주째부터 출산 때까지 잦은 스트레스를 겪었던 산모의 아이는 양손잡이가 될 확률이 17%에 달했다. 이는 스트레스를 겪지 않은 산모가 양손잡이 아이를 낳을 확률에 비해 세 배 이상 높은 수치였다. 2008년 연구에서도 임신 기간 중에 우울증을 경험하거나 스트레스를 겪은 산모의 아이는 왼손잡이나 양손잡이가 될 확률이 높았다. 이러한 연구 결과는 임신 중에 노출된 스트레스호르몬이 좌뇌와 우뇌의 연결에 영향을 미칠 수 있음을 보여준다.

우뇌는 예술적 감성과 관련이 깊기 때문에 천재성을 드러낸 예술가 중에는 왼손잡이가 많다. 그러나 우뇌가 우세한 사람은 그로 인한 단점에도 유의해야 한다. 우뇌는 세상을 불쾌하고 적대적이고 혐오스러운 것으로 받아들인다. '천재와 광인은 종이 한 장 차이'라는 말이 틀린 말은 아닌 것이다.

좌뇌는 우뇌의 부정적 감정을 낮춰주는 역할을 한다. 세상을 부정적으로 인식하는 우뇌와 달리, 좌뇌는 세상을 긍정적이고 도전해볼 만한 곳으로 여긴다. 만일 양쪽 뇌의 교류에 장애가 발생하면 좌뇌가 우뇌의 정서적 과잉을 조절할 방법이 없다. 그렇다고 해서 왼손잡이가 모두 마음의 병이 있다는 편견을 가져서는 안 된다. 연구 결과들은 확률적 차이만을 보여줄 뿐이다. 어느 손을 사용하든 존재할 만한 이유가 있었기 때문에 살아남은 것이다. 그 존재의 이유가 바로 자신의 강점이 된다.

아이의 언어능력이 말해주는 것

언어 유전자

언어는 인간과 다른 동물을 구분하는 특징 중 하나다. 다른 동물도 최소한의 의사를 소통할 수 있는 수단을 가지고 있지만 언어를 가지고 있지는 않다. 똑똑한 동물로 알려진 범고래는 바다사자를 사냥할 때 사냥감의 관심을 유도하기 위해 바다사자의 울음소리를 흉내 낸다고 한다. 2018년 연구에 따르면, 범고래는 간단한 언어를 이해하고 흉내 낼 수 있는 능력을 지니고 있다. 연구팀이 범고래가 좋아하는 물고기를 주면서 다양한 소리를 흉내 내도록 한 후 소리의 파장을 분석한 결과, 자기가 들은 소리를 비슷하게 재현할 수 있는 것으로 밝혀졌다.

소리를 인식할 수 있는 능력을 범고래만 갖고 있는 것은 아니다. 돌고래나 일부 코끼리도 간단한 소리를 재현한다는 연구들이 있다. 새들

154

도 소리로 신호를 교환하며, 특히 앵무새는 인간의 언어를 정교하게 흉내 낸다. 2017년에는 일본 연구팀이 박새가 소리를 조합해 메시지를 전달할 뿐 아니라 다른 새의 울음소리를 문장처럼 이해한다는 연구 결과를 발표한 바 있다.

인간과 가까운 침팬지는 소리를 통해 의사소통을 하고 인간이 사용하는 단어를 어느 정도 학습할 수 있다. 2018년 독일 연구팀이 마모셋원숭이를 대상으로 실험한 결과 이들이 내는 소리도 인간의 발성과 유사하게 여러 개의 음절로 이루어져 있다는 사실을 알아냈다. 즉 마모셋원숭이는 정해진 패턴을 반복하는 것이 아니라 일정한 길이의 음절을 구성해 리드미컬한 소리를 만들어낸다는 것이다. 2015년 연구에서는 피그미침팬지(보노보)가 인간 아기의 옹알이와 비슷한 소리를 낸다는 사실이 밝혀지기도 했다. 다른 영장류의 언어능력으로 미루어볼 때, 인간은 오래전에 침팬지처럼 미성숙한 언어 단계를 거쳐 오늘날과 같은 언어를 갖게 되었을 것이다. 하지만 다른 동물들이 언어를 가지고 있다고 말하기는 어렵다.

얼마 전까지만 해도 언어학자들은 원숭이가 언어를 사용하지 못하는 것은 발성기관이 인간과 다르기 때문이라고 생각해왔다. 그러나 2016년에 이 주장을 뒤집는 연구가 발표되었다. 연구팀이 마카크원숭이 구강 구조를 엑스레이로 촬영해 사람처럼 발성기관이 있다는 사실을 밝혀냈다. 영장류가 말을 하지 못하는 것은 해부학적 차이 때문이 아니라 말을 할 수 있는 신경회로가 뇌에 없기 때문이라는 것이다.

2001년과 2002년의 연구에 따르면 Foxp2 유전자는 인간에게만 특정 돌연변이를 일으켜 독보적인 언어체계를 구축하는 데 기여했다. 그래서 이 유전자를 '언어 유전자'라 부르기도 한다. Foxp2는 인간을 비롯한 모든 포유동물이 가지고 있다고 한다. 하지만 분자구조는 동물마다 조금씩 다르고, 인간은 독특한 형태의 돌연변이를 가지고 있다. 이 유전자 돌연변이는 12만~20만 년 전에 처음 발생했을 것으로 추정되는데, 사람이 가지고 있는 유전자 돌연변이는 1만~2만 년 전에 생성된 것으로 알려져 있다.

아이의 언어 습득 능력

우리는 생득적으로 언어능력을 타고나지만 배우지 않으면 말할 수 없다. 예컨대 새는 다른 종의 새가 부르는 노래를 배우지 못하지만, 같은 종의 새는 다른 지역에 사는 새의 사투리까지 배울 수 있다. 뇌는 무엇이든 학습할 수 있는 것이 아니라 유전적으로 존재하는 능력을 활용해 학습한다.

아이의 말이 늦되거나 더듬거리면 부모들은 아이의 지능에 문제가 있는 건 아닌지 걱정하게 된다. 아이는 언제부터 말을 배울 수 있을까? 1988년 한 연구팀이 생후 6~8개월 된 아기 여덟 명과 11~12개월 된 아기 여덟 명을 대상으로 실험을 진행했다. 실험 결과 생후 6~8개월 된 아기들은 어른들이 사용하는 힌디어와 영어의 억양을 구분할 수 있었다. 하지만 생후 11개월부터 억양을 구분하는 능력이 사라지기 시작했다. 이는 생후 1년이 지난 뒤부터는 외국어를 습득하기가 점점 힘들어진다는 것을 의미한다.

갓 태어난 아기들은 모국어에 훨씬 민감하게 반응한다. 1989년 한 연구팀이 생후 10개월 된 아기의 옹알이를 녹음해 아기들이 발음한 모음을 분석했다. 실험에 참가한 아기들은 파리, 런던, 알제리, 홍콩에서 각 다섯 명씩 선정된 20명이었다. 아기들이 발음한 모음을 분석한 결과 출신지에 따라 모음을 발음하는 방식이 달랐고, 이들의 발음은 해당 지역에 거주하는 어른들의 발음과 유사했다. 아기들의 발음은 부모와 출신지의 환경에 영향을 받았던 것이다. 1998년에는 생후 2개월 된 아기 28명에게 모국어와 외국어를 번갈아 들려주자 모국어가 나오는 스피커를 향해 고개를 더 빨리 돌리고 더 오래 들었다. 신생아들도 모국어를 식별할 줄 아는 것이다. 이러한 능력은 출신 국가에 관계없이 나타났다.

우리 뇌에는 언어를 담당하는 고유한 신경회로가 존재한다. 좌뇌가 언어능력의 대부분을 담당하고 우뇌는 운율 등 언어의 감정적인 측면을 담당한다. 아기들은 생후 2개월 무렵에 옹알이를 하기 시작하고, 10개월이 되면 모국어에 있는 음소를 사용해 옹알이를 하게 된다. 또 12개월이 되면 다른 사람의 발음을 흉내 낼 수 있다. 소리가 지닌 의미를 파악하는 것은 생후 10개월 무렵이다. 그러다가 18개월이 넘으면 어휘 구사 능력이 폭발적으로 증가하게 된다. 말을 조리 있게 구사하는 문법

적 능력이 급격히 성장하는 것도 이 무렵이다.

언어능력이 학습 능력 좌우

2014년에는 Foxp2 유전자가 언어능력뿐 아니라 학습 능력을 촉진하는 역할을 한다는 사실이 밝혀졌다. 연구팀은 사람의 Foxp2 유전자를 쥐에게 주입한 후 단백질로 발현시켰다. 그러자 Foxp2 유전자를 주입한 쥐는 T자형 미로에서 먹이를 찾는 능력이 20%나 향상되었다. 이 유전자가 미로를 찾는 학습 과정을 촉진한 것이다. 인간도 언어를 배울 때 해당 물체와 연관지어 학습한다는 점을 생각하면 그리 놀라운 일도 아니다.

재미있는 사실은 언어능력이 운동 능력과도 긴밀한 관련이 있다는 것이다. 2012년 프랑스 연구팀은 실험 참가자들에게 동사가 포함된 문장을 들려준 후 손아귀로 쥐는 힘을 센서로 측정했다. 그러자 손이 움직이는 동사를 들려주었을 때 참가자들은 센서를 더 강하게 쥐었다. 하지만 '짐을 들지 못했다'와 같이 행동이 실패로 끝나는 문장을 들었을 때는 쥐는 힘이 강해지지 않았다. 이는 언어가 운동신경에 섬세하게 관여한다는 것을 보여주는 것이다.

최근에는 Foxp2 외에 뇌의 별아교세포에서 발현되는 'aquaporin-4' 유전자도 언어능력과 관련이 있는 것으로 밝혀졌다. 2017년 국내 연구팀이 성인 650명을 대상으로 분석한 결과 aquaporin-4 유전자가 많이

발현되는 사람일수록 언어 학습과 관련된 뇌 부위가 더 발달했을 뿐
아니라 말하기 능력, 기억력, 학습 능력 등이 더 우수하다는 사실을 발
견했다. 연구진이 45명의 대학생에게 영어권 국가의 대학원 입학시험
내용을 한 달간 학습시킨 후 뇌 영상을 관측한 결과 aquaporin-4 유전
자가 활성화된 사람의 점수가 높았다. 지금까지의 연구들을 종합하면,
언어능력이 학습 능력과 운동 능력은 물론 성적까지 향상시킨다는 것
을 알 수 있다.

아이의 언어교육, 어떻게 해야 할까?

아이의 뇌는 학교에 입학하기 전에 언어의 규칙을 가장 빨리 흡수
하기 때문에 어린 시절의 학습과 경험이 중요하다. 특히 두세 살 무렵
에 언어 규칙의 고정화가 시작되므로 언어에 대한 경험은 일찍 그리고
풍부하게 하는 것이 좋다. 아이에게 자주 말을 걸고, 아이 말을 경청하
면서 적극적으로 반응하는 것이 중요하다. 1997년 연구에 따르면 생후
8개월 된 아기도 반복적으로 들은 단어를 기억한다. 연구팀이 생후 8개
월 된 아기 15명에게 반복적으로 이야기를 들려준 결과 15일이 지난 후
에도 이야기 속의 단어를 기억해냈다. 이는 가족이 자주 사용하는 단
어를 아기가 기억한다는 것을 의미한다.

어린이들은 엄마의 목소리에 즉각적으로 반응한다. 2016년 7~12세
어린이 24명에게 엄마와 낯선 여성의 녹음된 목소리를 번갈아 들려준

결과 엄마의 목소리라는 것을 알아채는 데 1초가 채 걸리지 않았다. 엄마의 목소리를 들었을 때 아이들의 뇌에서 정서, 보상, 얼굴 인식 및 사회적 기능에 관련된 영역이 눈에 띄게 활성화되었다. 아이들은 엄마의 목소리를 들으며 언어능력과 사회성 그리고 정서를 발달시킨다. 아이들은 엄마와의 대화를 통해 타인과 소통하는 사회성을 기르는 것이다. 따라서 **유전적으로 타고난 언어능력이 부족하더라도 실망할 필요는 없다. 인간을 포함한 모든 동물은 사회적 관계를 통해 언어를 배운다. 그래서 외국어를 배우려는 사람에게 가장 좋은 충고는 '외국인 연인을 만들라'는 것이다.**

유치원에는 몇 살에 보내는 것이 좋을까?

붉은 셔츠를 입은 아이

'레드셔팅(Redshirting)'이란 말이 있다. 본래 '레드 셔츠(red shirt)'는 부상 등을 이유로 1년간 경기에 나서지 못하고 연습만 하는 운동선수를 말한다. 중학교나 고등학교 시절을 떠올려보면 1년 정도 휴학했다가 운동선수로 복귀한 친구들이 더러 있었을 것이다. 한창 성장기에 있는 운동선수들은 한 살 아래인 선수들과 경쟁할 때 유리한 위치를 점할 가능성이 크다. 그래서 감독은 팀 전력을 높이기 위해 일부러 유망주를 한 해 꿇기도 한다. 하지만 최근에는 '레드셔팅'이 유치원이나 초등학교 입학을 1년 정도 늦추는 의미로 사용되고 있다.

자녀가 유치원이나 학교에 입학할 나이가 되면 부모는 다른 아이들보다 좀 더 일찍 보내야 할지, 늦추어 보내야 할지 고민하기 마련이다.

대부분의 국가에서 아이들은 만 5세에 유치원에 입학하고, 만 6~7세에 초등학교에 입학한다. 부모는 자녀가 어린 나이에 입학하면 다른 아이들보다 뒤처질 것을 염려하고, 늦게 입학하면 1년의 시간을 허비하는 것은 아닌지 걱정한다.

미국과 유럽의 학부모들은 자녀를 늦게 유치원에 보내려는 경향이 강하고, 특히 부유층일수록 이런 경향이 심하다고 한다. 하지만 다른 연구 결과도 있다. 2009년 미국 캘리포니아주에서 진행한 연구에 따르면, 자녀를 늦게 유치원에 보내는 부모의 소득 수준이 낮았다. 소득이 낮은 부모일수록 1년치의 유치원 비용을 추가로 지불할 능력이 부족하기 때문이다. 하지만 이 연구는 1970년대 후반에서 1980년대 초반의 데이터를 바탕으로 하고 있고, 맞벌이 부부 같은 변수들을 크게 고려하지 않았기 때문에 정확한 판단을 내리기 어렵다. 아이를 늦게 유치원에 보내는 것은 1990년대 이후부터 유행했기 때문이다.

늦게 입학한 아이가 더 경쟁력이 있을까?

나이가 같더라도 생일이 언제인가에 따라 12개월 가까이 차이가 날 수 있다. 어린 시절의 학습 능력을 고려할 때 예닐곱 살 무렵에 이런 차이가 나는 것은 부모를 불안하게 만들기에 충분하다. 그래서 부모들은 아이가 또래에 비해 생일이 늦을 경우 한 해 늦게 유치원에 보내는 경우가 많다.

한 살 아래인 아이들과 경쟁하게 하면 자신감이 높아진다. 늦게 학교에 입학한 아이들은 학업 성취도뿐 아니라 자기 조절 능력이 더 높다는 연구들이 있다. 2015년 스탠퍼드대학교 연구팀이 덴마크 어린이들의 데이터를 분석한 결과, 늦게 유치원에 입학한 아이들은 11세가 되었을 때 부주의나 과잉 행동이 73%나 적었다. 이들의 자제력은 학년이 높아질수록 더 커졌고, 고등학생이 되었을 때 시험 성적도 더 높았다. 그러나 덴마크에서는 유치원 입학이 1년 늦은 아이들도 유아원에 무상으로 갈 수 있기 때문에 다른 국가의 어린이들과 직접 비교하기는 어렵다.

적어도 지금까지의 연구들을 살펴보면, 단기적인 측면에서 유치원이나 학교에 늦게 보내는 것이 더 유리해 보인다. 2000년 미국 어린이들을 대상으로 한 연구에서는 늦게 입학한 아이들이 학업 성취도에서 더 나은 결과를 보였다. 하지만 이와 상충하는 연구들도 많다. 1997년 연구에 따르면 늦은 나이에 입학한 아이들은 문제 행동을 더 많이 일으켰다. 또 2006년 미국 연구팀이 26세의 성인 1만 5,000명의 데이터를 분석한 결과 늦게 입학한 아이들이 10학년 시험에서 더 나쁜 성적을 보였을 뿐 아니라 중간에 고등학교를 그만둘 가능성이 컸다. 2008년에는 늦게 입학한 아이가 성인이 되었을 때 IQ와 생애 소득이 모두 낮다는 연구 결과가 발표되기도 했다.

우리나라의 아이들은 나이가 만 6세가 되는 다음 해 3월에 초등학교에 입학한다. 1996년에는 조기 입학을 허용하고, 1998년에는 만 5세까지 취학 연령을 확대했다. 이는 외환위기로 경제적 위기에 처한 학부모들이 비용이 많이 드는 유치원 대신 초등학교 입학을 선호했기 때문이다.

그 이유가 무엇인지는 정확히 알 수 없지만 학창 시절의 경험을 떠올려보면 수긍이 가는 면이 있을 것이다. 재수를 거쳐 진학한 학생들 중 일부는 재수생들끼리 집단을 형성해 어른 흉내를 내기에 바쁘다. 이들은 흡연과 음주, 음란물 등에 쉽게 노출된다. 또 또래보다 조금 더 성숙하다는 이유로 교실 뒤편에 앉은 키 큰 아이들과 어울리며 불량학생으로 낙인찍힌 경우도 더러 보았을 것이다.

반면 재수생 중에는 상급학교 진학을 위해 더 열심히 공부하고 다른 학생들을 도우며 어른스럽게 학교생활에 임하는 학생들도 많다. 연구자들은 동일한 데이터를 활용할 때조차 서로 다른 결론에 도달하기 때문에 취학연령 자체가 삶에 큰 영향을 미친다고 보기는 어렵다. 취학연령이 문제라기보다는 개인의 학습 능력과 자기 조절 능력, 주변 환경 등의 영향이 매우 크다는 것을 보여준다.

조기교육은 얼마나 효과가 있을까?

취학연령과 관련해 우리 사회에서 주로 논의되고 있는 것은 선행학습에 관한 것이다. 초등학교에 입학하기 전부터 학원에 보내고, 학교에 다니면서도 상급학교에서 학습해야 할 교과를 미리 공부시키는 것이 여기에 속한다. 선행 학습은 아이들에게는 엄청난 스트레스다. 스트레스는 감성의 발달을 저해하고, 또래와 사회적 관계를 맺는 데도 방해 요인으로 작용한다.

어린 시절의 배움은 교과서를 통해서가 아니라 놀이와 경험을 통해서 이루어진다. 학습의 동기를 유발시키는 것은 새로운 것에 대한 기대감, 호기심, 흥미다. 이러한 것들이 학습의 즐거움을 유발하고, 즐거움이 학습의 성취로 이어진다. 따라서 부모의 기대를 충족하기 위해 이루어지는 선행 학습은 아이의 성장에 도움이 되지 않는다. 설령 아이들이 선행 학습에 흥미를 보이더라도 이는 대부분 주위로부터 인정을 받고 싶은 심리에서 비롯된 것이다.

선행 학습과 관련해 가장 민감한 문제 중 하나가 외국어교육이다. 최근 우리 사회에서도 초등학생들에 대한 영어 교육을 두고 논란이 벌어진 적이 있다. 초등학교 교육과정에 영어가 포함된 것은 1997년이다. 외국어교육을 시작하는 연령이 모국어 학습이 완성되는 만 9~10세가 적당하다는 그동안의 연구 결과를 반영한 조치였다. 전문가들은 나이가 어릴수록 외국어 습득에 유리하지만, 유창한 모국어 습득이 전제가 되어야 한다고 말한다. 물론 이 전제가 모든 아이에게 적용되는 것은 아니다. 어린 시절부터 두 가지 언어를 사용하는 환경에서 자란 아이는 외국어 습득 능력이 훨씬 뛰어나다. 조기교육이 중요한 분야도 있다. 2014년 연구에 따르면, 음악이나 스포츠 분야는 어린 시절에 배울수록 성공 가능성이 더 크다.

조기교육보다 중요한 것

사실 어린 시절에는 교육보다 가정환경이 더 중요하다. 1972년에 태어난 3~38세의 뉴질랜드인 1,000명을 추적 조사한 2016년 연구에 따르면, 세 살 때의 환경이 미래의 삶을 결정한다. 두 명의 심리학자가 조사 대상자들이 세 살 때 검사한 신경학적 데이터를 바탕으로 연구한 결과 당시 신경적 문제가 있었던 아이에게는 자라면서 엄청난 사회적 비용이 들어갔다. 이들은 1,000명 중 22%에 해당하며, 대부분 가난한 환경에서 학대를 경험했다. 이들은 전체 처방전의 78%, 복지 혜택의 66%, 상해보험 지출의 36%, 유죄 판결의 81%를 차지했다. 또 자녀를 방치하거나 비만에 걸릴 가능성이 높았고, 담배 소비도 54%를 차지했다. 세 살 때의 환경과 경험이 일생을 좌우하는 것이다.

삶의 경험은 뇌가 물리적으로 변화하는 특정 시기에 더 큰 영향을 미친다. 그 시기 중 하나가 바로 세 살이다. **생후 2년간 아이의 뇌는 빠른 속도로 성장한다. 중요한 변화가 짧은 기간에 급격히 이루어지기 때문에 이 시기의 경험은 신경 발달에 중대한 영향을 끼친다. 특히 학대 경험 같은 트라우마는 불치의 병처럼 평생 따라다닌다. 따라서 자녀의 조기교육을 걱정하기 전에 따뜻한 보살핌이 먼저다.**

영어 공부는 왜 어려울까?

외국어, 언제부터 배우는 것이 좋을까?

학창 시절을 되돌아보면 유난히 영어를 잘하는 친구들이 있었다. 나에게도 영어를 유창하게 구사하는 친구가 있었는데, 나중에 알고 보니 그의 영어 교사는 모르몬교 선교사였다. 그 친구는 주말마다 선교사들을 데리고 동네 구석구석을 돌아다니곤 했다. 나는 그의 영어 실력이 몹시 부러웠지만, 외국인들과 어울릴 용기는 내지 못했다. 그는 본래 영어 능력을 타고났던 것일까, 아니면 외국인들과 어울렸기 때문에 영어를 잘하게 된 것일까?

언제부터 외국어를 배우는 것이 적절한지에 대해서는 논란이 분분하다. 그동안 해외에서 진행된 연구를 살펴보면 외국어 조기교육에 대한 찬반 의견이 팽팽하다. 그러나 우리나라의 경우에는 조기교육의 효과를 의심하는 연구들이 많다. 우리의 언어 환경이 미국이나 유럽 또는 남미 지역과도 크게 다르기 때문이다. 이들 국가의 경우 모국어 외에 다른 언어를 공용어로 사용하는 경우가 많고 이민자도 많다. 따라서 해외에서 이루어진 연구는 대부분 이민자나 그 자녀들을 대상으로 하고 있다. 외국어 학습 환경도 우리와 다르다. 이민자들은 학교만이 아니라 가정과 사회 환경을 통해서도 언어를 배우지만 우리나라는 유치원이나 학교에서만 외국어교육이 이루어진다.

그럼에도 불구하고 외국어를 배우기에 민감한 시기가 있고, 좀 더 어린 나이에 외국어를 습득하는 것이 낫지 않을까? 사람에게는 언어를 스펀지처럼 빨아들이는 시기가 있지만 사람마다 차이가 있다. 또 모국어와 외국어 습득을 똑같이 취급하기도 어렵다. 어리다고 해서 성인보다 외국어 학습 능력이 더 뛰어난 것은 아니다. 하지만 나이에 관계없이 외국어에 익숙한 환경, 집중적인 몰입 교육, 반복 학습이 가능한 충분한 시간의 확보는 외국어 습득에 도움이 된다. 가장 빨리 외국어를 습득할 수 있는 환경은 외국어가 생존에 반드시 필요한 경우다.

이중 언어를 처리하는 뇌

모국어는 엄마 배 속에서부터 친숙해져 네 살 정도가 되면 능숙하게 구사한다. 우리 뇌 역시 엄마 배 속에서 형성되기 시작해 세상에 나온 후 계속 발달한다. 뇌는 처음부터 완전한 형태로 만들어지는 것이 아니라 영역별로 발달하는 시기와 속도가 다르다. 예컨대 감정을 담당하는 영역은 일찍 발달하지만, 이성을 담당하는 영역은 사춘기가 지나야 비로소 성숙된다. 개념을 이해하는 뇌 영역이 나중에 발달하기 때문에, 어린 나이에 문자 교육을 시키는 것은 별반 효과가 없다.

말하기나 듣기 능력은 어떨까? 이미 알려져 있듯이 우리는 태아 때이미 엄마의 목소리에 반응한다. 사람만이 아니라 새들도 알에서 부화하기 전부터 어미의 목소리를 인식한다. 2016년 연구에 따르면 요정굴뚝새는 알에 있을 때부터 어미의 노랫소리를 학습한다고 한다. 그만큼 모국어 습득은 우리가 생각하는 것보다 훨씬 이른 시기에 이루어진다. 그뿐 아니라 한번 습득한 모국어는 성인이 되어도 기억에서 사라지지 않는다. 예컨대 2017년 생후 3~17개월에 네덜란드에 입양된 한국인을 대상으로 진행한 연구에서 20~30년이 지난 후에도 입양아들이 모국어를 기억한다는 사실이 밝혀졌다. 이들은 한국어를 전혀 몰랐지만 열흘간 한국어를 가르쳐주자 다른 가족에 비해 월등히 나은 성과를 보였다.

언어를 듣고 이해하고 말하려면 전두엽이나 측두엽 등 뇌의 여러 영역들이 작동해야 한다. 2016년 캐나다 연구팀에 따르면, 외국어에 능한 사람은 언어 구사 및 이해 능력과 관련된 측두엽의 신경 연결성이 높다. 연구팀은 영어를 사용하는 성인 15명에게 12주간 프랑스어 수업을 듣게 한 후 발음과 읽기 능력을 측정하면서 뇌를 촬영했다. 그 결과 왼쪽 상측두회의 연결성이 높은 사람들의 성적이 더 좋았다.

여러 연구들을 종합하면, 외국에 학습 능력에 공통적으로 관여하는 뇌 영역은 꼬리핵(미상핵)이다. 꼬리핵은 뇌의 가장 안쪽에 자리 잡은 기저핵의 일부다. 2006년 연구팀이 영어에 능숙한 독일인과 일본인 35명에게 두 개의 영어 단어를 연속해서 보여주고 영어로 답하도록 한 후 fMRI로 뇌를 촬영하자, 국적에 관계없이 왼쪽 꼬리핵이 활성화되었다. 연구팀은 꼬리핵이 두 개의 언어를 전환해주는 스위치 역할을 하는 것으로 추정했다. 이후 여러 연구에서도 꼬리핵이 하나의 언어를 다른 언어로 전환하는 데 관여한다는 사실이 밝혀졌다.

억지로 익히면 더 힘들다

꼬리핵이 포함된 기저핵은 습관을 만드는 데 중요한 역할을 한다. 예컨대 자전거를 타거나 운전을 하는 기술은 한번 배우면 잊히지 않는다. 이런 기억을 절차 기억이라 하며, 절차 기억을 담당하는 곳이 바로 기저핵과 소뇌다. 외국어 능력이 꼬리핵과 관련되어 있다는 것은 언어 자체가 절차 기억과 관련이 있다는 것을 의미한다. 또 외국어를 배우기 좋은 시기가 있다면, 꼬리핵이 성숙하는 시기와 비슷할 것으로 추측할 수 있다. 하지만 꼬리핵이 어느 시기에 가장 발달하는지는 정확히 알 수 없다.

2014년 연구에 따르면, 외국어는 자연스럽게 익히는 것이 효과가 있다. 연구팀이 성인 66명을 대상으로 실험을 진행한 결과, 오직 언어 배우기에만 집중한 사람은 큰 효과를 거두지 못했다. 이들은 언어를 배우면서 그림을 그린 사람에 비해 단어 시험에서 20% 높은 성적을 거두었지만, 문법 시험에서는 20% 낮은 성적을 보였다. 언어를 배우는 데 집중한 사람들의 성적이 크게 나아지지 않은 것이다. 왜 상식에 어긋나는 결과가 나왔을까?

기억은 크게 서술 기억과 절차 기억으로 나뉜다. 서술 기억은 개념이나 의미를 기억하는 것이고, 절차 기억은 습관이나 숙련된 기술을 기억하는 것이다. 따라서 서술 기억은 단어를 외우는 데 도움이 되고, 절차 기억은 문법 구조를 익히는 데 도움이 된다. 언어 학습에만 집중하면 단어를 암기하는 능력은 높아지지만 절차 기억은 방해를 받는다. 언어 학습에 집중하는 것이 오히려 학습을 방해하는 것이다.

이 실험 결과는 시험공부하듯이 외국어를 익히는 것이 얼마나 어려운지 보여준다. 외국어를 빨리 습득하려면 일상 속에서 자연스럽게 배워야 한다. 아기 새들은 부모의 노래를 들으며 소리를 배우는데, 같은 소리를 스피커로 들려주면 학습 속도가 느리다. 그런데 아기 새가 스스로 스위치를 눌러 노래가 나오도록 하면 배우는 속도가 다시 빨라진다고 한다. 여기에 언어 습득의 비밀이 숨어 있다. **인간은 사회적 상호작용을 통해 언어를 습득하도록 진화했다. 책이나 학습지보다 부모, 친구, 선생님과 관계를 맺으면서 배울 때 더 효과적으로 외국어를 습득할 수 있는 것이다.**

부모의 과잉보호가 아이를 망친다

자녀에 대한 과잉보호는 우리나라만의 문제가 아니다. 2010년을 전후해 미국에서도 부모의 과잉보호가 사회적 이슈로 대두된 바 있다. 이 문제에 불을 댕긴 것은 명문 대학 학생들의 잇단 자살이었다. 특히 펜실베이니아대학에서는 2013년과 2014년에 여섯 명의 학생이 잇달아 목숨을 끊었다. 비단 펜실베이니아대학만의 문제가 아니었다. 뉴욕대학 등 여러 명문 대학에서도 비슷한 상황이 발생했다.

심리학자들의 의견은 다양했다. 고등학교 때까지 칭찬만 들어왔던 학생들이 막상 명문 대학에 입학해 우수한 학생들과 경쟁하다 보니 불안 장애나 우울증을 견디지 못해 자살한다는 분석이 있었고, 성공만 경험해왔던 학생들인지라 작은 실패를 용납하지 못해 벌어진 일이라는 분석도 있었다. 또 소셜 미디어에 올라오는 친구들의 사진과 글을 자신의 일상과 비교함으로써 일어나는 우울한 감정 때문이라는 분석도 있었다. 하지만 전문가들은 공통적으로 한 가지 원인을 지적했다. 바로 부모의 과잉보호였다.

당신은 헬리콥터 맘인가요?

2019년 3월, 미국에서 유명 인사들의 대학 입시 비리 사건이 터졌다. 할리우드 배우와 TV 스타를 비롯한 유명 인사들은 자녀를 명문 사립대학에 보내기 위해 입시 브로커에게 거액의 뇌물을 제공했다. 브로커는 각 대학의 운동부 코치들을 매수해 유명 인사의 자녀들을 체육 특기생으로 부정 입학시켰다. 2011년부터 8년간 오간 뒷돈은 283억 원에 달했다. 입시 브로커는 SAT(Scholastic Aptitude Test), ACT(American College Test) 등 대학 입학시험 관리자들과 짜고 대리시험을 보게 하거나 성적을 바꿔치기 하는 수법으로 유명 인사 자녀들의 성적을 조작했다.

헬리콥터 맘(helicopter mom)이라는 말이 있다. 헬리콥터처럼 자식 곁을 분주히 맴돌며 모든 문제를 대신 해결해주는 부모를 말한다. 최근에는 '잔디 깎기 부모'라는 말도 생겼다. 잔디를 깎는 기계처럼 자녀가 가는 길에 덮인 잡초들을 깨끗하게 정리해주는 부모를 뜻한다. 이런 부모 밑에서 자란 아이들이 혼자 해결할 수 있는 일은 별로 없다. 고등학생 시절까지는 어려운 과제도 과외 교사를 붙이면 해결할 수 있었지만, 대학에서는 불가능하다.

부모가 곁에 있는 한 이들은 영원한 아이일 뿐이다. 헬리콥터 맘 밑에서 자란 아이는 자신을 부모와 분리해서 볼 수 있는 능력이 부족하다. 일상적인 삶은 물론 학업 성적이나 취업 문제까지 부모의 요구를 고려해야 하기 때문이다. 만일 부모의 기대에 어긋난다는 느낌이 들면 심각한 스트레스에 시달리게 된다.

심리학자 매들린 러바인(Madeline Levine)은 부모의 과잉보호를 세 가지 양상으로 구분한 바 있다. 첫째, 자녀 스스로 할 수 있는 일을 대신해주는 경우, 둘째, 자녀가 웬만큼 할 수 있는 일을 대신해주는 경우, 셋째, 자신의 욕심에 스스로 동기부여가 되어 아이들을 양육하는 경우다. 세 번째 경우에는 모든 부모가 해당될 것이다. 정도의 차이는 있지만 모든 부모는 자녀가 성공하기를 원하고, 그런 기대가 자녀에 대한 헌신으로 이어지기 때문이다. 하지만 첫 번째와 두 번째 경우는 자녀가 스스로 문제를 해결할 방법을 습득할 기회를 빼앗는다.

과잉보호는 아이의 불안감을 키운다

지금까지 진행된 연구들은 과잉보호 속에서 자란 아이들의 정신 건강에 문제가 있음을 보여준다. 자녀를 과잉보호하는 엄마들도 불안 장애를 가지고 있을 확률이 높다. 엄마의 불안 장애가 자녀를 닦달하고, 이러한 행동이 아이들의 심리에 영향을 끼치는 악순환이 계속되는 것이다. 헬리콥터 부모 밑에서 자란 아이들은 평생 실패에 대한 두려움에 시달리고, 목표를 성취하지 못했을 때 엄청난 불안과 두려움에 휩

싸이게 된다.

학생 300명을 대상으로 진행한 2011년 연구에 따르면, 헬리콥터 부모 슬하의 학생들은 불안 장애와 우울증으로 약물을 복용할 가능성이 더 높았다. 또 대학생 438명을 대상으로 한 2012년 연구에서는 헬리콥터 부모 손에서 자란 아이는 독립적인 인격체로 성장하는 데 어려움을 겪었음이 드러났다. 대학생 297명을 대상으로 한 2013년 연구에서도 **과잉보호 속에서 성장한 사람들이 우울증에 걸릴 가능성이 높고, 성인이 된 후에도 삶의 만족도가 낮다는 사실이 밝혀졌다. 이는 부모의 지나친 개입과 간섭으로 자율성을 상실하고, 부모의 욕구를 충족시키느라 자신의 욕구를 지나치게 억제했기 때문이다.**

아이는 스스로 문제를 해결한다

누구나 처음 초등학교에 입학할 때, 엄마의 손을 잡고 설레는 마음으로 학교로 향하던 기억이 있을 것이다. 나 역시 운동장에 서서 자꾸 뒤돌아보며 엄마가 어디에 있는지 확인했던 기억이 있다. 요즘에는 불미스런 사고로부터 보호하기 위해 자녀를 학교에 데려다주는 부모도 많다. 워낙 안전사고가 잦다 보니 그런 행동이 부모의 의무일 수도 있다. 하지만 아이가 친구들과 노는 것을 막기 위해, 또는 학원에 보낼 시간을 맞추기 위해 학교 앞에서 아이를 기다리는 것은 과잉보호에 해당한다.

2017년 에스파냐 연구팀은 어른의 동행 없이 혼자 걷거나 자전거를 타고 통학하는 아이들의 안전의식과 자율성이 더 높다는 연구 결과를 발표했다. 연구진은 6~12세 사이의 어린이 745명을 대상으로 설문조사를 실시하고, 이들의 행동을 관찰했다. 조사 결과 10~12세 아이들은 동반자 없이 통학이 가능했고, 혼자 학교에 오가는 것이 안전의식을 높이고 자율성과 자신감도 높이는 것으로 나타났다.

부모의 과잉보호는 안전 문제에 한정되어야 하고, 그마저도 자녀의 자율성을 보장하는 범위 안에서 이루어져야 한다. **아이들은 자신의 문제를 해결할 능력을 갖고 있고, 점차 배워가면서 성장한다. 부모의 역할은 그런 자녀에게 용기를 북돋우고, 자신의 길을 개척할 수 있도록 동기를 부여하는 것만으로 충분하다.**

내 아이는 왕자병? 공주병?

유독 자기밖에 모르는 사람이 있다. 이들은 세상이 자신을 중심으로 굴러가고, 다른 이들도 자신을 위해 존재하는 것처럼 행동한다. 이런 성향은 나이가 들어서도 좀체 변하지 않는다. 가령 친구들과 약속이 있어도 꼭 제 집 앞으로 데리러 와야 모임에 참석하는 사람이 그렇다. 보통 이런 사람을 '나르시시스트'로 분류한다.

나르시시스트는 자존감이 지나치게 높아 자기도취에 빠진 사람을 말한다. 자존감은 반드시 필요하지만, 정도가 지나치면 자신이 타인보다 우월하다는 착각에 빠지게 된다. 다른 사람보다 우월하다는 생각, 그래서 남들로부터 특별한 대우를 받아야 한다는 생각은 매우 위험하다. 자신이 기대했던 대우를 받지 못했을 때 심한 모욕감을 느끼고 공격적으로 돌변하기 때문이다. 1998년 연구에 따르면 자존감이 지나치게 높은 사람은 타인에게 무례하며, 특히 약자에게 공격적이고 지배적인 성향을 드러낸다. 또 자존감이 손상되면 심리적으로 큰 충격을 받기 때문에 자신을 방어하려는 욕구도 크다. 이들은 자존감을 지키기 위해 늘 노심초사하면서 엄청난 에너지를 낭비한다.

자존감은 유치원에 가기 전에 형성된다

자존감이 어느 정도인지를 측정하기는 쉽지 않다. 대개 자존감을 측정할 때는 개인의 특성을 나타내는 단어들을 제시한 후, 자신과 관련된 단어를 고르는 방법을 사용한다. 또 나르시시스트를 구분할 때는 40여 개의 문항으로 이루어진 설문지를 사용하기도 한다. 2014년에는 2,200명을 대상으로 진행한 11개의 연구 자료를 분석해 "'나는 나르시시스트다'라는 말에 어느 정도 동의하십니까?"라는 질문 하나로 나르시시스트를 판별할 수 있다는 연구가 발표되었다.

하지만 아이들을 대상으로 자존감을 측정하기는 쉽지 않다. 대부분의 검사는 높은 수준의 인지능력과 어휘력을 필요로 하기 때문이다. 그래서 최근에는 PSIAT(Preschool Implicit Association Test)라는 검사 도구를 개발해 아이들의 자존감을 측정하는 데 활용하고 있다. 이 검사는 어려운 단어를 고르는 대신 작은 깃발을 고르게 하는 방식이다. 2016년 심리학자들은 이 검사 도구를 사용해 다섯 살 어린이 234명을 검사했다. 아이들은 깃발을 구분하는 연습을 거친 후, 스피커에서 들려주는 단어에 알맞은 깃발을 선택했다. 그 결과 다섯 살 아이들도 자존감을 가지고 있음이 확인되었다. 자존감이 높은 아이들은 성 정체성도 강했으며, 자기가 속한 집단에 대해서도 높은 선호도를 보였다. 이는 생후 첫 5년이 자존감 형성에 중요한 영향을 미친다는 것을 보여주는 것이다.

부모의 착각이 왕자병, 공주병을 키운다

아이들은 어떻게 왕자병이나 공주병에 걸리는 것일까?

원인은 다양하지만 자녀에 대한 부모의 과대평가도 한몫한다. '내 아이는 최고다', '내 아이는 다른 아이와 다르다'는 부모의 착각이 아이를 나르시시스트로 만들 수 있는 것이다. 2015년 7~11세 아이 565명과 부모 705명(엄마 415명, 아빠 290명)을 조사한 결과 성장기 동안 지속적으로 부모에게 과대평가를 받은 아이들은 나르시시스트로 성장할 확률이 높았다.

외아들이나 외동딸일수록 아이를 신주단지 모시듯 키우는 경향이 있다. 형제자매 없이 혼자 자란 아이는 뇌 발달 수준과 성격에서도 차이가 난다. 2017년 중국 연구팀이 외동아이와 형제자매들과 함께 자란 아이 303명의 뇌를 fMRI로 촬영하고 심리검사를 진행한 결과, 외동아이는 사고 유연성이 높은 대신 친화성이 낮은 것으로 나타났다. 친화성은 다른 사람과 긍정적인 관계를 맺고 그 관계를 유지하려는 성향을 말한다. 외아들이나 외동딸의 친화성이 부족한 것은, 부모의 지나친 보살핌으로 타인과 접촉할 기회가 적었기 때문인 것으로 추정된다.

외동아이가 모두 독불장군이 된다고 단정할 수는 없지만, 부모의 양육 태도에 따라 이기적인 사람으로 자랄 가능성이 높다고 할 수 있다.

부모의 과대평가는 오히려 아이의 자신감을 떨어뜨릴 수 있다. 2009년 캐나다 연구팀이 실험 참가자들에게 '나는 사랑받을 만한 사람 이다'라는 문장을 16회 정도 반복하도록 하자 자존감이 낮은 사람일수 록 자신에 대해 더 부정적으로 생각했다. 2014년 연구에서도 남들로부 터 긍정적인 평가를 받더라도 실제 삶이 뒷받침되지 못하면 부정적인 생각이 더 강해진다는 사실이 밝혀졌다. 실제 삶과 차이가 있는 칭찬 은 오히려 해가 될 수 있는 것이다.

건강하지 못한 나르시시스트

사람은 누구나 타인의 인정을 갈망한다. 나르시시즘 역시 타인의 인정을 갈망하는 데서 비롯한 심리적 장애라 할 수 있다. 나르시시즘은 건강한 나르시시즘과 그렇지 못한 나르시시즘으로 구분된다. 적절한 수준의 나르시시즘은 자신감으로 이어져 성취동기를 높인다. 건강한 나 르시시즘은 사랑받고 자란 아이에게서 나타난다. 이런 아이가 성인이 되면 높은 자신감과 자기 인식 능력, 도전 정신과 열정을 가진 사람이 된다. 이들은 자신을 향한 다른 사람들의 합리적 비판에 열려 있다.

그러나 건강하지 못한 나르시시스트는 자신에 대한 존경을 원하고, 타인에게 자신을 인정할 것을 강요한다. 이들은 합리적 비판을 받아들

이지 못하며, 타인의 의견을 자신에 대한 공격으로 받아들인다. 그뿐
아니라 자신의 신념에 맞는 말만 받아들이고, 다른 사람들에게 자신의
생각을 주입하려 든다. 허세와 허풍이 심하고, 잘못의 원인을 모두 남
의 탓으로 돌리며, 다른 사람의 공로를 자신의 것으로 만드는 행위를
서슴지 않는다.

건강하지 못한 나르시시스트는 경쟁심이 강하고 냉소적이며 다른
사람을 신뢰하지 않는다. 또 모든 사람이 자신을 좋아한다는 착각에
빠져 있다. 이들은 사소한 비판에도 쉽게 화를 내거나 부끄러움을 느
낀다. 이 때문에 다른 사람이 자신을 평가할 때마다 적대적인 태도와
불신을 드러낸다. 이들이 추구하는 것은 오직 한 가지, 높은 지위다.
가장 높은 지위에 오른다면 자신을 평가할 사람이 없기 때문이다. 하
지만 모든 나르시시스트가 높은 지위에 오를 수는 없다. 높은 지위를
차지하지 못한 나르시시스트는 과대망상과 피해의식, 정서적 불안으로
불행하게 삶을 마감할 가능성이 크다.

적절한 수준의 나르시시즘은 사람을 건강하게 한다. 자존감이 낮
고 자기 비하가 지나쳐서 '나는 필요 없는 인간'이라는 생각을 하게 되
면 자신의 단점을 극복할 기회를 영영 잃게 된다. 따라서 **중대한 실수를
저질렀을 때는 스스로를 책망하기보다 재빨리 자신의 잘못과 책임을 인정하
고 행동을 고치기 위해 노력하는 것이 필요하다. 잘못을 인정하고 스스로를
용서하는 자세가 필요한 것이다. 자신을 전혀 사랑하지 않는 사람은 나르시
시스트만큼이나 불행하다.**

건강한 자존감을 가진 아이로 키우려면

건강한 자존감을 가진 사람은 자신이 어떤 사람인지를 판단할 때 다양한 자기개념을 적용한다. 자신을 몇 가지 특성으로 정의하는 것이 아니라 매우 복잡한 특성들이 어우러진 존재라고 여기는 것이다. 자기 개념이 단순한 사람은 그중 한 가지가 무너질 경우 스스로를 지탱하기 어렵다. 그러나 자기개념이 다양한 사람은 한 가지가 타격을 입어도 쉽게 흔들리지 않는다. 1985년 연구에 따르면, 자기개념이 다양하고 복잡한 사람은 하위 10%에 해당하는 성적을 거두어도 덜 실망하는 것으로 나타났다. 성적이 나쁜 대신 다른 것을 잘할 수 있다고 믿기 때문이다. 그래서 이들은 좋지 않은 일이 생겨도 마음이 크게 흔들리지 않는다.

아이에게 건강한 자존감을 갖게 하려면 자신의 긍정적인 면과 부정적인 면을 모두 볼 수 있게 해야 한다. 2009년 연구에 따르면, 한쪽 면으로 자신을 바라보는 사람들은 격려나 칭찬을 들어도 자신을 더 부정적으로 평가하는 경향이 있다. 긍정적인 생각을 하려고 노력할수록 실제 자신의 모습과 괴리감을 느끼기 때문이다. 따라서 자녀를 실제 모습과 다르게 과대평가하는 것은 도움이 되지 않는다. 기를 살려주기 위해 거짓으로 자녀를 평가하기보다는 아이가 지신의 강점과 약점이 무엇인지 정확히 인식할 수 있도록 해주는 것이 필요하다. 정말 칭찬을 하고 싶다면 입에 발린 소리가 아니라 아이가 가지고 있는 진짜 강점을 칭찬해야 하는 것이다. 강점이 없는 사람은 없다. 설령 강점이 없어 보이더라도 찾으려고 노력하면 강점이 보인다.

건강한 자존감의 핵심은 자신만의 내적 기준을 갖는 것이다. 학교 성적이 좋지 않다면 다른 강점을 기준으로 아이를 평가하면 된다. 어떤 아이는 그림을 잘 그릴 수 있고, 어떤 아이는 노래를 잘 부를 수 있다. 또 어떤 아이는 동물을 잘 돌보고, 어떤 아이는 운동을 잘할 수 있다. 타인의 평가나 타인과의 비교를 통해 얻어지는 우월감은 그 기준이 무력화 되었을 때 자존감도 함께 무너진다. 자신만의 내적 기준이 있을 때 아이들은 건강한 자존감을 가질 수 있다.

엄한 부모, 자상한 부모

버릇없는 아이

공공장소에 가면 버릇없이 행동하는 아이들을 볼 수 있다. 낯모르는 아이들이라면 외면해버리면 그만이지만, 잘 아는 사람의 아이가 그런 행동을 하면 여간 곤혹스러운 것이 아니다. 더구나 아이를 꾸중했다가 부모가 아이를 두둔하고 나서면 더욱 난감해진다. 그럴 때마다 이런 생각이 들곤 한다.

'도대체 애들 교육을 어떻게 한 거야!'

대부분의 부모는 그 자리에서 아이에게 주의를 주지만 방법은 다르다. 어떤 사람은 왜 그런 행동을 해서는 안 되는지 타이르고, 어떤 사람은 주변에 다 들리도록 큰소리로 아이를 꾸짖는다. 심지어 아이를 움직이지 못하도록 붙들고 엉덩이를 때리는 사람도 있다. 사실 이런 상황에서는 부모들도 어떻게 처신해야 할지 당황하기 마련이다. 간단히 타이르고 넘어가자니 다른 사람들의 시선이 부담스럽고, 호되게 야단치자니 폭력적인 부모로 보일까 두렵다.

엄한 양육이 아이의 성장에 도움이 될까?

우리 사회는 오랫동안 엄한 양육을 선호해왔다. 밥상머리에서는 말을 하면 안 되고, 어른 앞에서는 무조건 머리를 조아려야 했다. 수백 년간 이어진 유교의 영향과 가부장적인 문화가 우리 사회를 지배했기 때문일 것이다. 가부장적인 문화에서 아이를 엄하게 가르치는 것은 아버지의 몫이고, 아버지의 폭력으로부터 아이를 지켜내는 것은 어머니의 몫이었다. 그래서 사람들은 성인이 되어서도 아버지를 무서운 사람으로, 어머니를 자상한 사람으로 기억한다.

많은 사람들이 아버지에 대한 공포를 가지고 있을 것이다. 나 또한 아버지는 늘 가까이 다가가기 어려운 대상이었다. 초등학교 시절, 등굣길에 학습 준비물을 사달라고 졸랐다가 아버지에게 혼쭐난 기억이 있다. 그때의 충격 때문에 나는 한동안 아버지 근처에 얼씬도 하지 못했다.

엄하게 키우는 것과 폭력을 행사하는 것은 엄연히 다르다. 엄하게 키운다는 것은 부모가 양육의 원칙을 세우고, 아이가 원칙에서 벗어나는 행동을 했을 때 제재를 가하는 것이다. 하지만 제재의 방법이 체벌이라면, 그것은 폭력을 행사한 것이 된다. 교육심리학자들의 연구에 따르면, 고함을 치거나 때리는 것은 아이의 잘못된 행동을 교정하기보다 오히려 비뚤어지게 만든다.

2017년 미국 연구팀은 워싱턴 부근에 사는 12~13세(평균 12.74세)의 아이 1,482명을 9년 동안 추적해 엄한 부모 밑에서 자란 아이들이 어떻게 성장했는지 분석했다. 그 결과 이전 연구들과 마찬가지로 매우 엄한 부모 밑에서 자란 아이들은 중도에 학업을 그만둘 가능성이 높았다. 왜 엄한 교육을 받은 아이들이 상급학교에 진학하지 못하고 중도에 학교를 그만두는 것일까?

부모가 지나치게 엄격하면 아이들은 부모보다 친구와 더 가까워지게 된다. 부모가 정한 규칙보다 친구들의 말을 더 따르게 되는 것이다. 이는 부모의 말을 안 듣는 반항으로 이어진다. 친구들과 어울리느라 학교생활을 등한히 하고 문제 행동이 증가한다. 특히 여학생의 경우에는 성적(性的) 일탈을 감행할 가능성이 높아진다. 이렇게 되면 학교를 그만둘 확률은 커진다. 이런 악순환은 아이의 지적 수준이나 부모의 교육 수준과는 관계가 없었다.

엄한 교육이 능사는 아니다

아이들에게 체벌을 가하면 오히려 역효과가 난다는 사실은 널리 알려져 있다. 아이가 자주 거짓말을 하는 경우를 상상해보자. 거짓말을 했을 때 눈물이 쏙 빠지도록 혼을 내면 다시는 거짓말을 하지 않을까? 2015년 캐나다 맥길대학교 연구팀이 4~8세 어린이 372명을 대상으로 간단한 실험을 진행했다.

먼저 연구팀은 장난감이 놓인 방 안에 1분 동안 아이를 혼자 두고, 장난감을 몰래 엿보지 말라고 주의를 준 다음 방에서 나왔다. 연구팀은 방에서 나와 미리 설치해둔 카메라로 아이들의 모습을 관찰했다. 아이의 행동을 확인한 다음에는 다시 방으로 들어가 아이에게 장난감을 보았는지 물었다. 카메라로 확인한 결과 67.5%에 해당하는 251명이 장난감을 슬쩍 엿보았고, 이들 중 66.5%에 해당하는 167명이 거짓말을 했다. 연구팀이 조사해보니 대부분 혼날 것이 무서워 거짓말을 했다는 사실이 밝혀졌다. 꾸중이나 체벌은 아이의 거짓말을 멈추는 데 거의 도움이 되지 않는 것이다.

2017년 독일 연구팀의 연구에서도 엄한 교육이 학교 성적을 올리는 데 별반 도움이 되지 않는다는 사실이 밝혀졌다. 연구팀은 5학년에서 9학년 사이의 학생 3,425명을 대상으로 5년간 이들이 느끼는 감정과 기말고사에서 얻은 수학 점수와의 상관관계를 조사했다. 그 결과 학생들의 지적 수준에 관계없이 분노나 불안, 부끄러움 같은 부정적 감정을 가진 학생들은 긍정적 감정을 가진 학생들보다 성적이 낮았다. **꾸중이나 체벌은 부정적 감정을 만들어낸다. 따라서 엄하고 딱딱한 교육 방식으로 성적을 향상시키기는 어렵다.**

아빠의 역할이 중요하다

어린 시절에 아빠와 많은 시간을 보낸 아이들의 인지능력이 높다는 사실은 이미 소개한 바 있다. 2017년 영국 킹스칼리지 런던 연구팀이 생후 3개월 된 아이를 둔 128명의 아빠를 조사한 결과, 아빠가 적극적으로 놀아준 아이들은 만 두 살이 되었을 때 사고능력 테스트에서 더 높은 점수를 받았다.

아빠가 책을 읽어주면 언어 발달에 도움이 된다는 연구도 있다. 2018년 호주 연구팀은 '렛츠 리드(Let's Read)' 프로그램에 참여하고 있는 405가구의 데이터를 분석해 두 살 때 아빠가 책을 읽어준 아이들은 네 살이 되었을 때 언어능력이 더 뛰어나다는 사실을 확인했다. 이러한 결과는 부모의 소득이나 교육 수준과는 관계가 없었다.

굳이 지그문트 프로이트(Sigmund Freud)를 들먹이지 않더라도, 어린 시절에 아빠와의 관계는 성장과정에서 매우 중요한 영향을 미친다. 특히 아빠의 폭력성은 아들에게 대물림되는 경우가 흔하다. 아빠에 대한 두려움이나 거부감 또한 평생 정신적 상흔으로 남는 경우가 많다. 성격적으로 자상한 아빠가 되기 어렵다면, 지나치게 엄한 부모는 되지 말아야 한다.

어떤 부모는 아이들의 잘못에 지나치게 관대하다. 잘못을 저질러도 꾸짖지 않고, 오히려 제 자식을 보호하기에 바쁜 것이다. 또 아빠들 중에는 자신의 아이가 다른 아이를 때리는 것은 용인하지만, 다른 아이에게 맞는 꼴은 볼 수 없다는 사람도 있다. 비뚤어진 심리가 아닐 수 없다. 아이들이 잘못을 저지르면 반드시 제재를 가해야 한다. 하지만 자녀에게 어떤 것을 요구하는 것과 압력을 가하는 것은 구분해야 한다. 아이가 부모의 요구를 알아차리는 것은 중요한 동기부여다. 하지만 부모의 요구를 압력으로 받아들일 때는 상황이 달라진다.

03

world | future | genius

천재로
키우지
마라

태아는 무엇을 알고 있을까?

사람들은 아이가 백지 상태로 태어난다고 생각한다. 그러나 실제로는 상당히 많은 능력을 가지고 태어난다. 엄마 배 속에서 6개월 동안 자란 아이는 자궁 밖으로 나와도 생존이 가능하다. 수정된 배아는 4주가 될 때까지 다른 척추동물의 배아와 거의 차이가 없다. 6주가 되어야 포유류의 배아와 비슷해지고, 이때부터 뇌의 주요 부위가 형성되기 시작한다. 7주가 되면 영장류의 배아와 유사해지며, 8주가 되면 사람의 형태를 조금씩 갖추게 된다.

태아의 뇌

뇌의 신경세포를 뉴런이라 부른다. 우리 뇌에는 수백억 개에 이르는 뉴런이 있고, 이 뉴런들은 시냅스로 연결되어 있다. 한 개의 뉴런은 수천 개에서 수만 개에 이르는 시냅스를 통해 다른 뉴런과 연결된다. 연결되지 않은 뉴런은 거의 쓸모가 없다. 그래서 태아의 뇌에서는 엄청난 속도로 시냅스가 형성되어 뉴런과 뉴런을 연결한다. 임신 8주부터 생후 2년까지 초당 수천만 개의 시냅스가 형성될 정도다.

수정 5주가 되면 척수에서 시냅스가 형성되고, 7주가 되면 뇌에서도 시냅스가 형성된다. 시냅스 형성은 생존에 가장 중요한 영역부터 진행되며, 순서는 진화 순서에 따라 유전적으로 결정되어 있다. 가장 늦게 진화한 대뇌피질은 태어난 후에도 시냅스가 형성된다.

한번 형성된 시냅스는 사용되는 빈도에 따라 약해지거나 사라지기도 하고 더 강해지기도 한다. 반복되는 자극에 의해 신경회로가 변화되거나 재조직되는 것을 '시냅스 가소성'이라 한다. 뇌에 반복적인 자극이 들어오면 뉴런의 축삭돌기에서 가지를 뻗어 인접한 수상돌기에서 나온 가지와 서로 연결된다. 시냅스는 사용하면 할수록 연결이 강화되며, 사용을 멈추면 연결 상태가 느슨해지거나 끊어진다. 따라서 시냅스 연결은 경험과 학습을 통해 지속적으로 재편성될 수 있다. 뇌는 고정되어 있는 것이 아니라 경험에 열려 있는 시스템인 것이다.

뇌의 신경세포, 즉 뉴런은 태아 시절에 거의 만들어진다. 시냅스는 세상에 태어나는 시점에 매우 엉성하게 형성되지만 영유아기에 대량으로 생성되었다가 점차 정리된다. 처음에는 지나치다 싶을 만큼 많은 시냅스가 생성되었다가 점차 쓸모 있는 연결들만 선택되고 나머지는 제거된다. 사용하지 않는 시냅스를 제거하는 '가지치기'는 유아 시절에 집중적으로 일어나고 청소년기까지 계속된다. 출생 시에는 시냅스 연결이 촘촘하지 않으나 여섯 살 무렵에는 시냅스의 과잉 생성으로 밀도가 급격히 높아졌다가 사춘기가 지나면서 서서히 감소하게 된다. 학습이 활발하게 진행되는 유아기에 학습기능을 극대화하고 사용되지 않은 시냅스를 정리함으로써 효율을 기하기 위한 것이다. 가지치기는 불필요한 시냅스를 정리하는 과정이라 할 수 있는데, 유아기의 경험과 학습이 가지치기 과정에 중요한 영향을 미친다.

가지치기가 진행되는 시점에 '수초화(髓鞘化)'라는 안정화 과정이 시작된다. 수초화란 전선에 피복을 입히듯, 신경섬유를 아교세포로 감싸는 작업을 말한다. 전선에 피복을 입히지 않으면 누전이나 합선이 발생하듯, 신경섬유를 감싸지 않으면 전달되는 정보에 혼선이 올 수 있다. 수초화가 이루어지고 나면 정보를 처리하는 효율성과 속도가 크게 향상되고 안정화된다.

신경섬유를 감싸는 미엘린은 특정 아교세포에서 만들어진다. 이 아교세포는 뇌 손상을 입어도 줄기세포에서 다시 만들어지기 때문에 늦은 나이까지 수초화가 진행된다. 침팬지와 인간의 뇌가 구별되는 것 역시 아교세포의 양에서 차이가 나기 때문이다. 침팬지는 설치류 동물보다 약 30% 많은 아교세포를 가지고 있다.

척수신경의 수초화는 임신 5개월경부터 시작되지만, 뇌에서는 뇌구조가 거의 완성되는 임신 9개월이 되어야 진행된다. 수초화는 진화적으로 오랜 역사를 가진 신경섬유부터 진행된다. 이 순서는 유전적으로 이미 결정되어 있다. 즉 척수나 뇌간처럼 생리적 기능을 담당하는 부위는 태아 시절에 이미 수초화가 진행되어 출생 시점에 거의 완성되고, 학습에 의해 성숙되는 부위는 출생 후에 수초화가 일어난다. 가장 늦게 수초화가 진행되는 영역은 대뇌피질이다. 그중에서도 연합피질 영역은 청소년기까지 시냅스가 계속 형성되며, 이 시기에 가지치기와 수초화도 함께 진행된다. 특히 전전두피질은 18~21세까지 수초화가 진행될 뿐 아니라 그 이후에도 지속적으로 발달하는 것으로 알려져 있다. 늦은 시기까지 전전두피질의 수초화가 진행되는 것은 지속적인 학습과 관련이 있다.

이처럼 뇌는 뉴런의 탄생, 뉴런의 이주, 시냅스 형성, 가지치기, 수초화를 거치며 성장한다. 뇌의 성장은 대부분 출생 첫해에 집중적으로 이루어진다. 이 시기야말로 새로운 환경에 적응해야 하는 가장 중요한 시기이기 때문이다. 이때 형성된 신경망이 개인의 사고와 인식, 행동방식에 중대한 영향을 미친다. 시냅스 가소성이 가장 활발하게 진행되는 것도 이 시기다. 따라서 뇌의 변화가 거의 마무리되고 수초화가 절정에 이른 유아기와 청소년기가 뇌를 발달시킬 수 있는 적기다. 열여덟 살이 되면 자극에 대한 반응 속도가 점차 느려지기 때문에 성인이 된 후에 어떤 기능을 숙달하려면 몇 배의 노력이 필요하다. 그럼에도 불구하고 언어와 사고 기능을 담당하는 전두엽과 측두엽은 60대까지도 수초화가 진행된다.

태아의 감각

대뇌피질은 감각을 담당하는 영역이 먼저 발달하고, 운동을 담당하는 영역은 나중에 발달한다. 태아는 대뇌피질을 제외한 대부분의 뇌 영역이 성숙된 채로 세상에 나오기 때문에 엄마의 배 속에서도 외부의 자극을 느낄 수 있다. 지금까지 알려진 바에 따르면, 임신 4개월이 된 태아는 외부의 소리와 빛에 반응한다. 5개월이 되면 엄마의 목소리를 인식하고, 6개월이 되면 다른 사람의 목소리와 엄마 목소리를 구분할 뿐 아니라 냄새도 맡을 수 있다. 임신 7개월이 되면 다른 소리들을 구분하고, 어둠과 밝음을 구별하며, 단맛과 쓴맛을 알게 된다. 그리고 임신 9개월이 되면 외부의 물리적 자극에 반응하고, 좋은 맛과 싫은 맛을 구분하기 시작한다.

태아가 감각에 민감한 것은 외부로부터 들어오는 정보가 제한되어 있기 때문일 것이다. 2015년 연구에 따르면, 생후 4개월 된 아이들은 외부의 자극에 즉각 반응하지만 6개월이 되면 감각 정보를 다른 정보와 연결하는 데 어려움을 겪는다. 연구팀은 생후 4개월과 6개월 된 아기들의 발을 살짝 꼬집은 후 반응을 살폈다. 6개월 된 아기들은 두 발이 꼬여 있을 때 어느 발을 꼬집혔는지 종종 헷갈려 했다. 오른발을 꼬집었는데 왼발을 움직이는 경우가 종종 있었던 것이다. 그러나 4개월 된 아기들은 이런 현상을 보이지 않았다. 오히려 더 빠르고 정확하게 반응했다. 이는 미숙한 뇌가 처리하는 정보량이 제한되어 있기 때문일 것이다. 뇌가 충분히 성숙하지 않은 태아는 극히 적은 정보만 접하기 때문에 외부의 사소한 자극에 민감하게 반응할 가능성이 있다.

태교는 도움이 될까?

태아도 외부의 자극을 느낄 수 있기 때문에 다양한 자극을 경험하게 하면 뇌를 더욱 발달시킬 수 있다. 특히 청각 자극이 태교에 도움이 된다는 사실은 오래전부터 알려져 있다. 2003년 연구에 따르면 태아는 엄마의 목소리를 다른 사람의 목소리와 구분할 수 있다. 연구팀은 임신한 지 39주가 된 60명을 두 그룹으로 나누어 한 그룹에는 엄마의 목소리를 들려주고, 나머지 그룹에는 낯선 여성의 목소리를 들려주었다. 그러자 엄마의 목소리를 들은 태아들의 심장박동이 빨라졌다. 엄마의 목소리를 듣는 순간 반가움과 흥분을 느낀 것이다.

부모들이 가장 중요하게 여기는 태교 중 하나는 책을 읽어주는 것이다. 동화책을 읽어주는 것은 태아에게 어떤 영향을 미칠까? 신생아는 말을 알아들을 수 없으므로, 신생아를 대상으로 실험할 때는 크게 두 가지 방법이 사용된다. 하나는 자극을 준 후 신생아의 시선이 머무는 시간을 측정하는 것이고, 다른 하나는 젖꼭지를 빠는 시간을 측정하는 것이다. 시선이 머무는 것은 그것에 집중한다는 신호다. 또 젖꼭지를 빠는 것은 다른 것에 별 관심이 없다는 신호이기도 하다. 하지만 어떤 자극에 맞추어 젖꼭지를 빨면 그 자극에 반응하고 있다는 신호가 된다.

1986년 과학자들은 12명의 임산부에게 마지막 6주 동안 하루 두 번씩 짧은 동화를 읽도록 한 후, 출산 2~4일 뒤에 아이가 태아 시절에 들었던 이야기를 기억하는지를 실험했다. 신생아들에게 어머니가 읽어주었던 동화를 들려주자 박자를 맞추어 젖꼭지를 빨기 시작했다. 다른 여성이 동화를 읽어줄 때도 신생아들은 같은 반응을 보였다. 신생아들은 배 속에서 들은 동화를 기억하고 있었던 것이다.

1994년에는 임신 33주가 지난 22명의 임산부들에게 4주 동안 하루 세 번씩 시 한 편을 암송하도록 했다. 4주가 지난 후 태아를 관찰한 결과, 태아는 이미 들었던 시를 다시 들었을 때 심장박동이 느려졌다. 귀에 익숙한 시를 들으면서 편안함을 느낀 것이다.

엄마의 행동이 태아에게 영향을 미친다

태교는 어떻게 하는 것이 좋을까?

갓 태어난 아이는 낯선 사람의 목소리보다 엄마의 목소리를 더 좋아한다. 1980년 한 연구팀이 아이를 낳은 지 사흘밖에 되지 않은 10명의 산모에게 20분 동안 글을 읽게 한 후 이를 녹음했다. 그런 다음 신생아의 귀에 이어폰을 꽂고 젖꼭지를 물려주었다. 이어폰에서는 다양한 목소리가 재생되었는데, 젖꼭지를 세차게 빨면 엄마의 목소리를 들을 수 있었다. 실험 결과 아기들은 엄마의 목소리를 듣기 위해 열심히 젖꼭지를 빨았고, 더 오래 듣기 위해 속도까지 조절했다. 하지만 아빠의 목소리를 들을 때는 그렇게 하지 않았다. 이는 아이가 태아 때부터 엄마의 목소리를 기억하고 있음을 보여주는 것이다. 따라서 임신 기간 동안 배 속의 태아에게 말을 걸고 책을 읽어주는 것이 좋다.

그냥 책을 읽어주는 것보다는 규칙적인 리듬을 실어 동화책을 읽어주거나 동요를 불러주는 것이 더 좋다. 2004년 생후 6개월 된 아이들을 대상으로 실험한 결과 아이들은 엄마의 말보다 노래를 불러줄 때 더 오랫동안 바라보았다. 태아 역시 노래처럼 규칙적인 리듬을 가진 청각 자극에 더 관심을 보일 것이라 짐작할 수 있다. 신생아는 엄마가 자신을 바라보면서 노래를 불러주는 것을 좋아한다. 태아도 마찬가지다. 오디오에서 흘러나오는 음악도 나쁘지는 않지만, 태아는 엄마가 직접 불러주는 동요를 더 좋아한다.

태아는 우리가 상상하는 것보다 훨씬 똑똑하고 할 줄 아는 것도 많다. 태교가 중요한 것은 이 때문이다. 사람들은 신생아가 입맛을 구별할 줄 모를 거라고 생각하지만, 갓 태어난 아이는 엄마 젖을 먹기도 전에 입맛을 안다. 1988년 태어난 지 두 시간밖에 안 된 신생아 12명의 입에 단맛, 짠맛, 신맛, 쓴맛이 나는 음식물을 넣은 후 표정을 촬영했다. 그러자 아직 아무것도 맛본 적이 없는 신생아조차 단맛을 좋아했고 짠맛, 쓴맛, 신맛에는 부정적인 반응을 보였다. 이는 태아 시절에 이미 입맛을 구분하는 능력을 가지고 있다는 것을 의미한다.

1986년 연구에 따르면 신생아는 태어날 때부터 쓴맛, 단맛, 신맛을 구분하고, 짠맛은 태어난 지 4개월 이후부터 구분한다고 한다. 엄마의 노력으로 아이의 편식을 미리 방지할 수도 있다. 2001년 연구팀은 임신 33주가 된 임신부 45명을 대상으로 실험을 진행했다. 실험에 참여한 임신부들은 모유를 먹이기로 마음먹은 엄마들이었다.

연구팀은 실험 참가자들을 세 그룹으로 나누었다. 첫 번째 그룹은 출산 전까지 일주일에 4일씩 당근 즙 300밀리미터를 섭취하고, 출산 후에는 2개월간 음료 대신 물을 섭취했다. 두 번째 그룹은 출산 전까지 물을 섭취하고, 출산 후 2개월간 당근 즙을 마시도록 했고, 세 번째 그룹은 모두 물만 마시도록 했다. 이 기간 동안 엄마들은 당초 약속대로 모유로 수유했다. 그런 다음 4주 동안 시리얼로 이유식을 하면서 아기에게 물에 탄 시리얼, 당근 즙에 탄 시리얼을 먹이면서 아기들의 모습을 촬영했다. 그 결과 태아 시절부터 당근 즙을 섭취한 엄마에게서 태어난 아기들은 다른 아기들에 비해 당근 즙을 더 좋아했다. 모유를 먹는 아이들이 채소에 대한 거부감이 적다는 1994년 연구도 있다.

태아는 입맛만이 아니라 냄새도 구별하는 것으로 보인다. 1976년 생후 17~130시간이 지난 신생아 20명의 얼굴에 암모니아수를 가까이 대자 70%가 고개를 돌렸고, 고개를 돌리지 못한 아기들은 심하게 몸을 요동쳤다. 이는 냄새를 구분하는 능력을 타고난다는 사실을 보여준다.

아이의 정서, 성격, 행동은 많은 부분 유전자의 영향을 받는다. 유전자의 영향이 어느 정도인지 정확한 숫자로 표현하기는 어렵지만, 연구자들은 편의상 유전적 요인이 절반을 차지한다고 말한다. 이 말은 나머지 절반이 환경적 요인에 달려 있다는 말이기도 하다. 유전자의 영향을 무시할 수는 없지만 맹신할 필요도 없다. 유전자를 바꿀 수는 없다. 하지만 아이의 환경과 경험이 나머지 절반을 좌우한다. 태교는 그 출발점이 될 수 있다.

아기의 사회적 능력

엄마들은 곧잘 자신의 아이가 천재일지 모른다는 착각에 빠진다. 그래서 아이를 키우는 엄마는 하루 세 번 거짓말을 한다고 한다. 단순한 옹알이를 '엄마'라는 소리로 오해하고, 벽을 잡고 간신히 일어선 것을 걸음마를 시작했다고 과장하는 것이다.

뇌의 성장은 대부분 출생 첫해에 이루어진다. 돌이 가까워지면 뇌의 부피는 출생 당시에 비해 거의 세 배, 무게는 어른의 75%에 육박한다. 태어난 지 1년 사이에 뇌는 구조적으로 거의 완성되는 것이다. 유아기에 뇌의 성능을 결정하는 것은 가지치기와 수초화다. 갓 태어난 아기의 대뇌피질에는 필요한 양보다 훨씬 많은 시냅스가 있다. 불필요한 연결들이 많아지면 기능이 중복되고, 정보를 처리하는 데도 비효율적이다. 따라서 불필요한 연결들을 제거하는 가지치기가 진행되는데, 사춘기까지 하루에 200억 개의 시냅스가 사라진다고 한다.

신생아가 할 수 있는 것

사실 갓 태어난 인간만큼 무력하고 무능한 동물은 지구상에 거의 없다. 대부분의 초식동물은 엄마의 탯줄에서 분리된 직후 곧바로 초원을 내달린다. 그렇지 않으면 이동하는 무리를 뒤쫓을 수 없고, 무리에서 떨어지면 육식동물의 먹이가 되기 때문이다. 하지만 인간은 엄마의 도움이 없으면 수 시간 만에 목숨을 잃는다. 엄마의 젖을 빠는 것 외에 신생아가 할 수 있는 것은 거의 없다. 생존에 필요한 기술이란 기껏해야 도움을 요청하는 울음소리를 내는 정도일 것이다. 아기는 태어난 지 1년이 지나야만 가까스로 두 발로 설 수 있다. 이후 성인이 될 때까지도 홀로 생존할 수 있는 능력이 거의 없다. 일자리를 찾을 때까지 부모의 등골을 파먹다가 짝짓기를 할 무렵에 이르러서야 부모의 품을 떠나는 것이다. 부모를 떠난 자식 역시 제가 낳은 자식의 숙주가 되어 일생을 살아간다.

인간이 불완전한 모습으로 세상에 태어나는 것은 엄마의 자궁을 너무 빨리 떠나기 때문이다. 인간은 진화 과정에서 날카로운 이빨이나 발톱 대신 뇌를 선택했다. 아이의 뇌가 성숙하려면 더 많은 시간을 엄마의 자궁에서 보내야 한다. 그러나 뇌가 충분히 성숙한 다음에는 아이의 뇌가 엄마의 좁은 산도(産道)를 통과할 수 없다. 엄마의 몸이 뇌의 진화 속도를 따라잡지 못했기 때문이다. 그래서 아기의 두개골에는 숨구멍이 있다. 이 숨구멍은 외부의 압력을 받을 때 두개골을 변형시켜 엄마의 산도를 통과할 수 있게 해준다. 인간이 유독 출산의 고통을 경험하는 것도 이 때문이다. 우리는 미숙한 채로 이 세상에 던져지는 것이다.

이기는 무력한 상태로 세상에 나오지만, 다른 동물처럼 생존에 필요한 최소한의 기술들은 가지고 나온다. 신생아는 스스로 문제를 해결할 능력이 없으므로 엄마의 손에 모든 것을 맡겨야 한다. 신생아의 생존 기술은 가족의 사랑을 받는 것이다. 주변의 도움을 받으려면 아군과 적군을 구분할 수 있어야 한다. 1975년 연구에 따르면, 갓 태어난 아기는 정상적인 사람의 얼굴을 금세 알아본다. 태어난 지 9분 된 신생아 40명에게 정상적 얼굴과 눈·코·입이 뒤바뀐 비정상적인 얼굴을 보여주자 아기들은 정상적인 얼굴에 더 오래 집중했다. 이는 선천적으로 인간의 얼굴을 알아보는 능력을 가지고 태어난다는 것을 의미한다.

하지만 얼굴을 인식하는 뇌 영역이 타고나는 것이 아니라 경험을 통해 형성된다는 연구가 있다. 마카크원숭이는 생후 200일이 되면 뇌의 상측두구에 얼굴을 인식하는 뉴런들이 형성된다. 2017년 미국 하버드의대 연구팀은 원숭이를 두 그룹으로 나눈 후 한 그룹은 평소대로 키웠고, 다른 한 그룹은 보육사가 마스크를 쓴 채 돌보았다. 또 생후 1년 동안 인간이나 다른 동물의 얼굴을 전혀 보여주지 않았다. 원숭이들이 생후 200일이 되자 연구팀은 기능성 fMRI로 원숭이들의 뇌를 촬영했다. 그 결과 평범하게 자란 원숭이들은 얼굴을 인식하는 뇌 영역을 가지고 있었으나 얼굴을 보지 못하고 자란 원숭이들은 얼굴을 인식하는 영역이 발달되어 있지 않았다.

연구팀이 이들에게 사람과 원숭이 사진을 보여주자 평범하게 자란 원숭이들은 사진 속의 얼굴을 먼저 주시했다. 그러나 얼굴을 보지 못하고 자란 원숭이들은 가장 먼저 손을 바라보았다. 얼굴을 인식하는 뇌 영역 대신 손을 인지하는 뇌 영역이 더 발달해 있었던 것이다. 이 연구 결과는 유아 시절의 경험이 감각과 인지 발달에 매우 중요한 역할을 한다는 것을 보여준다. 경험하지 못한 것은 인식하지 못하며, 그것을 인식해야 할 뇌 영역도 발달하지 못한다. 자폐증을 가진 아이들의 특징 중 하나도 얼굴을 마주보는 것을 꺼려 한다는 것이다. 따라서 아기들에게는 가능하면 많은 것을 보여주고 경험하도록 하는 것이 중요하다.

아기는 움직이는 얼굴을 더 좋아한다. 1998년 생후 4~7시간이 지난 신생아에게 플라스틱으로 만든 입방체와 플라스틱으로 만든 얼굴 모형을 12분간 보여주었다. 아기들은 금세 얼굴에 집중했지만, 얼굴에서 아무런 움직임이 없자 이내 관심을 거두었다. 그래서 아기들은 엄마가 갖가지 표정으로 어르는 것을 좋아하고, 까꿍 놀이에 자지러지게 웃는다. 사회적 동물로서 자신이 속한 집단의 구성원들을 인지하고 관계를 맺는 것은 매우 중요하다. 생후 4.5개월이 되면 자기 이름을 구분하고, 생후 6개월이 되면 부모와 가족의 존재를 알아차린다.

2004년 연구에 따르면, 아기들은 엄마의 얼굴보다 목소리에 더 예민하게 반응한다. 연구팀은 생후 12개월 된 아기 45명과 그들의 엄마를 대상으로 실험을 진행했다. 아기들 앞에는 28센티미터 깊이의 구덩이를 만든 다음 투명한 안전유리를 덮었다. 구덩이 너머에는 엄마가 있다. 실험은 세 가지 방식으로 진행되었다. 첫째, 엄마가 아기를 향해 미소를 짓고 말을 건넨다. 둘째, 엄마가 아기를 마주 보면서 미소를 짓는다. 셋째, 엄마가 뒤돌아 앉아 텔레비전을 보면서 아기에게 말을 건넨다. 아기가 엄마에게 가려면 구덩이를 건너야 하지만 아기에게 구덩이는 엄청난 공포심을 안겨준다.

세 가지 방식 중 어느 것이 아기에게 용기를 북돋워주었을까? 실험 결과 엄마가 미소를 짓고 말을 건넨 아기는 평균 50초 만에 구덩이를 건넜고, 마주 보면서 미소를 건넨 아기는 평균 3분이 걸렸다. 그런데 얼굴을 보지 못하고 목소리만 들은 아이는 평균 1분 30초 걸렸다. 엄마의 얼굴보다는 목소리가 아이에게 더 큰 용기를 불러일으킨 것이다.

이와 유사한 실험은 이전에도 다양한 형태로 진행된 바 있다. 1985년 생후 12개월 된 아기들을 대상으로 한 실험에서, 엄마들은 맞은편에서 다양한 표정을 지으며 아기가 구덩이를 건너도록 격려했다. 엄마들은 각각 기쁜 표정, 다정한 표정, 두려운 표정, 화난 표정, 슬픈 표정을 지었다. 그 결과 아기의 74%는 엄마가 기쁜 표정이나 다정한 표정을 지었을 때 구덩이를 건넜다. 다른 표정을 지었을 때는 드물게 구덩이를 건넜는데, 특히 엄마가 두려운 표정을 지었을 때 구덩이를 건넌 아기는 한 명도 없었다. 아기들은 엄마의 표정을 보고 안전과 위험을 평가한 것이다. 이러한 교감 능력이야말로 학습의 지름길이다.

아기의 공감 능력

사회적 능력의 핵심은 공감 능력이다. 다른 사람의 감정을 읽지 못하면 그들과 사회적 관계를 맺기 어렵고 사회가 요구하는 행동을 할 수 없다. 유인원 중 일부는 공감 능력이 있는 것으로 밝혀진 바 있지만 인간의 공감 능력에 비할 바가 아니다. 그렇다면 갓 태어난 아기들도 공감 능력을 가지고 있을까?

1976년에는 생후 4개월 된 아기도 기쁨과 분노의 감정을 구분할 수 있으며, 슬픈 얼굴이나 무표정한 얼굴보다 기쁜 표정의 얼굴을 더 오랫동안 바라본다는 사실이 밝혀졌다. 화난 표정이나 놀란 표정, 두려움과 슬픔에 젖은 표정에는 관심을 덜 보였다. 또 다른 연구에서는 신생아들이 다른 아이들이 울 때 따라 운다는 사실도 밝혀졌다.

이보다 중요한 사실은 1999년 연구에서 드러났다. 연구팀은 20명의 아기들에게 두 가지 울음소리를 녹음해서 들려주었다. 하나는 아기 자신의 울음소리였고, 다른 하나는 다른 아기의 울음소리였다. 그 결과 아기들은 다른 아기의 울음소리를 들을 때 젖꼭지를 덜 빨았다. 다른 아기의 울음소리를 구분하고 더 집중한 것이다.

남의 울음소리에 집중한다는 것은 타인에게 무슨 일이 벌어졌다는 사실을 인지했다는 의미다. 다른 아기가 울었을 때 자신도 따라 우는 것은 여러 의미로 해석할 수 있다. 먼저 아기가 다른 아기의 고통을 알아차리고, 자신에게 위험이 다가오고 있음을 표현한 것일 수 있다.

또 위험신호를 다른 아기들에게 전파하기 위한 것일 수도 있다. 이는 타인의 고통을 자신의 고통으로 받아들이는 공감 능력이 있을 때 가능하다.

공감 능력은 다른 사람의 표정을 읽는 데서 출발한다. 2003년 연구에 따르면, 아기들은 생후 1년이 되어야 타인의 감정을 수용할 수 있다. 연구팀은 생후 10개월 된 아기 32명과 12개월 된 아기 32명을 대상으로 실험을 진행했다. 먼저 아기들에게 영상을 보여준다. 영상 속에는 여배우가 장난감을 앞에 놓고 다양한 표정과 행동을 취한다. 여배우는 감정적으로 무심한 반응, 부정적인 반응, 긍정적인 반응 등 세 가지 형태의 반응을 보여준다. 그런 다음 아기들에게 장난감을 주었다.

실험 결과 10개월 된 아기들은 특별한 반응을 보이지 않았다. 하지만 12개월 된 아기들은 여배우가 부정적인 반응을 보였던 물건을 건드리지 않았다. 12개월이 되면 다른 사람의 표정과 행동을 읽고 타인의 감정을 수용하는 과정을 통해 세상을 학습하는 것으로 해석할 수 있다. 따라서 12개월이 되면 TV에 등장하는 인물이나 장면이 아기의 행동에 영향을 미칠 수 있다.

아기와 교감을 늘리는 방법 중 하나는 눈 맞춤이다. 사람들은 공통적인 관심을 갖게 됐을 때 서로의 뇌에서 동시에 뇌파가 발생하고, 이 때문에 대화와 학습 효과도 증가한다. 뇌파는 뇌의 활동으로 일어나는 전류이다. 2017년 영국 케임브리지대학 연구팀은 어른과 아이가 이야기를 하면서 눈을 맞추었을 때 뇌파를 통한 소통이 증가한다는 연구 결과를 발표했다. 연구팀은 전극이 부착된 모자를 활용해 36명의 아기에게 자장가를 불러주고 있는 어른과 자장가를 듣는 아기들의 뇌파 패턴을 분석했다. 그 결과 어른과 아기의 뇌파가 일치할 때 아기들의 소통과 정서, 학습 능력이 증진하는 것을 밝혀냈다. 결국 아이를 온전하게 기르는 유일한 방법은 사랑뿐이다.

인간은 육체적으로 매우 무력해 보이지만 결코 무능한 동물이 아니다. 물론 인간은 사자보다 용맹하지 않고, 치타보다 빨리 달릴 수 없으며, 새처럼 하늘을 날 수도 없다. 하지만 **인간은 육체적 결함을 슬기롭게 극복해온 동물이다. 인간은 자신의 결점을 극복하기 위해 뇌를 진화시켰다.** 하지만 뇌가 진화할 수 있었던 이유 중 하나는 인간이 혼자가 아닌 가족, 타인, 집단과 함께 살아가는 길을 선택했기 때문이다.

우리 아이, 얼마나 똑똑할까?

아기의 수학 실력

아기들도 숫자를 알까? 2006년 아기 20명을 대상으로 한 실험에서 생후 5개월 된 아기는 셋까지 수를 구분할 수 있다는 사실이 밝혀진 바 있다. 그런데 최근에는 아기들이 태어날 때부터 수를 파악하고 수를 배열할 수 있다는 사실이 밝혀졌다. 2017년 프랑스 연구팀이 생후 45시간밖에 되지 않은 신생아 80명을 대상으로 실험을 진행한 결과, 아기들은 태어날 때부터 음절의 수를 파악할 수 있으며, 음절의 수를 적은 수에서부터 많은 수로 전개해나간다는 사실이 밝혀졌다.

재미있는 사실은 아기들이 왼쪽에서 오른쪽으로 수를 배열한다는 것이다. 사실 문자나 수를 배열하는 방식은 문화권마다 다르다. 아랍어와 히브리어는 오른쪽에서 왼쪽으로 써 내려간다. 동양에서도 대개 오른쪽에서 왼쪽으로 글자를 배열한다. 하지만 유럽이나 미국에서는 왼쪽에서 오른쪽으로 글씨를 써 내려간다. 이런 습관이 유전적으로 타고난 것인지, 아니면 학습된 것인지는 분명히 알려진 바가 없다. 하지만 아기들을 대상으로 한 실험에서 보듯이 신생아는 왼쪽에서 오른쪽으로 배열해나가는 습성을 지니고 있다. 이는 우리가 태어나면서부터 공간에 규칙적으로 수의 개념을 적용한다는 사실을 말해준다.

아기의 물리학 지식

먼저 다음 쪽의 그림을 주목해보자. 그림에 두 개의 원통이 있는데, 하나는 작고 가는 원통이고 다른 하나는 작은 원통을 품을 수 있을 만큼 크고 굵은 원통이다. 먼저 커튼 뒤에 숨은 연기자가 굵은 원통의 속이 비어 있음을 관객에게 보여준다. 그런 다음 가는 원통을 굵은 원통 속으로 집어넣는다. 여기까지는 아무런 문제도 없다. 다음 장면에서 연기자는 윗면이 막혀 있는 굵은 원통을 보여준다. 그런데도 연기자는 자연스럽게 가는 원통을 막혀 있는 굵은 원통 속으로 집어넣는다. 작은 원통이 막힌 면을 뚫고 굵은 원통 속으로 사라진다!

어른 같으면 연기자가 속이고 있다는 사실을 금세 눈치챌 것이다. 실제로 그렇다. 윗면이 막혀 있는 원통은 윗면을 밀면 아래로 쑥 들어가도록 만든 원통이다. 그런데 아기들이 이 장면을 보면 어떻게 반응할까? 2001년 연구팀은 생후 2.5개월과 생후 3.5개월 된 아기들에게 이

윗부분이 열린 원통

윗부분이 막힌 원통

출처: 수전 헤스포스, 르네 바야르종(2001)

장면을 여섯 차례 반복해서 보여주었다. 그러자 아기들은 막혀 있는 원통을 더 오래 바라보았다.

일반적인 상식을 가지고 있는 사람이라면, 막힌 원통 속으로 작은 원통이 들어갈 때 의아한 생각이 들었을 것이다. 기대와 어긋나는 상황이기 때문이다. 막혀 있는 원통을 더 오랫동안 바라보았다는 것은 아기들도 뭔가 이상하다는 것을 눈치챘음을 말해준다. 생후 2.5개월밖에 안 된 아이들도 기초적인 물리법칙을 이해하고 있는 것이다.

아기와 첫 교감이 이루어졌을 때 부모들이 하는 놀이는 대개 몸동작을 이용한 것이다. 죔죔, 도리도리, 까꿍 놀이 같은 것이 대표적이다. 까꿍 놀이는 아기가 보는 가운데 손바닥이나 베개로 얼굴을 가렸다가 다시 노출시키는 놀이다. 이때 아기들은 눈앞에서 사라진 엄마의 얼굴이 어디에 있다고 생각할까?

아동심리학자 장 피아제는 아기의 눈앞에서 사라진 물건은 존재하지 않는 것과 마찬가지라고 말한 바 있다. 그는 눈앞에 보이지 않는 물건은 영원히 사라져버린 것이 아니라 어딘가에 계속 존재한다는 인식을 가지려면 24개월이 지나야 한다고 생각했다. 하지만 2002년 연구에서 생후 3개월 된 아기도 사라진 대상이 어딘가에 존재한다는 것을 이해한다는 것이 밝혀졌다.

아래 그림을 보자. 판자 하나가 세워져 있고, 인형이 판자 뒤를 지나간다. 그러면 판자가 끝나는 지점에 이르러 다시 인형이 나타날 것이다. 연구팀은 여러 차례 이 모습을 아기들에게 보여주었다. 그런 다음 위쪽이 뚫린 판자와 아래쪽이 뚫린 판자 뒤를 인형이 지나가도록 했다. 위쪽이 뚫린 판자는 인형이 지나가도 모습이 보이지 않고, 아래쪽이 뚫린 판자는 지나가는 모습이 보인다. 그러자 아이들은 인형이 지나가도 그 모습이 보이지 않은 판자, 즉 위쪽이 뚫린 판자의 아래쪽을 더 오랫동안 바라보았다. 인형이 나타나지 않자 주의를 집중한 것이다. 따라서 아기들도 세상이 물리법칙에 따라 예측대로 움직여야 한다는 것을 이해한다고 볼 수 있다. 그래서 아기들은 아빠가 출근한 뒤에도 어딘가

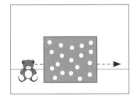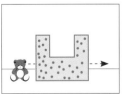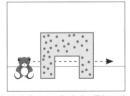

출처: 안드레아 아기아르, 르네 바야르종(2002)

에 존재하고 있으며, 때가 되면 돌아온다는 것을 안다.

아기는 무엇을 보고 배우는가?

아기의 지능은 거의 제로에 가까울 것 같지만 아이들의 학습 능력
은 놀라울 정도다. 아기의 학습 능력이 높은 것은 이 시기에 뇌가 거의
발달하기 때문일 것이다. 2000년 연구에 따르면, 생후 7개월 된 아이들
은 자신이 들었던 음악을 기억할 수 있다. 연구팀은 11명의 아기에게 2
주 동안 모차르트 음악을 들려준 후 15일 동안 들려주지 않았다. 그런
다음 15일 전에 들었던 음악과 새로운 음악을 들려주었다. 그러자 아기
들은 과거에 들었던 음악을 정확히 구분해냈다. 언어에 대한 기억도 이
와 유사했다. 아기들은 2주 전 들은 이야기 속의 단어를 기억해냈다.
또 6개월 된 아기들은 악기의 리듬과 음색까지 기억해냈다.

놀랍게도 아기들은 기초적인 경제 상식도 갖추고 있다. 다음 쪽의
그림을 보자. 2017년 미국 MIT와 하버드대 연구팀은 10개월 된 아기들
에게 공 모양의 만화 캐릭터 A가 다른 캐릭터에 접근하려고 노력하는
영상을 보여주었다. A가 목표를 이루려면 벽을 뛰어넘어야 한다. 먼저
아기들은 A가 낮은 벽을 뛰어넘은 후 중간 높이의 벽 앞에서 망설이는
모습을 보았고, 다음에는 중간 높이의 벽을 뛰어넘은 후 더 높은 벽 앞
에서 주저하는 모습을 보았다. 즉 A는 점차 높은 목표에 다가가고, 더
높은 목표 앞에서 잠시 망설이지만 결국 목표를 뛰어넘는 모습을 보여

준 것이다.

그런 다음 A가 아무런 장애물이 없는 쉬운 목표와 어려운 목표 중 하나를 선택할 수 있는 장면을 보여주었다. 아기들은 A가 쉬운 목표를 선택하는 장면을 더 오랫동안 주시했다. 이는 A의 결정이 아기의 기대에 어긋났음을 보여준다. 아기들은 A가 목표를 이루기 위해 많은 노력을 기울이는 영상을 보았기 때문에 보다 어려운 목표를 선택할 것이라고 추정한 것이다. 즉 A가 낮은 목표와 중간 목표를 달성했기 때문에 좀 더 어려운 목표를 선택할 것으로 기대했던 것이다. 실험 결과가 의미하는 것은, 아기들도 노력의 양을 바탕으로 목표의 가치를 추정할 수 있다는 것이다. 노력을 많이 할수록 그가 추구하는 목표의 가치는

쉬운 목표

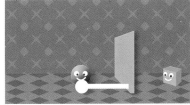

어려운 목표

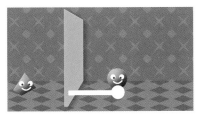

출처: 샤리 류, 엘리자베스 스펠크(2017)

215

더 높아야 한다. 이를 통해 아기들도 행동과 보상의 가치를 직관적으로 계산한다고 볼 수 있다.

2017년 13~18개월 된 아이들을 대상으로 한 실험에서도 아이들이 노력의 중요성을 알고 있음이 밝혀졌다. 연구팀은 아이들에게 두 가지 상황을 보여주었다. 먼저 어른이 갖은 노력 끝에 30초 만에 상자를 여는 데 성공한다. 두 번째 상황에서는 별다른 노력 없이 10초 이내에 상자를 연다. 그다음에 연구팀은 뮤직 박스의 버튼을 눌러 음악을 듣는 모습을 보여준 후 뮤직 박스를 놓아두고 자리를 피한다. 만 한 살이 넘은 아이들이므로 호기심에 뮤직 박스 버튼을 눌러볼 것이다. 그러나 뮤직 박스는 버튼을 눌러도 음악이 나오지 않도록 조작되어 있다.

연구팀은 밖으로 나와 2분 동안 아이들이 버튼을 얼마나 많이 누르는지 지켜보았다. 버튼을 가장 많이 누른 아이들은 어른이 상자를 열기 위해 노력하는 모습을 지켜본 아이들이었다. 반면 쉽게 상자를 여는 모습을 본 아이들은 버튼을 누르는 횟수가 절반에 불과했다.

아기들은 어른들의 행동을 보고 배운다. 어른이 노력 끝에 성공하는 모습을 보면서 끈기를 배우는 것이다. 따라서 아이가 성공하기를 원한다면, 무언가를 물려줄 생각을 하기보다 부모 스스로 노력하는 모습을 보여주는 것이 낫다.

지능이란 무엇인가?

IQ의 발명

1904년 프랑스의 심리학자 알프레드 비네(Alfred Binet)는 당시 교육부 장관으로부터 학업부진아를 식별할 수 있는 척도를 개발해달라는 의뢰를 받았다. 그는 세상을 떠날 때까지 지능을 측정할 수 있는 세 가지 버전을 발표했는데, 그의 목표는 생활연령보다 정신연령이 낮은 학업부진아를 골라내는 것이었다. 쉽게 말하면 같은 나이대의 다른 아이들보다 문제 해결 능력이 낮은 아이들을 찾아낼 수 있는 합리적인 방법을 수립하는 것이다. 지금도 IQ(intelligence quotient)는 정신연령을 생활연령으로 나눈 값에 100을 곱해서 산출한다.

IQ라는 용어는 1912년 독일의 심리학자 빌리암 슈테른(William Stern)이 비네의 척도를 적용한 인지 검사를 점수화하면서 사용하기 시작했다. 그러나 IQ를 대중화한 곳은 미국이다. 미국 정부는 제1차 세계대전에 참전하는 미 육군을 대상으로 IQ를 측정했다. 하지만 그 결과는 터무니없었다. 175만 명의 병사를 측정한 결과 백인의 정신연령이 흑인보다 월등히 높았고, 남부 출신 흑인보다 북부 출신 흑인의 점수가 더 높았다. 왜 이런 결과가 나왔을까? 그것은 교육을 많이 받은 사람일수록 더 높은 점수가 나왔기 때문이었다. 이는 초기 IQ 테스트가 개인 고유의 능력을 측정하는 것이 아니라 교육 수준을 측정하는 데 초점이 맞추어져 있었음을 의미한다.

IQ는 미국으로 유입되는 이민자를 제한하기 위한 수단으로도 널리 활용되었다. IQ를 미국에 소개했던 헨리 고더드(Henry H. Goddard)는 1913년 뉴욕 엘리스섬에서 이민을 신청한 유대인 35명, 헝가리인 22명, 이탈리아인 50명, 러시아인 45명을 테스트했다. 놀랍게도 유대인의 83%, 헝가리인의 80%, 이탈리아인의 79%, 러시아인의 87%가 12세 이하의 지능에 속하는 정신박약으로 판명되었다. 이후 이민자들에 대한 국외추방이 대폭 증가했다. 1913년에는 추방당한 이민자가 과거 5년간 평균보다 350% 증가했고, 1914년에는 570%로 폭증했다. 하지만 이는 언어와 문화의 차이일 뿐이었다. 영어를 모르는 사람에게 영어로 테스트하는 것과 다를 바 없었던 것이다.

IQ가 선천적이라는 생각은 최근까지도 사라지지 않고 있으며, 인종차별을 정당화하는 데 활용되기도 했다. 최근 세상을 떠난 심리학자 아서 젠슨(Arthur Jensen)은 1969년 발표한 논문에서 인종차별로 의심받을 수 있는 내용을 언급했다가 평생 무거운 짐을 짊어진 채 살아야 했다. 그는 미국에 거주하는 흑인들의 IQ를 높이기 위한 헤드 스타트 프로그램이 실패했다고 비판하면서, 그 이유로 IQ가 환경보다는 유전적 요인에 기인한다고 말했다. 그는 지능을 두 가지 개념으로 구분했다. 하나는 지식의 양에 해당하는 연합 능력이고, 다른 하나는 추상적 사고 및 문제 해결 능력에 해당하는 개념 능력이다. 젠슨은 단순한 지식을 측정하는 연합 능력은 인종 간 차이가 거의 없지만, 창의적 문제 해결에 필요한 개념 능력은 흑인보다 백인이, 백인보다 아시아인이 더 높을 것으로 추정했다.

논문의 내용이 언론을 통해 알려지면서 그는 인종차별 철폐를 외치는 시위대에 둘러싸였고, 그의 저작물은 출판이 거부되었다. 훗날 그는 자신의 주장이 왜곡되어 전달되었다며 억울해했지만, 이미 대중의 뇌리에는 인종차별주의자로 낙인찍힌 뒤였다.

지능이 유전과 아무 관련이 없는 것은 아니다. 나중에 살펴보겠지만 지능은 상당 부분 유전된다. 그러나 그 차이는 크지 않다. 유전자의 임무는 자신이 물려준 자산을 그대로 사용하도록 하는 것이 아니라 선대로부터 물려받은 유전적 자산을 더 풍부하게 하는 것이다. 이를 위해 유전자는 뇌로 하여금 학습하도록 장려한다. 사냥에 의존했던 먼 옛날에는 유전자가 생존의 문제를 대부분 해결해주었지만, **현대인들은 유전자가 해결할 수 없는 문제들에 둘러싸여 있다. 유전자는 자신이 해결할 수 없는 문제를 뇌 스스로 해결할 수 있도록 학습을 유도한다. 지능의 차이**

는 대개 이 과정에서 발생한다. 따라서 지능의 차이는 학습 능력의 차이라고 보아도 무방하다.

지능과 권력

근대 이전까지 지능은 이성적인 사고 능력을 의미했다. 철학자들은 인간만이 이성을 지니고 있으며, 이는 신이 인간에게 준 특별한 선물이라고 생각했다. 철학자들에게 이성은 합리이고 도덕이며 인간다움의 지표였다. 이 말은 이성을 갖지 않은 존재는 신으로부터 버림받은 열등한 존재라는 의미를 포함하고 있다. 그러므로 이성을 갖지 못한 존재, 즉 지능이 낮은 존재는 지배와 착취의 대상이 되어도 무방하다고 믿었다.

과거에는 합리적이라고 자처했던 지성인들조차 동물, 여성, 유색인종은 지능이 낮은 존재로 여겼다. 과학적 발견이 이루어진 뒤에도 일부 사회진화론자들은 우생학을 신봉했다. 우생학은 노예제도와 식민 지배를 정당화했고 성차별과 인종차별, 이민의 제한, 강제 불임수술, 강제수용과 노동 착취의 근거가 되었다.

산업혁명 이후에는 공장에서 균질의 상품을 생산하기 위한 평균적 인간의 양성이 중요해졌다. 이 때문에 국민들은 어려서부터 공민교육을 받아야 했고, 교육 당국은 노동에 적합하지 않은 학업부진아들을 걸러낼 필요가 있었다. 이로 인해 모든 학교에서 지능검사가 실시되었고, 이후 지능은 한 사람의 능력뿐 아니라 진학과 진로를 결정하는 기준이 되었다. 인간의 지적 능력이 몸무게나 키처럼 숫자로 표현되기 시작한 것이다.

인간은 더 똑똑해지고 있는가?

나라마다 다소 차이가 있긴 하지만, 1900년대 이후 인류의 IQ는 세대가 바뀔 때마다 5~25점씩 높아지고 있다. 이러한 현상을 흔히 '플린 효과(Flynn Effect)'라 부른다. 인류의 지적 수준이 30년마다 지속적으로 높아진다면 1,000년쯤 후에 인간의 지능은 어느 정도가 되어 있을까? 전문가들은 이처럼 인간의 지적 수준이 높아지는 현상이 인간이 점점 똑똑해지는 것을 의미하지 않는다고 말한다. 영양 상태 등 환경적 요인의 영향이 크다는 것이다.

2014년에는 인간의 IQ가 높아지는 이유가 많은 사람들이 IQ 테스트에 적응을 했기 때문이라는 연구 결과가 발표되었다. 연구팀은 14개 유형의 IQ 테스트를 분석한 결과, 몇 가지 단순한 규칙만 숙지하면 지능 점수가 향상된다는 사실을 발견했다. IQ가 높아진 것은 지능이 향상되었기 때문이 아니라 시험 규칙에 익숙해졌기 때문이라는 것이다.

의외의 결과이긴 하지만 2013년에는 스탠퍼드대학교의 유전학자 제럴드 크랩트리가 인류의 지능이 오히려 퇴화하고 있다는 가설을 발표했다. 인류의 지능이 3,000년 전에 정점을 찍은 후 서서히 하락하고 있다는 것이다. 그의 주장에 따르면, 인류에게는 위험이 상존했던 수렵·채집 사회에서 더 높은 지능이 요구되었다. 개인이 처리해야 할 정보가 지금보다 훨씬 복잡했다는 것이다. 유전학자답게 그는 유전자 분석을 통해 이 문제를 해결하려 시도했다. 인간의 지능과 관련된 유전자는 2,000~5,000개인데, 지난 3,000년 동안 자연선택 압력이 느슨해지면서 지능에 관련된 돌연변이 유전자가 적절하게 제거되지 못했다는 것이다.

하지만 그의 가설은 다른 학자들의 지지를 받지 못하고 있다. 그의 가설이 옳다면 과거의 사냥꾼들이 농부들에게 밀려 도태되지 않았어야 하며, 오늘날에도 아프리카나 남미 지역에서 살아가고 있는 사냥꾼들의 지능이 더 높아야 하기 때문이다. 더구나 그는 자연선택의 압력이 수렵·채집 사회에서 더 높다는 그릇된 전제에서 출발했다. 오늘날에는 많은 심리학자들이 '사회적 뇌 가설'을 지지하고 있다. 이 가설은 사회의 규모가 커지면서 뇌도 함께 진화했다고 주장한다.

지적 능력과 관련된 선택 압력은 집단의 규모가 커질수록, 인간관계가 복잡해질수록 증가한다. 사회적 인간에게 주어진 지적 과제는 사냥이나 채집보다 타인과의 관계에서 발생하는 문제를 해결하는 것이다. 집단의 규모가 커질수록 해결해야 할 과제는 산술적으로 증가하는 것이 아니라 기하급수적으로 증가한다. 이 문제를 해결하려면 보다 정교하고 세밀한 뇌가 필요하다.

지능이란 무엇인가?

인류의 지능이 더 나아졌는가, 아니면 더 쇠퇴했는가를 따지는 것은 별반 중요한 문제가 아니다. 지능은 사색이나 사유를 위해 진화한 것이 아니기 때문이다. 동물이 생존과 번식을 위해 해결해야 할 과제는 4F로 불리는 Feeding(먹이), Fighting(싸움), Fleeing(도피), Fornication(간음)이다. 즉 지능이 필요했던 이유는 배고픔을 해결하고, 적과의 싸움에서 승리하며, 천적으로부터 도망치고, 짝짓기 파트너를 구하기 위해서였다. 사색이나 성찰 능력은 최근에야 필요해진 기능이다.

지능이 높다는 것은 지금 주어진 환경에 적응해 살아남는 능력이 뛰어나다는 것을 의미한다. 인간은 스스로를 지구의 지배자로 여기지만 똑똑한 두뇌를 갖지 않고도 훌륭하게 적응한 종들도 많다. 예컨대 바퀴벌레는 오랜 세월 살아남아 우리 주변을 완전히 포위하고 있다. 지능이 거의 없어 보이는 동물 중에도 인간보다 적응력이 뛰어난 종이 많다. 똑똑함은 생존에 유리하게 작용할 수 있지만, 높은 지능을 가지려면 기회비용을 지불해야 한다. 인간은 높은 지능을 지녔더라도 자기 몸만큼의 무게조차 쉽게 들어 올릴 수 없고, 자기 키 높이 이상을 뛰어오르지도 못한다. 인간은 진화 과정에서 팔다리의 근육보다 뇌에 더 많은 투자를 했을 뿐이다. 따라서 어떤 동물도 인간보다 지능이 열등하다고 볼 수는 없다.

물론 인간은 사회에 적응하면서 특정한 인지능력을 향상시켰다. 하지만 인간이 가진 인지능력은 새가 허공을 날 수 있는 능력을 가진 것과 하등 다를 바 없다. 거칠게 말하면, 인간의 지능이 새보다 나은 것은 새처럼 날 수 없기 때문이다. 만일 우리가 하늘을 날 수 있도록 진화했다면 지금처럼 높은 지능이 필요하지 않았을 것이고, 인간 역시 새와 비슷한 수준의 지능을 갖게 되었을 것이다. 개구리는 책을 읽거나 사색할 필요가 없다. 개구리에게 필요한 것은 눈앞에서 빠르게 움직이는 곤충을 재빨리 혀로 낚아채는 것이다. 돋보기를 쓰고 책을 읽어야 하는 인간의 시각이 위대해 보일지 몰라도 개구리와 비교하면 정말 형편없는 수준이다. 지능은 인간의 전유물이 아니다. 지능은 생명이 진화하면서 생존과 번식의 문제를 해결하기 위해 획득한 여러 기능 중 하나일 뿐이다. 그런 의미에서 보면 식물도 나름의 지능이 있다고 할 수 있다.

우리가 IQ라 부르는 일반 지능은 인간의 관점에서 본 문제 해결 능력 중 하나다. 생물학적 지능과 인간이 척도로 삼고 있는 지능지수는 다르다. 예컨대 컴퓨터는 복잡한 수학적 연산을 인간보다 빠르고 정확하게 수행하지만 높은 지능을 가졌다고 말하지 않는다. 컴퓨터는 다른 문제를 해결하지 못하기 때문이다. 컴퓨터는 타인과의 갈등을 해결해줄 수 없다. **인간이 다른 동물과 비교해서 유달리 뛰어난 것은 바로 사회적 지능이다. 다른 사람과 관계를 맺고, 집단을 형성하며, 타인과 협력하면서 공동체가 안고 있는 문제를 해결하는 사회적 지능이야말로 인간에게 가장 필요한 생물학적 지능이라고 할 수 있다.**

인간의 지능은 작업 기억에 좌우된다

인간의 지능은 크게 고정 지능과 유동 지능으로 구분한다. 고정 지능은 학습을 통해 축적하는 지식과 관련이 있고, 유동 지능은 새롭게 접한 문제를 해결하는 능력과 관련이 있다. 고정 지능은 지식을 쌓으면 향상되지만, 유동 지능은 지식을 쌓는다고 향상되지 않는다. 여러 학자들에 따르면, 유동 지능은 작업 기억 능력에 달려 있다. 작업 기억 능력이란 문제 해결에 필요한 정보를 일시적으로 기억해 문제에 집중하고, 불필요한 내용을 제어하는 능력을 말한다. 일종의 실행 기억인 셈이다.

이 때문에 지능의 수준을 평가하려면 지금의 IQ 테스트보다 작업 기억 검사를 해야 한다고 주장하는 학자도 있다. 예컨대 2010년 연구에서는 난독증이 있는 학생의 경우 언어 작업 기억 능력이 시각 작업 기억 능력에 비해 낮았다. 또 IQ 테스트에서 최고 수준의 점수를 받은 학생 중에는 작업 기억 능력이 평균 수준에 머문 경우도 있었다. IQ 점수가 최상위에 속하더라도 작업 기억 능력이 부족하면 난이도가 높아질수록 학습을 힘들어하고 문제 해결 능력도 낮아진다.

작업 기억 검사는 학습 능력과 잠재력을 측정한다. 반면에 IQ 검사는 지식과 관련된 문항을 포함하고 있기 때문에 교육 수준이나 주변 환경의 영향을 받을 수밖에 없다. 하지만 작업 기억 능력은 사회경제적 배경의 영향을 받지 않는다. 그가 처해 있는 환경이 어떠하든 작업 기억 능력이 뛰어난 사람은 성장 잠재력을 타고난 것이다. 작업 기억을 활용하는 능력은 암기력이나 기억력 자체보다 집중력에 달려 있다.

어쩌면 우리는 머지않은 장래에 인공지능에 인류의 지위를 넘겨줘야 할지 모른다. 지금처럼 지능지수로 인간을 평가하고, 지능지수가 한 사람의 미래를 결정하는 추세가 지속된다면 말이다. 이런 능력은 인간이 인공지능을 능가할 수 없다. **만일 영리함의 기준이 지능지수가 아니라 스스로를 성찰하고, 깊은 사유와 명상을 통해 세상의 본질을 꿰뚫으며, 인류사회를 평화롭게 하는 것이라면 인류는 영원히 인공지능에 지배받지 않는 존재로 남을 수도 있을 것이다.**

머리가 크면 지능도 높을까?

아기는 누구에게나 귀여움을 받는다. 얼굴이 못생겨도 '장군감'이라 추켜세우고, 머리가 짱구라도 '대갈 장군'이라며 장차 큰일을 해낼 인물이라고 덕담을 건넨다. 머리가 크면 신체 비율이 어그러져 전체적으로 부자연스러워 보인다. 하지만 사람들은 '머리가 크면 머리도 좋다'는 생각을 가지고 있다. 이 말은 사실일까?

뇌 과학은 최근에 출현했음에도 가장 각광받는 학문 분야 중 하나다. 뇌 과학자들은 짧은 기간 동안 엄청난 성과를 이루어냈지만, 뇌의 비밀을 완전히 밝히려면 아직도 갈 길이 멀다. 뇌의 크기와 지능과의 관계만 해도 다양한 가설들이 존재한다. 과학자들의 연구를 종합하면 크게 두 가지 의견으로 정리할 수 있다. 하나는 뇌 크기와 지능이 밀접한 관련이 있다는 것이고, 다른 하나는 그 상관관계가 크지 않다는 것이다.

뇌가 크면 생존 가능성이 높다

　뇌 크기와 지능에 관련한 연구는 주로 동물을 대상으로 진행되어
왔다. 2011년에는 지난 4,000만 년간 멸종했거나 지구상에 살아남은 육
식동물 229종과 북아메리카 포유류 147종을 분석한 연구 결과가 발표
되었다. 이 연구에 따르면, 몸집에 비해 머리가 큰 동물일수록 멸종될
확률이 적었다. 즉 머리가 클수록 생존에 유리했다는 것이다. 연구팀은
동물이 환경에 적응하기 위해 지능을 사용함으로써 뇌가 커졌고, 이
때문에 멸종을 피할 수 있었다는 결론을 내렸다. 2016년에는 1960년에
서 2015년까지 55년 동안 사냥으로 포획한 197종의 새 3,781마리를 분
석한 연구 결과가 발표되었다. 연구 결과에 따르면, 몸집에 비해 뇌가
큰 새들은 사냥감이 될 확률이 30배나 더 낮았다. 머리가 큰 새들이
더 영리하게 포식자들의 손아귀에서 벗어날 수 있었던 것이다.

　같은 해 미국 연구팀이 아홉 개 동물원에 서식하는 동물 39종 140
마리를 대상으로 연구를 진행했다. 그 결과 뇌가 큰 동물들이 작은 동
물에 비해 더 똑똑하다는 사실을 확인했다. 연구팀은 동물원의 동물
들에게 투명한 상자에 담긴 간식을 제공했다. 동물들에게 30분 동안
간식을 꺼낼 기회를 주자 35%가 30분 안에 간식을 꺼내는 데 성공했
다. 놀랍게도 1위를 한 동물은 북극곰으로 20분 만에 상자를 열고 간
식을 꺼내 먹었다. 반면 날렵하고 영리해 보이는 라쿤이나 미어캣은 30
분 안에 상자를 열지 못했다. 또 사자는 인간에게 길들여진 개보다 더

빨리 문제를 해결했다. 북극곰이나 사자처럼 큰 뇌를 가진 동물이 더 영리하게 문제를 해결했던 것이다. 다만 이 연구는 동물마다 먹이를 구하는 습성이 다르다는 점을 고려하지 않았기 때문에 성급하게 결론을 내릴 수는 없다.

다른 연구 결과도 있다

뇌 크기가 지능을 결정한다는 가설을 지지하지 않는 과학자들도 많다. 실제로 어떤 동물은 뇌가 작은데도 더 영리하게 행동한다. 과학자들은 이를 '뇌 소형화 가설'이라 부른다. 이 가설을 지지하는 과학자들은 몸집이 작을수록 뇌도 작지만, 몸집에서 차지하는 뇌의 비율은 더 커진다고 주장한다. 실제로 이 규칙에 어긋나는 동물은 거의 없다.

무당거미의 경우 가장 큰 거미의 몸무게는 3그램가량이지만 가장 작은 거미는 0.005밀리그램으로 약 60만 배 차이가 난다. 이를 체중 70킬로그램인 사람과 비교하면 우리들 중 어떤 사람의 몸무게가 4만 2,000톤이라는 말과 같다. 체중이 60만 배나 무겁다고 해서 더 똑똑한 사람이라고 할 수는 없다. 큰 뇌를 가지려면 엄청난 비용을 들여야 한다. 우리 뇌의 무게는 몸무게의 2%에 불과하지만 몸이 소비하는 에너지의 20% 이상을 사용한다. 과학자들이 다양한 거미를 비교한 결과 뇌의 크기와 관계없이 거미줄을 만들 때 저지르는 실수는 거의 동일한 빈도로 나타났다.

뇌 소형화 가설을 지지하는 학자들은 뇌의 크기보다 뇌의 효율성에 주목한다. 뇌의 효율성은 시냅스의 연결 수준에 달려 있다. 예컨대 컴퓨터가 처음 발명되었을 당시 그 크기는 엄청났다. 하지만 오늘날에는 점차 소형화되어 휴대폰 하나가 과거의 펜티엄 급 컴퓨터보다 훨씬 나은 성능을 가지고 있다. 중요한 것은 크기가 아니라 효율성인 것이다.

한때는 고양이의 뇌세포 수가 개보다 훨씬 많은 것으로 알려져 있었다. 그러나 2017년 개와 고양이의 뉴런 수를 확인한 결과는 그 반대였다. 고양이의 뉴런이 3억 개 정도인 반면, 개는 5억 3,000만 개에 달했다. 그뿐 아니라 개나 고양이처럼 작은 동물이 사자나 불곰처럼 큰 뇌를 가진 동물들보다 뉴런이 더 많거나 비슷했다. 고양이는 곰보다 훨씬 작지만 뉴런의 수는 비슷할 뿐 아니라 더 영리하기까지 하다. 이는 뇌가 크다고 해서 뇌의 신경세포 수가 많은 것은 아니며 지능이 뛰어난 것도 아니라는 것을 말해준다.

그동안 진화심리학자들은 동물들의 지적 능력을 측정할 때 체중과 뇌 중량을 비교한 '대뇌화 지수'를 적용해왔다. 이 지수는 몸 전체에서 차지하는 뇌의 크기를 나타낸다. 가령 고래는 인간보다 훨씬 큰 뇌를 가지고 있지만 체중 대비 뇌 크기를 따지면 인간의 뇌가 더 크다.

사람은 어떨까?

인간 사회에서 큰 머리를 가진 사람이 이득이 보는 경우는 거의 없다. 오히려 큰 머리는 생존에 위협이 될 수 있다. 이 세상에 태어날 때 어머니를 위험에 빠뜨릴 수 있고, 동굴이나 숲의 좁은 틈을 빠져나가거나 물에 빠졌을 때도 불리하다. 실제로 머리 크기 때문에 위험에 빠졌던 한 남자가 있다. 양자물리학의 선구자 중 한 사람인 닐스 보어(Niels Bohr)다.

닐스 보어는 어린 시절부터 머리가 컸다. 제2차 세계대전 중 덴마크의 한 연구소에 있던 그는 나치가 덴마크를 점령하기 직전에 영국 정부의 도움으로 항공기를 동원해 덴마크를 탈출할 수 있었다. 보어를 태운 전투기는 높은 고도로 비행하기 때문에 그 역시 산소마스크를 써야 했다. 그런데 보어의 머리가 너무 커서 산소마스크가 얼굴에 맞지 않았다. 결국 그는 거의 질식 상태에 이르렀다가 가까스로 살아났다. 훗날 그는 당시를 회상하면서 이렇게 말했다고 한다.

"난 머리 때문에 유명해졌지만, 머리 때문에 죽을 뻔했던 사람이야!"

닐스 보어처럼 특별한 경우가 아니면 인간의 뇌 크기는 개인 간의 차이가 거의 없다. 그렇기 때문에 과학자들은 뇌의 크기나 구조보다 대뇌피질의 두께에 주목한다. 2009년 6~18세 아이 500명의 뇌를 fMRI로 관찰하면서 갖가지 테스트를 실시한 결과, 대뇌피질의 두께에 따라 개인차가 발생한다는 사실이 밝혀졌다. 126명의 뇌를 fMRI로 촬영하면서 지능검사를 실시한 2015년 연구에서도 뇌의 연결 상태가 지능과 관련이 있는 것으로 나타났다.

지능이 작동하는 방식

사람들마다 조금씩 다른 뇌 크기는 지능과 큰 관련이 없다. 대부분의 연구에 따르면, 지능 수준을 결정하는 것은 뇌의 연결 상태다. 뉴런이 연결된 네트워크 지도를 '커넥톰(connectome)'이라 부른다. 2017년 독일 연구팀이 309명의 뇌를 fMRI로 촬영해 분석한 결과, 지능은 뇌의 네트워크 구조와 연관이 있음이 밝혀졌다. 우리 뇌는 수백조 개의 시냅스로 서로 연결되어 있다. 엄청난 수의 네트워크는 몇 개의 모듈로 구성되며, 각 모듈은 여러 기능 단위(node)로 나뉜다.

연구팀이 네트워크에서의 상호작용을 분석해보니 지능이 높은 사람일수록 특정 인지 기능을 수행할 때 같은 모듈 안에서의 네트워크가 활발했고, 전체적인 인지 과정을 조율하거나 통합할 때는 다른 모듈과의 네트워크가 활발했다. 똑똑한 사람들은 모든 네트워크가 활성화되어 있는 것이 아니라 과제에 따라 집중하는 방식이 다른 것이다. 즉 똑똑한 사람들은 특정 과제에 집중하는 능력이 뛰어나고, 한편으로는 멀리서 숲을 바라보며 여러 문제들을 조율하고 통합하는 능력을 갖추고 있다.

과학자들은 뇌에 대해 많은 것을 알아냈지만, 아직은 모르는 것이 더 많다. 하지만 뇌가 작동하는 방식에 대해서는 상당 부분 밝혀졌다. 만일 뇌를 촬영해 개인의 지능 수준을 알 수 있다면, 미래에는 시험이 사라질 수도 있을 것이다. 기업도 직원을 선발할 때 시험 대신 지원자의 뇌를 촬영할지 모른다. 물론 이런 방식이 도입되려면 윤리적 문제에 대한 격렬한 논쟁을 거쳐야 할 것이다.

지능은 유전되는 것일까?

지능은 유전자의 영향을 받는다

지능이 유전과 환경 중 어느 쪽의 영향을 더 받는가 하는 문제는 발달심리학자들의 오랜 관심사였다. 그동안의 연구 성과를 보면 지능이 상당 부분 유전에 의존한다는 점에는 의심의 여지가 없는 것 같다. 그러나 어느 정도 영향을 미치는가에 대해서는 연구자마다 다소 차이가 있다.

1989년 행동유전학자 존 로에린(John C. Loehlin)은 여러 형제자매들을 대상으로 10년 간격으로 지능지수를 측정하면서 유전적 요인과 환경적 요인을 비교 분석했다. 그 결과 일란성 쌍둥이가 한 부모 밑에서 자랐을 경우 지능과의 상관성은 0.85였다. 그리고 일란성 쌍둥이 중 한 아이가 다른 가정에 입양되어 서로 다른 환경에서 자랐을 때의 상관성은 0.74였다. 또 쌍둥이가 아닐 경우 같은 환경에서 자랐을 때 형제간의 상관성은 0.54로 나타났다. 이를 바탕으로 로에린은 1992년에 지능의 유전적 영향력이 38~49%이며, 환경의 영향력은 0~11%라는 연구 결과를 발표했다. 성격 역시 유전적 영향력이 약 50%, 환경의 영향이 0~12%로 나타났다. 가정환경이 지능에 미치는 영향은 유전적 요인에 비해 매우 적었던 것이다.

유전학자 토머스 부샤드(Thomas J. Bouchard Jr.)도 1993년 연구에서 환경과 IQ와의 상관관계는 매우 작다고 밝혔다. 특히 성인기에는 유전의 영향력이 80~90%로 오히려 상승한다고 주장했다. 나이가 들수록 유전의 영향이 더 커진다는 것이다. 이 사실은 2015년 연구에서도 드러났다. 로버트 플로민 연구팀이 부모와 자녀 8,000여 명, 형제자매 2만 5,000여 쌍, 쌍둥이 1만 1,000쌍 그리고 수백 명의 입양 가족을 분석한 결과 지능의 유전적 영향력이 40~80%에 달했다. 유아기에는 유전적 영향력이 20%에 불과했으나 나이가 들수록 점점 높아져 성인기에 이르면 60%를 넘어섰다. 어린 시절에는 왕성한 학습이 지능에 큰 영향을 미치지만 나이가 들수록 학습의 영향력이 크게 감소한 것이다.

2013년에는 영국 연구팀이 쌍둥이 1만 1,000쌍의 GCSE(General Certificate of Secondary Education; 영국의 중등교육 자격시험) 점수를 비교했다. GCSE는 영국 학생들이 만 16세가 되었을 때 의무적으로 치러야 하는 시험이다. 분석 결과 쌍둥이 형제간의 점수 차이 중 58%는 유전적 차이에 의한 것으로 나타났다. 점수 차이가 100점이라면 그중 58점은 유전적 차이로 인해 생긴다는 것이다. 재미있는 사실은 과학 과목에서 유전적 차이가 더 두드러졌다는 점이다.

2016년에는 미국과 네덜란드 연구팀이 29만 3,723명의 유럽인 DNA를 조사해 장기간 공부에 매진하는 사람들의 공통점을 찾아냈다. 이들은 보통 사람들의 염색체와 74곳이 달랐다. 이러한 유전적 차이로 인해 장기간 공부에 매진하는 사람들은 보통 사람들에 비해 인지 수행 능력이 높고 알츠하이머 치매에 걸릴 가능성이 낮았다. 그러나 조울증과 조현병에 걸릴 가능성은 보통 사람들에 비해 더 높았다.

지능 유전자는 존재할까?

행동유전학자들은 지능의 유전적 차이를 설명하기 위해 지능에 영향을 미치는 유전자를 찾아내고자 노력해왔다. 2011년 3,500명의 유전자를 분석한 연구에 따르면, 지능의 차이를 40~50% 정도 설명할 수 있는 유전자는 수백 개가 넘는다. 하지만 어떤 유전자도 지능의 명백한 차이를 설명해주지는 못했다. 그나마 지능에 상당한 영향을 미치는 유전자는 2012년 연구에서 밝혀졌다. 연구팀은 두 가지 유전자에 주목했다. 하나는 알츠하이머 치매와 관련된 유전자이고, 다른 하나는 뇌 크기에 관여하는 유전자였다. 그러나 전자는 노년의 지능에만 영향을 주었고, 후자는 그 영향력이 생각만큼 크지 않았다. 뇌 크기를 결정하는 유전자를 통해 향상시킬 수 있는 지능지수는 겨우 1.29에 불과했다.

2017년에는 국제적인 공동연구팀이 7만 8,308명의 DNA를 분석해 지능을 결정하는 유전자로 추정되는 52개 유전자를 찾아냈다. 이들 유전자는 대부분 뇌 조직에서 발현되었으며, 대개 뉴런의 발달을 돕는 역할을 하는 것으로 나타났다. 또 유아기에 머리 둘레가 크거나 키가 큰 사람, 담배를 피운 적이 없고 두개골이 큰 사람들이 IQ가 좋을 가능성이 높았다. 반면 알츠하이머 치매, 우울증, 조현병, 신경증에 걸릴 위험성이 높은 사람과 비만인 사람들은 IQ가 낮을 가능성이 컸다.

환경은 어느 정도 영향을 미칠까?

지금까지의 연구를 보면 유전자는 고정 지능을 결정하는 데 절반 이상의 영향을 미친다. 고정 지능은 유전적 요인보다 문화적 요인에 더 영향을 받는다. 어휘 능력이나 상식은 교육을 통해 향상시킬 수 있기 때문이다. 왜 고정 지능에서 유전적 요인의 비중이 더 크게 나타난 것일까? 한 가지 원인은 연구자들이 한 부모 밑에서 자란 쌍둥이들이 동일한 환경에서 자랐다고 가정한 데서 찾을 수 있다. 한 부모 밑에서 자랐다고 해서 동일한 환경에서 자랐다고 볼 수는 없다. 가정환경이 같더라도 두 아이를 바라보는 부모의 시선은 다를 수 있으며, 훈육 방식도 다를 수 있다.

특히 동양에서는 장남과 장남이 아닌 자녀, 아들과 딸을 대하는 태도가 완전히 다를 수 있다. 또 같은 부모 밑에서 동일한 교육을 받았다 하더라도 친구 관계나 학교생활에 따라 아이에게 영향을 미치는 요인이 달라질 수 있다. 같은 부모 밑에서 자랐다고 해서 주변 환경을 똑같이 수용하는 것도 아니다. 같은 환경이라도 어떤 아이는 부모가 가난하다고 여길 수 있고, 어떤 아이는 중산층이라고 여길 수도 있다. 그런데도 연구팀은 한 부모 밑에서 자란 쌍둥이의 환경이 같다고 가정했다. 다양한 환경의 변수들을 처음부터 배제해버린 것이다.

분명한 사실은 환경이 좋으면 지능도 발달한다는 것이다. 지능이 뛰어난 아이는 더 나은 환경에서 교육받을 기회가 증가하고, 좋은 환경에서 자란 아이는 지능이 개발될 가능성이 크다. 2015년에는 환경적 요인이 지능에 더 큰 영향을 미친다는 연구 결과가 나왔다. 연구팀은 스웨덴 군대에서 복무하는 18~20세의 형제 436쌍을 연구 대상으로 삼았다. 이들 중 한 명은 친부모 밑에서 자랐고, 다른 한 명은 양부모 밑에서 자랐다. 연구 결과 양부모 밑에서 자란 사람의 IQ가 친부모 밑에서 자란 형이나 동생보다 평균 4.4점이 더 높았다. 대부분 입양을 보낸 친부모의 가정환경이 양부모의 가정환경보다 나쁠 가능성이 높다. 더욱 입양한 가정의 환경이 좋으면 좋을수록 점수는 더 높았다. 반면 입양 가정의 환경이 친부모 가정의 환경보다 좋지 않으면 점수가 낮았다. 이는 IQ가 환경에 크게 영향을 받는다는 것을 보여준다.

유전자 검사로 시험 성적을 대체한다?

지능 점수로 대학 신입생을 선발한다고 가정해보자. 아마 사회 전체가 난리가 날 것이다. 사람들은 지능 점수로 사람의 능력을 평가하는 것이 비윤리적이라고 생각한다. 그렇다면 시험 점수로 신입생을 뽑는 것은 어떤가? 사실 지능 점수나 시험 점수나 테스트를 통해 사람을 선발하는 데는 차이가 없다. 차이가 있다면 사람들의 인식이다. 지능 점수는 개인의 노력이나 열정을 반영하지 않는다고 생각하는 데 비해 시험 점수는 노력과 열정을 충분히 반영한다고 인식하는 것이다. 즉 지능은 선천적으로 타고나거나 운에 의해 결정된다고 믿는 경향이 있다. 하지만 대학 입학시험에서 운이 작용할 가능성은 거의 없다. 부모의 유전자나 경제력에 좌우되지 않고 운이 개입할 여지가 거의 없을 때 사람들은 공정하다고 믿는다.

어느 나라든 입학시험의 공정성은 항상 문제가 되어왔다. 입시 경쟁이 치열한 나라일수록 이 문제를 해결하기 위해 수많은 대안들을 모색했지만 대학과 학부모들은 늘 불만에 차 있다. 이런 불만이 계속되면 머지않아 공상과학영화에 나오는 것처럼 유전자 검사로 신입생을 선발할 날이 올지도 모른다. 물론 이해 당사자들이 모두 동의한다면 말이다. 많은 논란이 있겠지만 2018년 영국에서 발표된 연구 결과를 보면 그런 날이 오지 않는다고 장담할 수는 없을 것 같다. 이 연구를 주도한 스미스 울리는 앞서 언급한 로버트 플로민 교수의 제자이다.

연구팀은 영국에서 중등학교에 진학한 학생들을 연구 대상으로 삼았다. 영국에서는 학생들이 11세에 초등학교를 졸업하고 중등학교로 진학한다. 이때 학생들은 세 가지 학교 유형 중 하나를 선택한다. 하나는 일반 공립학교로 학생의 93%가 이 유형의 학교로 진학한다. 두 번째는 우수학교로 입학시험 성적에 따라 학교를 선택할 수 있다. 세 번째는 학부모들이 전액 학비를 내야 하는 사립학교다. 영국 학생의 7% 정도가 사립학교에 진학한다.

연구팀은 선발 방식을 채택하고 있는 우수학교와 사립학교에 다니는 학생들과 일반 공립학교에 다니는 학생들의 학업 성취도와 유전자의 관계를 분석했다. 그 결과는 놀라웠다. 학생 5,000명의 시험 결과와 그들의 유전자 정보를 분석했더니 유전자와 진학한 학교 사이에 유의미한 상관관계가 발견되었다. 즉 노력보다는 유전자가 입학시험의 결과를 결정했다. 아무리 노력해도 유전자를 따라갈 수 없었던 것이다. 하지만 이를 비판하는 학자들도 많기 때문에 연구 결과를 액면 그대로 받아들일 필요는 없다.

지능을 결정하는 유전자 같은 것은 없다. 앞서 언급했듯이 지능에 영향을 미치는 유전자는 수백 가지가 넘고, 환경의 영향도 무시할 수 없다. 지능에 영향을 주는 환경은 다양하다. 지금까지 알려진 바에 따르면 고학력의 부모, 책 읽는 부모, 고소득의 부모를 둔 아이의 지능이 높다. 또 영양이 풍부한 식사, 안정적인 수면, 규칙적이고 활발한 운동도 아이의 지능에 영향을 미친다. 안타까운 사실은, 이러한 환경적 요소들도 결국 유전자와 관련이 있다는 것이다. 좋은 유전자를 가진 사람들이 좋은 환경을 갖추고, 그들의 유전자를 물려받은 아이가 좋은 환경의 지원을 받으며 성장하기 때문이다. 이 아이들 또한 자신의 아이들에게 좋은 유전자와 환경을 물려줄 가능성이 크다.

지능은 삶에 중대한 영향을 미친다. 지능은 학업 성취도에 영향을 주고 직업, 소득, 사회적 지위에 영향을 미친다. 사회적 지위가 높아지면 좋은 배우자를 만날 가능성이 크고 건강하게 살 확률도 높다. 지능이 유전될 확률이 더 크다면 사회적 불평등은 더욱 심각해질 것이다. 우리나라의 경우에도 비평준화 지역의 명문 학교를 졸업한 아이들이 명문 대학에 진학할 가능성이 높고, 그들이 더 높은 사회적 지위를 차지한다. 유전적으로 우월한 사람들이 더 높은 수준의 교육과 사회적 지원을 받는다는 것은 또 다른 차별에 해당한다. 그렇지 못한 사람들이 삶을 역전할 기회가 어린 시절부터 차단되기 때문이다.

지능에 대한 연구가 계속될수록 논쟁은 오히려 가열될 가능성이 있다. 일부 연구자들은 '천재 유전자'를 찾는 작업을 진행하고 있다. 만일 천재를 만드는 유전자가 발견된다면, 사람들은 유전자 편집 기술을 통해 자녀의 유전자를 바꾸기 위해 노력할 것이다. 어쩌면 태아 단계에서 지능이 높은 아이를 선별해 출산할 수도 있을 것이다. 이러한 연구가 인류를 보다 나은 세계로 이끌 것인지, 아니면 타락한 세계로 이끌 것인지는 아직 알 수 없다. **언젠가 사람들은 자녀의 지능이나 키에 대한 정보를 태아 단계에서 알게 될 것이다. 그로 인해 발생할 수 있는 문제를 어떻게 해결할 것인가는 인류의 지능과 이성에 맡길 수밖에 없다.**

아이의 지능, 엄마에게 달려 있다

2016년 5월, 《미국국립과학원회보》에 지능과 관련된 아주 재미있는 논문이 실렸다. 인류의 지능이 유달리 높은 이유가 갓난아이의 무능력 때문이라는 것이다. 상당히 모순적인 이야기처럼 들리지만, 연구팀의 설명에 따르면 인간은 무능력한 아기를 돌보기 위해 높은 지능을 갖게 되었다는 것이다. 이 가설을 지지하는 학자들은 드물다. 지능은 환경에 적응하기 위해 진화한 것이고, 육아는 그 일부에 지나지 않기 때문이다.

지능은 엄마에게 물려받는다

2016년에 발표된 다른 연구에 따르면, 자녀의 지능을 결정하는 것은 어머니 쪽 유전자다. 연구팀이 최근 수십 년간의 논문들을 분석하고 1994년부터 14~22세 사이의 1만 2,686명을 대상으로 자체 조사한 결과, 아빠의 유전자는 자녀의 지능에 거의 영향을 미치지 않았다. 지능에 영향을 미치는 유전자가 X염색체에 위치해 있기 때문이다. 여성은 X염색체가 두 개인 반면 남성은 한 개뿐이다. 이 때문에 아빠로부터 물려받은 지능 유전자는 활성화되지 못한다고 한다.

이는 2012년 동물실험을 통해서도 밝혀진 바 있다. 추리, 사고, 언어 등 인지 기능을 담당하는 대뇌피질의 지능 유전자는 모계로 유전된다. 반면 아빠의 유전자는 짝짓기, 음식, 공격성 등 자율신경 기능에 주로 관여한다. 아빠가 가지고 있는 유전자는 직관이나 감성 같은 특성에 엄마보다 더 큰 영향을 미친다. 엄마의 유전자는 지능에 절대적인 영향을 미치지만 40~60%만 담당한다. 나머지는 성장 환경, 교육 수준, 사회적 지위 같은 환경적 요인이 지능을 결정한다. 중요한 사실은 환경적 요인 중 상당수도 엄마와 관련이 있다는 것이다.

성장기에 엄마와 나눈 정신적 교감은 뇌에서 기억을 담당하는 해마의 성장에 영향을 미칠 뿐만 아니라 출산 당시 엄마의 나이도 지능에 영향을 준다. 2015년 영국 어린이 1만 8,000여 명의 데이터를 바탕으로 엄마의 나이가 아이에게 미치는 영향을 연구한 결과, 30대에 낳은 아이들이 다른 연령대에 출산한 아이들에 비해 지능이 더 높았다. 이는 30대 엄마가 20대 엄마에 비해 교육이나 소득 수준이 더 높기 때문인 것으로 추정된다. 또 40대에 출산한 아이는 비만이 될 가능성이 더 높았다.

장남과 차남 중 누가 더 지능이 높을까?

지능 발달에 영향을 주는 환경적 요인들은 다양하다. 모유 수유와 산모의 스트레스 수준, 부모의 사회적 지위가 지능에 큰 영향을 준다는 사실은 널리 알려진 사실이다. 부모의 사회적 지위가 높으면 성장기에 있는 자녀의 영양 상태도 더 나을 것이라고 추정할 수 있다. 영양 상태는 아이의 뇌 발달에 중요한 영향을 미친다. 부모의 사회적 지위가 높으면 좋은 교육 환경에서 성장할 가능성이 높기 때문에 고정 지능이 향상된다. 특히 엄마의 직업은 보육의 질과 관련이 있기 때문에 아이의 성장기에 중요한 영향을 준다.

재미있는 사실은 출생 순서도 지능에 영향을 준다는 것이다. 상식적으로 생각해도 먼저 태어난 아이가 부모로부터 더 많은 관심과 혜택을 받을 가능성이 있다. 2007년 노르웨이 연구팀은 군인 2만 5,000여 명을 대상으로 출생 순서와 지능과의 관계를 분석한 연구 결과를 발표했다. 이 연구에 따르면, 첫째 아이의 지능이 가장 높았고, 이후 형제가 증가함에 따라 아래로 내려갈수록 지능이 점차 감소하는 것으로 나타났다. 또 어머니의 교육 수준이 높고, 형제 수가 적으며, 출생 간격이 길고, 가계 소득이 많을수록 지능이 높았다.

하지만 같은 해 발표한 후속 연구에서 사회적 지위를 통제하자 출생 순서에 따른 지능의 차이는 통계적으로 의미가 없어졌다. 이는 출생 순서보다 부모의 사회적 지위가 더 큰 영향을 미친다는 것을 의미한다.

2008년에는 노르웨이에서 5세, 12세, 18세 세 집단에서 쌍둥이 2,115쌍에 대한 연구가 이루어졌다. 장남들을 대상으로 분석한 결과, 장남 중에 지위가 높은 사람이 많았고 지능도 더 높았다. 이는 출생 순서와 지능의 관련성이 오히려 적다는 것을 보여준다. 출생 순서가 중요한 것이 아니라 장남에 대한 관심과 투자 그리고 그 결과로 얻어지는 장남의 지위가 더 중요한 것이다.

유동 지능도 향상시킬 수 있다

그동안 과학자들은 고정 지능은 환경이나 노력 여하에 따라 향상시킬 수 있지만, 유동 지능은 천부적으로 타고나는 것으로 생각해왔다. 실제로 사회생활을 하다 보면 좋은 학벌이 아닌데도 놀라운 능력을 발휘하는 경우도 있고, 별다른 노력 없이도 문제를 척척 해결하는 사람들을 볼 수 있다. 이 때문에 지금까지의 교육은 유동 지능보다 고정 지능을 향상시키는 데 초점을 맞추어왔다.

하지만 2008년에 노력을 통해 유동 지능을 향상시킬 수 있다는 연구 결과가 발표되었다. 연구팀은 짧은 기간 동안 정보를 저장하고 조작할 수 있는 작업 기억을 훈련시키는 방법으로 유동 지능을 향상시킬 수 있다고 밝혔다. 작업 기억은 주의력과 추론을 포함한 고차원적 인지 과정에 반드시 필요하다. 연구팀은 18~50세의 참가자들을 대상으로 까다로운 과제 훈련을 통해 훈련의 양에 따라 유동 지능이 달라진다는 사실을 입증했다. 2007년 연구에서는 불과 5일간의 명상 훈련을 통해서도 지능이 향상될 수 있다는 사실이 밝혀지기도 했다.

2012년 1월 미국심리학회 협회지 《아메리칸 사이콜로지스트》에 실린 지능에 관한 연구 논문에 따르면, 고정 지능과 유동 지능은 생물학적으로 서로 다른 종류의 지능이며, 고정 지능은 선천적 요인보다 후천적 요인의 영향이 더 크다. 하지만 조기교육을 통한 IQ 향상은 지속적이지 않다. 지식과 같은 고정 지능은 어린 시절에 열심히 노력해봐야 별로 나아지지 않는 것이다.

지능은 소득과 사회적 지위, 건강에 상당한 영향을 미치는 것으로 알려져 있다. 따라서 지능 자체를 무시할 수는 없다. 하지만 지능이 바뀌지 않는다는 생각은 잘못된 것이다. 우리는 지능이 바뀔 수 있다는 생각만으로도 지능을 향상시킬 수 있다. 1999년 홍콩 대학생 168명을 대상으로 실험한 결과, 지능을 어떻게 생각하느냐에 따라 학습 태도가 달라졌다. 연구팀은 지능이 바뀌지 않는다고 생각하는 그룹과 학습을 통해 바꿀 수 있다고 생각하는 그룹으로 나눈 후 내년에 영어 보충수업을 등록할 의사가 있는지를 물었다. 그랬더니 실력이 부족한 학생들 중에서 지능이 변할 수 있다고 생각한 학생들이 더 많이 지원했다.

지금까지 살펴본 바와 같이 IQ는 학습에 의해 얼마든지 향상시킬 수 있다. 쉽게 바뀌지 않는 유동 지능도 노력을 통해 어느 정도 향상시킬 수 있다. 지능은 유전적으로 타고나는 것이기도 하지만, 우리 뇌는 학습을 통해 더 많은 지적 능력을 활용하게끔 만들어져 있다.

IQ보다 소중한 것

정확한 기억은 아니지만, 내 또래의 친구들은 중학교 1학년 때 처음 IQ 검사를 했던 것 같다. IQ 점수는 다른 아이들에게 공개되지 않았지만 수치가 높았던 아이들은 은연중에 자랑하기에 바빴고, 수치가 낮은 아이들은 기가 죽은 모습이었다. IQ 점수는 생활기록부에 기록되어 고등학교 시절까지 내 뒤를 따라다녔다.

요즘에는 IQ 검사를 하지 않는 학교도 많다. 학교장 재량으로 IQ 검사를 실시할 수는 있지만 생활기록부에는 기록되지 않는다. 하지만 IQ 점수는 여전히 한 사람의 학습 능력을 나타내는 준거로 활용되곤 한다. 연예인들에 대한 기사를 검색해보면 학창 시절에 IQ가 얼마였다는 기사를 쉽게 찾아볼 수 있고, IQ 150이 넘으면 으레 '천재'라는 수식어가 따라붙는다. 사람들도 IQ가 높고 사회적으로 성공한 사람들을 대할 때면 "그럼 그렇지." 하고 고개를 끄덕인다. 하지만 성공하지 못한 사람 중에도 IQ가 높은 사람이 있고, 성공한 사람에도 중에도 IQ가 낮은 사람이 있다.

사람들은 학업 성취도나 교육 수준, 직무 수행 능력, 심지어 범죄 성향까지 지능지수와 연결하려는 경향이 있다. 한 사람의 능력을 수치화하는 것은 매우 위험한 시도다. 지능지수가 낮은 사람은 인생에서 성공할 가능성이 적고, 범죄에 쉽게 노출될 수 있다. 그렇다고 해서 범죄 성향이 높다고 단정할 수는 없다. 지능지수 높은 사람들은 남의 눈에 들키지 않고 지능적인 범죄를 저지를 가능성이 크기 때문이다. 이들이 저지르는 범죄의 종류가 다를 뿐이다. 실제로 사회 지도층 인사들이 저지르는 불법행위는 사회적으로 만연되어 있다.

IQ가 의미하는 것

기업은 사람을 채용할 때 먼저 인적 사항이 기록된 서류를 확인하고, 서류 전형에서 합격한 사람을 대상으로 인성검사, 적성검사, 필기시험을 치른다. 시험에 합격하면 면접을 통해 최종 합격자를 결정한다. 서류 전형이나 면접에서 가장 큰 영향을 미치는 것은 학력과 출신 대학, 시험 점수일 것이다. 많은 사람들이 이런 채용 방식에 문제를 제기하고 있지만, 더 나은 대안이 없는 한 이 관행은 쉽게 사라지지 않을 것이다.

기업이 출신 대학이나 시험 점수를 중요하게 여기는 것은 '정보의 비대칭성' 때문이다. 사람을 채용하려는 기업은 지원자의 이력서에 기록된 것 외에는 지원자에 대해 아는 것이 없다. 이력서는 그 사람의 숨겨진 이면을 설명해주지 못할 뿐 아니라 적절한 위장과 가공도 가능하다. 반면 어떤 사람이 명문 대학을 졸업했다는 사실은 그가 청소년기를 성실하게 보냈으며, 상당한 수준의 지적 능력을 갖고 있음을 말해준다. 시험 점수 역시 평균 이상의 지적 수준과 문제 해결 능력 그리고 지원자의 노력 수준을 추정할 수 있게 해준다. 지원자가 감추고 싶어 하는 정보를 얻으려면 기업은 엄청난 비용을 들여야 할 것이다. 시험은 가장 적은 비용을 들여 사람을 채용할 수 있는 방식이기 때문에 많은 기업들이 선호한다.

시험을 중시하는 또 다른 이유는 공정성 때문이다. 특히 국가가 사람을 채용할 때는 지원자의 인성이나 학력을 평가하지 않고 시험 점수를 가장 중요한 기준으로 삼는다. 사기업의 경우 다양한 기준들을 적용해 합격자를 결정할 수 있지만, 공무원 채용 시험에서 다른 기준을 고려하게 되면 지원자들이 공정성에 이의를 제기할 것이 분명하다. IQ 점수도 시험 점수와 비슷한 역할을 한다. 사람을 채용하면서 IQ 검사를 요구하는 조직은 없지만 기업에서 실시하는 대부분의 적성 검사는 IQ 점수와 별반 차이가 없고, 일부 대기업에서는 대학 입학시험과 유사한 시험을 치른다.

우리는 어린 시절에 받은 IQ 점수 결과를 평생 자신의 지능지수로 알고 살아간다. 하지만 IQ는 고정되어 있는 것이 아니다. 2011년에 발표된 연구에 따르면, IQ 점수는 테스트를 받는 동기에 따라 달라질 수 있다. 연구팀이 46개의 IQ 테스트에 참가했던 2,000명 이상의 사람들에게 돈이나 사탕 같은 인센티브를 부여하자 IQ 점수가 눈에 띄게 좋아졌다. IQ 점수는 실제 지능 상태를 보여준다기보다 동기부여에 따라 달라질 수 있는 것이다. 따라서 한 사람의 가치를 IQ로 표준화하고 그 사람의 미래까지 예측할 수는 없다.

IQ는 다양한 지능을 반영하지 못한다

1980년대 초반, 미국의 심리학자 하워드 가드너(Howard Gardner)는 만병통치약처럼 사용되어온 IQ 테스트에 이의를 제기하면서, 인간의 지능은 단일한 능력이 아니라 다양한 능력들로 구성된다고 주장했다. 그는 지능을 '그 문화에서 유용하게 쓰일 수 있는 정보를 처리하는 생물학적·심리학적 잠재력'으로 정의했다. 잘 알려져 있다시피 그는 오랜 연구를 통해 인간의 지능을 7~9가지로 분류하고 이를 '다중 지능'이라 명명했다.

그가 처음 제시한 일곱 가지 지능은 음악 지능, 신체-운동 지능, 논리-수학 지능, 언어 지능, 공간 지능, 대인관계 지능, 자기이해 지능이다. 여기에 자연탐구 지능과 실존적 지능을 추가하면 아홉 가지가 된다. 이 중에서 대인관계 지능은 타인의 기분이나 생각, 감정, 태도 등을 이해하며 적절하게 반응하고 공감하는 능력이다. 오늘날의 사회성 지수(social quotient)에 해당한다. 또 자기이해 지능은 자신의 성격이나 성향, 신념, 기분 등을 성찰하고 자신의 내적 문제들을 해결하는 능력이다. 실존적 지능은 영성(靈性), 삶과 죽음의 의미, 인간의 본성 같은 실존적 문제들을 고민하고 사고하는 것과 관련된 능력이다. 오늘날의 영성 지수(spiritual quotient)와 비슷하다.

아홉 가지 지능은 사람마다 다르다. 즉 똑같은 조합으로 똑같은 지능을 가진 사람은 없다. 이것이 IQ와 다중지능 이론이 다른 점이다. 예컨대 IQ가 130인 두 사람을 똑같은 지능을 가졌다고 말할 수 있을까? 지능은 유전적 요인과 환경적 요인이 상호작용해 나타나는 것이기 때문에 한 가지 측정 도구로 사람을 분류하는 것은 매우 위험하다. 대부분의 지능 테스트가 언어적 방법에 의존하고 있는 것도 바람직하지 않다. 즉 언어 지능이 높은 사람이 다른 문제를 잘 풀 가능성이 높은 것이다. 그렇다고 해서 IQ 자체를 부정할 필요는 없다. 문제는 IQ 자체가 아니라 그것을 사용하고 적용하는 데 있다.

천재는 IQ가 좋은 사람을 의미하지 않는다. 인간의 능력은 여러 지능의 조합에 의해 발현된다. 천재들의 IQ가 보통 사람보다 높을 수는 있지만, **중요한 것은 특정 영역에서 얼마나 훌륭한 역량을 발휘하느냐는 것이다. 물리학 천재가 프로야구 리그에서 천재로 인정받는 경우는 없다. 천재는 모든 영역에 존재하지만, 모든 영역에서 천재가 될 수는 없다.**

IQ보다 중요한 지능

IQ가 성공적인 삶을 보장해주지는 않는다. 더구나 성공의 기준은 사람마다 다르다. 어떤 사람에게는 부(富)가, 어떤 사람에게는 사회적 지위나 명예가, 또 어떤 사람에게는 삶의 지혜를 얻는 것이 성공일 수 있다. 하지만 어떤 성공이든 한 가지 기준이 있다. 그것은 타인으로부터 인정받는 것이다.

어떤 지능이든 직업적인 성공과 관련이 있다. 가령 과학자에게는 논리-수학 지능이, 스포츠 선수에게는 신체-운동 지능이 성공을 좌우한다. 2013년에는 공간 지능이 수리능력이나 언어능력에 비해 미래의 직업적 성공에 중요한 역할을 한다는 연구 결과가 발표되었다. 연구팀은 1970년대에 미국 SAT에서 상위 0.5% 이내의 성적을 받은 563명을 연구대상으로 삼았다. 이들은 SAT를 치를 당시 나이가 13세였다. 뛰어난 성적을 거두었던 이들은 얼마나 성공적인 삶을 살았을까? 연구팀은 이들이 나이가 든 후에 거둔 직업적 성공과 13세 때 치렀던 적성검사 결과를 분석했다. 그 결과 공간 지능이 직업적 성공과 밀접한 관련이 있었으며, 특히 기술 분야에서의 성공과 연관성이 컸다. 이는 자연계나 이공계를 희망하는 학생들에게 논리-수학 능력만 측정할 것이 아니라 공간 지능도 함께 고려해야 한다는 것을 의미한다.

사회생활이나 조직생활을 하는 데 IQ를 비롯한 대부분의 지능은 별 도움이 되지 않는다. 그래서 최근에는 감성 지능, 관계 지능, 사회

지능, 영적 지능의 중요성이 강조되고 있다. 이들 지능은 건강한 삶을 살아가는 데 더 중요하다. 감정 지능, 관계 지능, 사회 지능은 공통점이 많고 리더십에서도 매우 중요한 덕목이다. 오늘날 IQ는 경쟁 우위를 보장해주지 않는다. 오히려 타인과 연결되어 영향력을 확보하고, 사람들로부터 호감과 신뢰를 얻는 능력이야말로 성공의 열쇠다.

2014년에는 감성 지능과 IQ가 밀접한 관계가 있을지 모른다는 연구 결과가 나왔다. 연구팀이 베트남전쟁에 참전했다가 뇌를 다친 152명의 참전 용사를 연구한 결과, 지능지수와 감성 지능 수치는 서로 연관되어 있을 뿐만 아니라 뇌에서 활성화되는 영역도 거의 동일했다. 쉽게 말하면 IQ가 높은 사람일수록 사회적 능력도 높을 가능성이 크다는 것이다. 이는 전혀 놀라운 사실이 아니다. 우리 뇌는 사회적 관계 속에서 발생하는 문제들을 해결하기 위해 진화해왔기 때문이다. 수학 문제를 푸는 것은 지엽적이고 부수적인 능력일 뿐이다.

인간의 마음은 다양한 뇌 네트워크의 협력을 통해 생성된다. **뇌는 여러 기능을 독립적으로 수행하는 모듈로 구성되어 있지만, 전체적으로는 독립된 모듈의 연합으로 이루어진 정보처리 체계라 할 수 있다. 인간의 지능은 각 기능을 전담하는 정신 능력들의 결합을 통해 발휘되는 것이다.**

천재의 뇌는 무엇이 다를까?

예전에는 인류사에 위대한 업적을 남긴 사람이나 역사의 흐름을 바꾼 위인들이 모두 천재 취급을 받았다. 지금은 천재를 바라보는 눈이 과거와 많이 다르다. 예컨대 영웅 한니발이나 나폴레옹, 모차르트나 아인슈타인은 천재인가? 나폴레옹이 천재라고 하면 고개를 갸우뚱거릴 사람이 많겠지만 모차르트가 천재라는 사실에는 누구나 동의할 것이다. 과거에는 그가 이룬 대단한 업적이 천재의 기준이었다면, 요즘에는 창의력이 천재의 기준이 된다.

그래서 최근에는 위대한 업적을 이루지 못했더라도 한 분야에서 탁월한 재능을 보인 사람을 천재라 부른다. 심리학자 프랭크 바론은 1960년대 이후 심리학자 과학자, 수학자, 건축가 등 한 분야에서 탁월함을 인정받은 사람들을 대상으로 창조성을 탐구해왔다. 그의 연구에 따르면, 창의적 인재가 가지고 있는 공통점은 지적 수준, 개방성, 무질

서에서 일정한 패턴을 찾아내는 능력, 독립성, 관습의 거부, 위험을 무릅쓰는 태도 등이다. 즉 천재들은 사람들이 무의미하다고 여기는 것을 시도하고, 무모한 시도를 통해 생각지도 못했던 목표를 이루며, 비범한 방식으로 대상을 인지하고, 단순한 현상에 대해서도 복잡하고 통합적인 방식으로 접근한다. 이러한 특징을 요약하면, 천재는 다른 사람들과 다른 눈으로 세상을 바라보고, 출구가 없어 보이는 해결책에 도전하며, 그 과정에서 새로운 것을 발견한다.

아인슈타인의 뇌

1955년 아인슈타인이 76세의 나이로 사망했다. 당시 부검을 담당했던 토머스 하비는 아인슈타인의 뇌를 적출한 다음 240조각으로 나눠 일부는 자신이 보관하고 나머지는 저명한 병리학자들에게 보냈다. 신경해부학자 메리언 다이아몬드(Marian Diamond)의 손에 네 조각의 뇌가 들어온 것은 1984년이다. 그는 아인슈타인의 뇌를 정밀하게 분석한 후 1985년에 연구 논문을 발표했다. 이후 몇몇 연구자들이 아인슈타인의 뇌를 분석해 몇 가지 특징을 제시했지만 일반인의 뇌와 비교했을 때 평균 범위를 크게 벗어나지 않았다. 연구자들이 제시한 특징들에 대해서도 신경과학자들 사이에 이견이 존재한다. 다만 메리언 다이아몬드와 토머스 하비가 성인 남성 11명의 뇌와 비교한 결과에 따르면, 아인슈타인의 뇌에서 신경교세포의 비율이 상대적으로 높은 것으로 나타났다.

천재는 보통 사람과 다른 뇌를 가지고 있는 걸까?

뇌가 어떻게 천재성을 드러내는지 보여주는 사례가 있다. 2002년 미국 워싱턴주에서 가구 판매원으로 일하던 제이슨 파젯(Jason Padgett)은 노래주점에서 낯선 남성들과 싸움에 휘말렸다가 뇌를 크게 다쳤다. 이후 그는 심각한 스트레스 장애를 겪게 되었는데, 이때 그의 인생을 바꿀 신기한 경험을 하게 된다. 갑자기 모든 장면들이 픽셀 수준의 정지화면으로 보이기 시작했고, 각 장면들이 선으로 연결되어 실시간으로 움직이기 시작한 것이다. 세상을 기하학적으로 바라보는 수학적 재능을 얻게 된 것이다. 사고를 당하기 전까지 그의 수학 실력은 형편없는 수준이었다.

마이애미대학의 베리트 브로가드(Berit Brogaard)가 그의 뇌를 fMRI로 촬영한 결과 좌측 두정엽이 크게 활성화되어 있었다. 두정엽은 아인슈타인의 뇌에서도 중요한 특징으로 부각되었던 부위다. 2007년 연구에 따르면, 수학자의 경우 두정엽 피질의 회백질이 일반인에 비해 많다. 결국 천재성은 뇌의 기능과 관련이 있다.

천재는 뇌를 100% 활용한다?

영화 〈루시〉의 주인공은 합성 마약이 온몸에 퍼지면서 뇌를 100% 활용하는 경험을 하게 된다. 뇌를 최대치로 활용할 수 있게 되면서 그녀는 마침내 신적인 능력을 갖게 된다. 사람들은 흔히 인간에게 무한

한 잠재력이 있으며, 실제 삶에서는 이 잠재력을 충분히 발휘하지 못한다고 생각한다. 나아가 뇌를 일부밖에 사용하지 못하기 때문에 자신의 잠재력이 밖으로 표출되지 못한다고 믿는 경향이 있다. 정말 우리는 뇌가 지닌 능력의 최대치를 사용하지 못하는 것일까?

나중에 살펴볼 기회가 있겠지만, 우리 뇌는 가소성(可塑性)을 가지고 있기 때문에 노력에 따라 어느 정도까지 뇌의 연결을 개선하거나 발달시킬 수 있다. 실제로 뇌의 일부분을 잃어도 특정 기능을 학습하거나 수행하는 데 문제가 없는 경우도 많다. 하지만 이것이 뇌를 100% 사용하지 않는 것을 의미하지는 않는다. 뇌가 일정 부분 손상되었다고 해서 손상된 비율만큼 기능을 상실하는 것은 아니기 때문이다.

특정 재능을 뇌의 영역과 연계시키기도 어렵다. 음악적 재능을 예로 들어보자. 2007년 연구에 따르면, 전문적인 음악인들은 뇌의 브로카(Broca) 영역이 발달해 있다. 이 영역은 언어 생성과 이해를 담당하는 곳이다. 하지만 2018년 연구에 따르면, 같은 음악인이라도 재즈와 클래식 연주자가 사용하는 뇌 영역이 다르다. 연구팀은 피아니스트 30명을 피아노 앞에 앉히고 컴퓨터 모니터에 나타난 코드대로 연주하도록 했다. 그런 다음 뇌파를 측정해보았더니 재즈 피아니스트와 클래식 피아니스트는 같은 악보를 연주할 때도 뇌파 신호가 나타나는 영역이 달랐다.

연구팀은 재즈 연주자와 클래식 연주자가 다른 신경회로를 사용하는 이유를 연주 방식에서 찾았다. 클래식 연주자들은 정확한 연주에 집중하는 반면, 재즈 연주자들은 즉흥적으로 화음을 창조하기 위해 노력한다는 것이다. 이는 음악의 종류에 따라 신경회로의 활성화 방식이 달라진다는 것을 의미한다. 뇌는 한순간도 쉬는 법이 없다. 우리는 때로 뇌의 네트워크 전체를 사용하기도 하고, 상황에 따라 뇌의 일부를 집중적으로 사용하기도 한다. 다만 뇌는 어떤 상황에 처했을 때, 그 상황에 대응하는 데 필요한 신경회로 모두를 활용한다.

좌뇌와 우뇌에 대한 오해

한때 심리상담가들은 아이의 특성을 좌뇌형과 우뇌형으로 구분해 설명하는 경우가 많았다. 논리적이고 분석적인 아이는 주로 좌뇌를 사용하고, 창의적이고 상상력이 풍부한 아이는 주로 우뇌를 사용한다고 믿은 것이다. 물론 뇌는 완전한 대칭이 아니기 때문에 좌뇌와 우뇌의 기능에도 차이가 있다. 좌뇌는 추상적인 언어나 사고, 수학적 계산, 추리 능력에 강하고, 우뇌는 전체적인 통찰과 예술적 직관에 강하다. 하지만 단순한 이분법으로 뇌를 구분해 아이의 특성을 결정짓는 것은 곤란하다.

인간은 양쪽 뇌를 모두 사용한다. 2013년 연구팀이 7~29세의 실험 참가자 1,011명에게 여러 과제를 수행하게 한 후 7,266개의 뇌 영역을 촬영한 결과, 좌뇌와 우뇌를 거의 똑같이 사용한 것으로 나타났다. 좌뇌와 우뇌는 뇌량(腦梁)으로 연결되어 서로 정보를 주고받는다. 만일 뇌량이 끊어지면 어떤 현상이 벌어질까? 과거에는 간질병이라 부르는 뇌전증 환자들을 치료할 때 뇌량을 자르는 절제술을 행하기도 했다. 이 과정에서 신경과학자들은 좌뇌와 우뇌의 기능이 다르다는 것을 발견했다. 그렇다면 뇌량을 절제하면 뇌의 기능이 두 가지로 분리되는 것일까?

신경과학자들은 좌뇌와 우뇌의 기능을 알아볼 때 '와다 테스트(Wada test)'를 이용한다. 이 테스트는 뇌의 반쪽을 마취시킨 뒤 나머지 반쪽의 기능을 알아보는 방법이다. 와다 테스트 결과 마취된 뇌는 다른 쪽 뇌의 활동을 인지하지 못한다. 그렇다면 뇌량이 절제되었을 때 우리 안에 두 개의 자아가 활동할지 모른다는 추정이 가능하다. 2017년에 이를 확인하기 위한 연구가 이루어졌다. 연구팀이 뇌량을 절제한 환자 22명을 대상으로 수술 전후의 변화를 분석했다. 하지만 뇌량이 끊긴 사람은 언어 기능 등을 제외하면 이전과 큰 차이가 없었다. 언어를 사영하는 능력은 좌뇌가 큰 역할을 담당하지만 대부분의 기능들은 양쪽 뇌가 거의 대등하게 담당하고 있다.

뇌량이 끊기더라도 양쪽 뇌의 연결이 완전히 끊긴 것은 아니다. 뇌량을 절제해도 감각과 운동을 담당하는 1차 감각운동피질이나 시각 정보를 처리하는 1차 시각피질의 연결은 어느 정도 남아 있다. 또 좌뇌와 우뇌는 뇌량만이 아니라 아래쪽의 신경섬유들로 연결되어 있다. 따라서 뇌량을 절제한 뒤에도 일상생활을 하는 데는 큰 어려움이 없다.

천재성이 타고난 것인지, 아니면 학습을 통해 발현되는 것인지는 단정하기 어렵다. 분명한 것은 천재성이 뇌를 통해 발현되며, 천재는 타고난 재능과 후천적 학습을 동시에 충족시킨 사람이라는 것이다.

천재, 부러워할 필요 없다

우리가 기억하는 천재들 중에서 행복한 삶을 살다 간 사람은 많지 않다. 특히 예술 분야에서 천재적 재능을 보여준 이들 중 불행한 삶을 살았던 이가 많다. 꼭 천재로 인정받지 못했더라도 문학이나 미술, 음악을 전공한 사람 중에 괴팍한 사람들이 많았다. 골방에 처박혀 자기만의 세계를 탐닉하는 사람도 적지 않다. 이들은 세상과 타협할 줄 모르고 고집불통이며 자존심이 강하다. 또 세상을 즐길 줄 모르고 타인과 불편한 관계를 맺으며 저 잘난 맛에 산다.

천재의 미래는 탄탄대로일까?

세상에서 천재로 인정받으면 행복할 것 같지만, 지금까지의 연구 결과들을 보면 꼭 그렇지만은 않다. 창의력과 괴벽은 같은 뿌리를 갖고 있다. 연구자들에 따르면, 걱정이 많고 신경질적인 사람이 더 창의적인 특성을 보인다. 이들은 고뇌가 너무 많아서 탈이다. 삶과 무관한 정보조차 그냥 흘려보내지 않기 때문이다.

2015년 영국 연구팀은 걱정이나 불안감 같은 부정적 정서가 상상력과 높은 상관관계가 있다는 연구 결과를 발표했다. 상상력이 풍부한 사람은 자가발전적 사고가 강한데, 이런 특성이 독창성을 촉진하지만 부정적 감정을 만들어낸다는 것이다. 천재성을 가진 사람은 자기 내면에 집중하는 내측 전전두피질 및 공포와 불안감을 관장하는 편도체가 민감하게 반응한다. 이 때문에 천재들은 아무것도 아닌 일에 예민하게 반응하고, 벌어질 것 같지 않은 일을 미리 상상하면서 괴로워한다. 천재들 중에 우울증을 앓았던 사람이 많은 것도 이 때문이다.

안타깝게도 창의력이 뛰어난 사람은 범죄자가 될 가능성이 높고 약물, 도박, 알코올중독에 빠져 정상적인 삶에서 일탈할 가능성도 높다. 이런 사람들은 자기 세계에 빠져 스스로를 돌보지 않는 경우도 허다하다. 문학사에 남은 작품을 남긴 시인 중에는 젊은 나이에 세상을 떠난 이들이 많고, 탁월한 재능을 보였던 배우나 뮤지션들이 약물에 중독되어 일찍 삶을 마감한 경우가 많은 것도 이와 무관치 않을 것이다. 이들은 속박에 강한 거부감을 갖고 있기 때문에 늘 일탈을 꿈꾼다.

2014년 연구에 따르면, 창의력이 높은 사람일수록 스스럼없이 규범에서 일탈할 뿐 아니라 불성실하다. 연구팀은 100~210명의 실험 참가자들을 대상으로 다섯 차례에 걸쳐 실험을 진행했다. 실험은 과제를 해결할 때 일정한 대가를 지불하는 방식으로 진행되었는데, 참가자들에게는 자신의 성과를 몰래 과장할 수 있는 기회가 주어졌다. 실험 결과 부정직하고 창조적인 행위를 하는 사람들에게서 한 가지 공통점이 발견되었다. 바로 '규칙 위반'이었다. 사람들은 불성실한 행동을 했을 때 자신의 행동을 정당화하기 위해 창의성을 발휘했고, 높은 창의성은 다시 불성실한 행동으로 이어졌다.

천재와 광인은 한 끗 차이

천재와 미치광이는 종이 한 장 차이라는 말을 들어보았을 것이다. 드라마나 영화에 등장하는 악당들은 주인공과 결전을 벌이는데, 이들이 악당이 된 이유는 대개 자기보다 조금 뛰어난 사람에 의해 기회를 박탈당했기 때문이다. 영화 속의 악당은 인정받지 못한 천재에 해당한다. 이들은 복수를 위해 자신의 천재성을 갈고닦다가 마침내 미치광이가 된다. 영화에 등장하는 천재 과학자나 예술인들도 대부분 괴짜다.

정말 천재와 광인은 종이 한 장 차이일까?

놀랍게도 많은 연구들이 이 견해를 지지하고 있다. 영국인 1,881명을 추적 조사한 2015년 연구에서는 조울증이 지능이나 창의성과 깊은 관계가 있는 것으로 나타났다. 조울증은 절정의 행복감과 우울증이 일정 주기로 반복해서 나타나는 정신적 증세를 말한다. 연구팀은 연구 대상자들이 8세일 때의 지능지수를 바탕으로 22~23세 때 조울증을 앓고 있는지를 조사했다. 그 결과 조울증 증세를 가진 상위 10%는 하위 10%에 비해 8세 때의 지능이 10점이나 더 높았다. 특히 언어 지능과의 상관관계가 가장 컸다. 머리가 좋고, 특히 언어능력이 뛰어난 사람은 조울증에 걸릴 확률이 훨씬 높은 것이다.

천재의 삶이 행복한 것은 아니다. 화가 빈센트 반 고흐를 떠올려보라. 고흐는 1888년 정신병원에 입원했다가 1889년 1월 스스로 왼쪽 귀를 자른 후 퇴원했다. 그의 대표작 중 하나인 〈별이 빛나는 밤〉은 이 무렵에 그린 것이다. 고흐가 어떤 정신질환을 앓았는지는 확실치 않지만 조울증을 의심하는 전문가들이 많다. 정신분열증으로 불리는 조현병도 의심해볼 수 있다. 2015년 로버트 파워(Robert A Power) 연구팀에 따르면, 조현병 역시 예술가적 창의성과 관련이 있다. 연구팀이 혈액을 기증한 14만 4,609명의 아이슬란드인을 분석한 결과, 예술가 집단에서 조현병이나 조울증 발병을 두세 배 높이는 유전자 돌연변이가 17% 더 많이 발견되었다.

시각적 인지능력이 탁월한 아이는 자폐 증상을 보일 위험도 높다. 2015년 테오도라 글리가(Teodora Gliga) 연구팀은 생후 9개월 때 뛰어난 시각적 인지능력을 보인 아이는 15개월~2세에 이르러 자폐 증상을 보일 위험이 높다는 연구 결과를 발표했다. 연구팀은 자폐증을 앓는 형제자매가 있는 유아 82명과 가족력이 없는 유아 27명을 대상으로 생후 9개월이 됐을 때 시각 인지능력과 자폐증 검사를 실시했다. 그런 다음 15개월과 만 2세 때 다시 자폐증 검사를 진행한 결과, 시각적 인지능력이 탁월했던 아이는 두 차례 검사에서 모두 자폐 증상을 보일 위험이 증가했다. 이 연구는 자폐아 중에서 미술에 천재적 재능을 보이는 아이가 많다는 사실을 뒷받침한다.

친재성과 광기의 경계는 흐릿하다. 친재는 매순간 놀라운 환희와 어두운 그림자를 모두 경험하는 듯 보인다. 천재성에는 늘 대가가 따른다. **위대한 천재들은 자신에게 주어진 운명에 고통스럽게 저항하면서도 묵묵히 그 길을 걸어간 사람들이다. 어쩌면 놀라운 재능의 대가로 주어진 천재의 고통은, 자신의 실수로 빚어낸 피조물에 대한 신의 질투일지도 모른다.**

내 아이는 천재가 아닐까? _ ① 공감각

모든 것을 기억하는 남자

솔로몬 셰르셉스키(Solomon Shereshevsky, 1886-1958)라는 러시아 남자가 있었다. 그는 1920년대에 신문사 기자로 일했는데, 상사의 지시 사항이나 취재 내용을 메모하지 않고 모조리 외울 만큼 기억력이 탁월했다. 그의 능력에 주목한 심리학자 알렉산드르 루리야(Aleksandr R. Luriya)가 솔로몬의 기억력을 테스트했다. 당시 솔로몬은 29세로, 어릴 적 귓병을 앓은 후 청력이 손상된 상태였다. 기억력 검사에서 그는 단어와 숫자로 구성된 70개열을 빠짐없이 외웠을 뿐 아니라 역순으로도 술술 외웠다. 단지 보는 것만으로 모든 것을 기억했던 것이다. 아무 의미 없는 글자나 나열도 그대로 기억해냈고, 16년이 지난 뒤에도 기억이 사라지지 않았다.

망각할 수 없다는 것은 큰 고통이다. 훗날 솔로몬은 기억술사로 활동하면서 수많은 정보들을 외웠지만, 기억을 지우지 못해 늘 고통을 겪었다. 그는 기억을 없애기 위해 기억하고 싶지 않은 것을 종이에 적어 태워보았지만, 다고 남은 재만 보아도 다시 기억이 떠올랐다. 오랜 시도 끝에 그는 기억을 지울 수 있는 방법을 알아냈다. 그가 터득한 방법은 기억하고 있는 것들의 이미지를 원래 놓아두었던 곳에서 말끔히 치워버리는 것이었다. 그가 기억의 창고를 청소하기로 마음먹자 신기하게도 기억된 이미지들이 순식간에 사라져버렸다.

그는 모든 것을 이미지로 바꾸어 기억했다. 수학적 계산도 이미지로 전환시켜 답을 찾을 정도였다. 이 때문에 3과 8처럼 비슷한 모양의 숫자를 잘못 기억하기도 했다. 오랜 기간 그를 연구한 루리야는 솔로몬의 기억력이 공감각 때문이라고 결론지었다. 공감각이란 두 개 이상의 감각을 결합해 인식하는 능력을 말한다. 예컨대 숫자 1에서 특정 색을 보거나 냄새, 맛, 체온 같은 것을 느끼는 능력이다. 연구자들에 따르면 시각, 청각, 후각, 미각, 촉각이 결합해 31가지 공감각을 만들어낼 수 있다고 한다.

솔로몬은 후각을 제외한 나머지 네 감각을 결합시킬 수 있었다. 그는 기억해야 할 것을 특정 장소에 넣어두는 방법을 이용했다. 그가 가까스로 불필요한 기억을 지울 수 있었던 것은 여러 공간에 넣어두었던 기억의 이미지들을 청소할 수 있었기 때문이다. 그는 이미지 연상을 통해 심장박동을 조절하거나 체온을 변화시킬 수도 있었다. 뛰어가는 모습을 상상하면 심장박동 수가 증가하고, 손에 얼음이 있다고 상상하면 체온이 내려가는 방식이다. 하지만 놀라운 기억력에는 부작용도 뒤따랐다. 어떤 이야기를 들으면 수많은 이미지들이 머릿속에서 충돌하는 바람에 이야기의 맥락을 이해하지 못했다. 특히 동음어나 은유 등은 거의 이해하지 못했다. 루리야는 이를 '감각과 벌이는 투쟁'이라고 표현했다.

공감각의 놀라운 능력

음악을 들으면서 형형색색의 음표들이 춤추는 모습을 눈으로 볼 수 있다고 상상해보라. 또는 책을 읽으면서 총천연색의 글자들이 나열되어 있는 모습을 본다거나 그림에서 각양각색의 냄새를 맡는다고 상상해보라. 아마 세상이 전혀 다른 모습으로 다가올 것이다.

공감각은 이미 수백 년 전에 보고되었고, 우리가 알고 있는 인물 중에서 공감각을 가진 사람도 많다. 추상화가 칸딘스키는 그림을 보면서 음악 소리를 들었고, 음악가 리스트는 음악에서 색을 느꼈다. 《롤리타》의 작가 블라디미르 나보코프 또한 글자를 보면서 각각의 색을 느꼈으며, 그의 부인과 아들도 공감각 능력을 지니고 있었다. 그래서 아들은 알파벳 M에서 라일락 색을 보고, 아내는 파란색을 보았으며, 나보코프는 분홍색을 보았다. 팝 가수 레이디 가가도 공감각을 가진 것으로 알려져 있다.

나보코프가 가진 공감각은 자소-색(字素-色) 공감각으로, 가장 흔하게 발견되는 공감각이기도 하다. 이들은 글자나 숫자에서 특정 색을 본다. 배열-공간 공감각을 가진 이들은 글자나 숫자가 특정 공간에 위치하는 것으로 보인다. 모든 것을 기억했던 솔로몬이 여기에 해당한다. 음악-색 공감각은 일정한 음에서 색을 보고, 촉각-색 공감각은 촉감이 색으로 느껴진다. 또 거울-촉각 공감각은 다른 사람이 느낀 촉감을 직접 느끼고, 어휘-미각 공감각은 단어에서 맛을 느낀다. 배열-인격 공감각은 글자나 숫자의 배열에서 인격을 느낀다. 예컨대 글자에서 남성과 여성을 느끼거나 수줍음이나 활달함 같은 성격을 느낀다.

연구에 따라 다르지만, 대개 성인의 0.5~4.4%가 다양한 형태의 공감각을 가지고 있는 것으로 알려져 있다. 예술인 중에서 공감각을 가진 경우가 많고, 여성과 왼손잡이에게서 더 많이 발견된다. 특히 예술가, 시인, 소설가들에게서 보통 사람들보다 6~7배나 많은 공감각자들이 발견된다고 한다. 이들의 공통점은 은유를 많이 사용하는 것이다. 하지만 예술적 재능이 없더라도 모든 사람은 미약하나마 공감각 능력을 가지고 있다. 밝은 색이나 둥근 모양을 보면 누구나 푸근함을 느끼고, 차가운 색이나 예리한 모양을 보면 긴장감을 느낀다.

공감각은 타고나는 것일까?

공감각에 대한 연구가 본격적으로 시작된 것은 1980년대 후반이다.

지금까지의 연구에 따르면, 선천적으로 공감각을 타고나는 사람도 있고 후천적으로 공감각을 갖게 된 경우도 있다. 후천적 공감각은 강력한 환각제를 흡입하거나 환각 성분에 노출되었을 때, 뇌 손상이나 시력을 잃었을 때 나타나는 것으로 알려져 있다.

선천적으로 공감각을 타고난 사람은 무엇이 다를까?

2012년 독일 연구팀은 일란성 쌍둥이 66쌍, 이란성 쌍둥이 34쌍을 대상으로 촉각 실험을 진행했다. 그 결과 촉각 능력에도 유전적 요인의 영향이 크다는 것을 확인했다. 이란성 쌍둥이보다 일란성 쌍둥이의 촉각 능력이 더 뛰어났던 것이다. 연구팀은 촉각 능력을 결정하는 유전자를 찾기 위해 선천적으로 청각장애를 가지고 태어났다가 시각장애로 이어지는 어셔증후군(Usher syndrome) 환자 48명을 대상으로 촉각 실험을 진행했다. 그 결과 청각장애를 일으키는 70여 개의 유전자 중에서 USH2A를 비롯한 아홉 개의 유전자 돌연변이가 어셔증후군과 관련이 있는 것으로 확인되었다. USH2A 유전자는 청각과 촉각에 모두 관여하기 때문에, 청각과 촉각이 같은 유전적 기반에서 진화했음을 알 수 있다. 한 개의 유전자가 두 가지 이상의 감각에 관여한다는 것은 공감각이 먼 과거에도 존재했다는 것을 의미한다.

2018년에는 네덜란드와 영국 공동연구팀이 '소리-색 공감각'을 보이는 세 가족을 분석해 공감각자들이 가지고 있는 변이 유전자 37개를 찾아냈다. 하지만 어느 가족에서도 3세대에 걸쳐 유전되고 있다는 사실은 발견하지 못했다. 하지만 여섯 개의 변이 유전자는 공통적으로 뉴런과 뉴런이 연결되는 시냅스 부위에 산재해 있었다. 연구팀은 변이 유전자의 영향으로 축삭돌기가 방향을 잃고 다른 감각 영역으로 연결되면 공감각이 일어날 수 있다고 추정했다.

이제 공감각이 어떻게 생겨나는지 눈치챘을 것이다. 선천적 공감각은 뇌의 신경세포를 연결하는 시냅스가 유전적 요인에 의해 다른 영역으로 연결되었을 때 생긴다고 볼 수 있다. 또 후천적 공감각은 본래 감각을 처리하는 뇌 영역이 손상을 입었을 때, 다른 감각을 처리하던 영역이 그 기능을 대신하는 과정에서 생겨난 것으로 보인다. 두 경우 모두 시냅스가 연결되는 과정에서 발생한다. 숫자-색 공감각을 예로 들면, 색과 숫자를 처리하는 뇌 영역이 아주 가까이 위치해 있기 때문에 시냅스가 잘못 연결될 수 있다. 신경과학자들은 가까이 인접해 있는 감각 영역이 서로 정보를 주고받는 현상을 '교차 활성화'라고 표현한다.

모든 아이는 공감각을 가지고 있다

공감각을 가진 사람들은 어느 시점에서 시냅스의 연결이 잘못된 것일까?

신경과학자들은 누구나 어린 시절에는 공감각을 가지고 있었다고 말한다. 뇌의 배선이 불완전한 상태에서는 교차 활성화가 활발하게 일어날 수 있다는 것이다. 뇌는 태아 시절부터 시냅스 연결이 폭발적으로 증가한다. 이 과정에서 교차 활성화가 일어나 공감각이 생길 수 있다.

하지만 뇌는 모든 연결을 필요로 하지 않기 때문에 성장 과정에서 불필요한 시냅스를 솎아내는 '가지치기' 작업을 진행한다.

발달심리학자 다프네 마우러(Daphne Maurer)는 1980년대 말에 아이의 뇌가 성숙하면서 7~9세 무렵까지 신경 연결망이 간추려지고, 그 과정에서 공감각 역시 줄어들거나 사라진다는 가설을 내놓았다. 이 가설은 여러 연구자들에 의해 검증되었다. 가령 생후 6개월 된 아이는 말소리를 들었을 때 청각과 시각을 담당하는 영역이 동시에 활성화되었지만 시간이 지나면서 이런 현상이 점차 줄어들었고, 세 살을 넘어서자 완전히 사라졌다. 2009년에는 두 명의 심리학자가 영아들의 자소-색 공감각을 실험한 결과, 생후 2~3개월 된 아이들은 공감각을 가지고 있었지만 8개월이 지나자 이러한 능력이 사라지는 것을 확인했다. 하지만 연결이 고정되고 나면 공감각은 더욱 강화되는 것으로 보인다. 2009년 신경과학자 줄리아 시너(Julia Simner) 연구팀이 영국의 6~7세 아동 615명을 대상으로 자소-색 공감각 테스트를 진행했다. 이 중 가장 높은 점수를 받은 47명을 1년 후와 3년 후에 다시 테스트한 결과, 성장할수록 공감각이 증가하는 것으로 나타났다.

영아의 뇌는 연결의 밀도가 아주 높다. 이 시기에는 상상하는 대로 보고 듣고 느끼는 것처럼 보인다. 하지만 뇌가 발달하면서 필요한 연결만 남고 사용하지 않는 연결은 제거된다. 제거 작업이 이루어지지 않으면 인접한 뇌 영역으로 엉뚱한 신호가 전달될 수 있다. 따라서 공감각은 연결 제거 작업이 충분히 이루어지지 않아 생겨나는 것으로 보인다.

제거 작업이 원활하게 이루어지지 않는 것은 유전자 변이 때문일 수 있고, 신경 화학물질의 불균형이나 뇌 손상이 원인일 수도 있다.

시냅스 연결의 이상으로 생긴 것이라 해도, **공감각은 병이 아니며 해를 끼치지도 않는다. 오히려 예술적 재능이 있는 아이라면 공감각이 축복이 될 수도 있다. 공감각이 예술적 천재를 만드는 것은 아니지만, 천재적 예술가에게는 필요한 능력이다.**

내 아이는 천재가 아닐까? _ ② 서번트증후군

기억력의 귀재, 킴 픽

서번트증후군을 애기할 때 가장 자주 언급되는 사례는 영화 〈레인맨〉의 실제 주인공 킴 픽(Kim Peek)이다. 그는 1951년에 뇌가 기형인 채로 태어났다. 그의 지능지수는 87로 평균에 훨씬 못 미쳤지만, 1,000여 권의 책을 읽은 후 거의 완벽하게 내용을 요약할 수 있었다. 한 페이지를 읽는 데 불과 8~10초밖에 걸리지 않았으며, 아무리 어려운 책도 한 시간 내에 독파해버렸다. 또 별 의미가 없는 우편번호부나 전화번호부도 사진 찍듯 통째로 외우고, 100년 전 오늘이 무슨 요일이었는지 정확히 짚어냈다. 킴 픽은 놀라운 기억력을 가지고 있었지만 수학처럼 추론 능력이 필요한 문제는 해결하지 못했다고 한다.

서번트증후군

일반적으로 서번트(savant)는 다운증후군이나 자폐증을 가진 사람 중 특정 분야에서 천재적인 재능을 발휘하는 사람들을 일컫는다. 이들의 IQ는 평균에 미치기 못하기 때문에 지적인 천재는 아니다. 이들의 천재성은 기억력, 미술, 음악 영역 등에 한정되어 있다. 이 때문에 이들을 '바보 천재(idiot savant)'라 부르기도 한다.

이들의 비범한 기억력은 과잉기억증후군을 가진 사람과 차이가 있다. 서번트증후군을 가진 사람은 책을 스캔하듯이 통째로 기억하는 반면, 과잉기억증후군을 가진 사람은 과거의 에피소드를 완벽하게 기억한다. 즉 서번트증후군을 가진 사람은 10년 전 5월 27일이 무슨 요일인지 알 수 있지만 그날의 경험은 기억하지 못한다. 하지만 과잉기억증후군을 가진 사람은 그날이 무슨 요일인지 계산할 수 없지만 아침에 먹은 메뉴를 기억할 수 있다. 서번트증후군을 가진 사람이 기억하는 것은 단순한 정보, 즉 숫자, 시간표, 이름, 요일, 날짜 같은 것들이다.

기억력 못지않게 놀라운 것은 미술이나 음악 분야에서의 특별한 재능이다. 이들의 그림 실력이 어느 정도인지는 신경과학자 라마찬드란(V. Ramachandran)이 소개한 다음의 그림을 통해 알 수 있다. 세 개의 그림 중 어린아이의 그림과 레오나르도 다빈치의 스케치가 있다. 다빈치의 스케치는 어느 것일까?

그림 (c)는 누가 보아도 어린아이의 그림이고, 다빈치의 스케치는 그

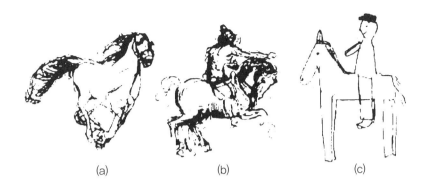

(a)   (b)   (c)

림 (a)이거나 그림 (b)일 것이다. 그렇다면 둘 중 어느 것이 다빈치의 그림일까? 놀랍게도 그림 (a)는 자폐증을 가진 다섯 살짜리 아이 나디아의 그림이다. 재미있는 것은 자폐증이 호전되면서 나디아의 미술적 재능도 함께 사라졌다는 점이다.

천재적 재능은 어디에서 오는가?

서번트증후군의 원인에 대해서는 아직 명확히 밝혀진 바가 없지만, 몇 가지 가설이 존재한다. 가장 널리 받아들여지고 있는 가설은 손상된 좌뇌의 기능을 우뇌가 보완하면서 나타나는 현상이라는 것이다. 잘 알려져 있듯이 좌뇌는 논리, 언어, 추상적 사고를 담당하고, 우뇌는 주로 시각과 같은 감각적 기능을 담당한다. 좌뇌가 손상된 후 우뇌가 좌뇌의 기능까지 도맡게 되면서 특별한 재능이 나타난다는 것이다.

이 가설은 2009년 위스콘신의대 연구팀에 의해 확인된 바 있다. 연구팀이 서번트증후군을 가진 사람들의 뇌를 분석한 결과, 좌뇌가 손상을 입었거나 좌뇌와 우뇌의 연결이 끊겨 있는 사실을 발견했다. 실제로 서번트증후군을 지닌 사람들 가운데는 좌뇌가 손상된 사람들이 많다. 예컨대 이들 중에서 음악적 재능을 지닌 사람은 한번 들은 곡을 악보 없이 연주해낼 수 있지만 리듬감은 별로인 경우가 많다. 리듬감은 어느 한쪽 뇌에 편중되지 않고 대뇌피질 양쪽이 모두 관장하는 반면, 멜로디나 하모니는 주로 우뇌가 담당한다. 따라서 좌뇌가 손상될 경우 리듬감에 문제가 발생하는 대신 우뇌의 기능은 놀라우리만큼 향상된다. 두 개의 트랙 중 하나가 손상되면 남아 있는 트랙에 능력을 집중시키기 때문이다.

서번트증후군을 가진 아이는 좌뇌에 장애가 있기 때문에 대개 지능이 낮고 언어와 추리 능력이 떨어진다. 좌뇌의 손상으로 우뇌의 기능이 발달하게 되면 모든 정보를 시각적 이미지로 저장할 수 있게 된다. 이것이 놀라운 기억력의 비밀이라 할 수 있다.

후천적 서번트증후군

대부분의 서번트증후군은 신경 연결이 왕성하게 일어나는 태아 시절에 형성된다. 엄청난 속도로 시냅스가 연결되는 태아 시절에 신경이 잘못 배선되면 좌뇌의 기능 일부를 잃을 수 있다고 한다. 하지만 어린 시절에 아무런 문제가 없다가 나이가 들어 서번트증후군이 나타나는 사람도 있다. 뉴욕에서 정형외과 의사로 활동하던 토니 시코리아(Tony Cicoria)는 1994년 공중전화 부스에서 나오다가 벼락을 맞은 후 갑자기 피아니스트로 변신했다. 또 영국인 토미 맥휴(Tommy McHugh)는 마약중독자로 살아가다가 51세에 헤로인 중독의 부작용으로 뇌졸중을 앓은 후 갑자기 시인이자 화가가 되었다.

어떻게 이런 일이 벌어질 수 있을까? 지금까지의 여러 연구들을 종합하면, 후천적 서번트증후군의 공통점은 좌측 측두엽 앞부분이 손상되었다는 점이다. 2003년 앨런 스나이더(Allan Snyder) 연구팀은 이 영역을 자기장으로 자극해 참가자들의 예술적 능력이 향상되는 것을 확인한 바 있다.

자폐증과 서번트증후군

지금까지 알려진 바로는 서번트증후군을 가진 사람의 절반 정도가 자폐증을 앓고 있다. 또 2009년에 발표된 대럴드 트레퍼트(Darold A. Treffert)의 연구에 따르면, 자폐증 환자의 10%가 특정 분야에서 천재적 재능을 보인다. 자폐증은 공감각 능력과 관련이 있는 것으로 알려져 있다. 2013년 영국의 바론—코헨(Baron-Cohen) 연구팀이 자폐증을 가진 성인과 일반인 집단을 대상으로 검사한 결과, 자폐증이 있는 성인 중 공감각 능력을 지닌 사람은 일반인보다 세 배 가까이 많았다. 과학자들은 어린 시절에 뇌의 신경망에서 '가지치기'가 원활하게 일어나지 않을 경우, 불필요한 연결망이 그대로 남아 공감각과 자폐증을 초래한다고 믿고 있다. 자폐증과 공감각 그리고 서번트증후군이 한 뿌리에서 생겨난 것일 수 있다는 얘기다.

　신경과학자들의 오랜 노력으로 자폐증을 일으키는 원인은 일부나마 규명되었다. 자폐증 환자의 가장 큰 특징은 뇌 신경조직에서 미세아교세포가 지나치게 활성화되어 있다는 것이다. 미세아교세포는 중추신경계의 조직을 지지하는 세포로, 신경세포에 필요한 화학적 환경을 조성하는 역할을 한다. 2010년에는 13명의 자폐증 환자 중 9명의 뇌 조직에서 미세아교세포가 비정상적으로 크다는 사실이 밝혀지기도 했다. 자폐증을 일으키는 것으로 알려진 몇몇 유전자 역시 미세아교세포와 관련이 있는 것으로 밝혀졌다. 2017년 신경과학자 매튜 앤더슨(Matthew P. Anderson) 연구팀은 자폐증을 일으키는 유전자로 UBE3A 유전자 돌연변이를 지목했다. 흥미롭게도 이 유전자 돌연변이는 사회성을 억제한다. 이러한 증상은 사회성이 부족한 자폐증과 유사하다.

　자폐증은 남자아이들에게서 훨씬 많이 나타난다. 연구자에 따라 다르지만, **남자아이들이 자폐증으로 진단받는 빈도는 여자아이들보다 2~6배 높다. 남자아이들은 미세아교세포의 발현과 관련된 유전자의 활성이 높다. 연구자들은 남성호르몬인 테스토스테론이 남자아이의 미세아교세포에 영향을 미쳐 자폐증에 걸릴 가능성을 높이는 것으로 추정하고 있다.**

창의성이란 무엇인가?

창의성은 천재만의 특성일까?

창의성이란 말을 들으면 금세 에디슨이나 스티브 잡스 같은 인물이 떠오를 것이다. 우리 세대도 어린 시절에 에디슨의 전기를 읽으며 자랐다. 그의 전기를 읽으면서 얻었던 교훈은 상식과 통념에 얽매이지 말라는 것이다. 하지만 에디슨의 부모나 교사가 그랬듯이, 어른들은 아이의 창의력을 거의 인정하지 않는다. 만일 당신의 아이가 엉뚱한 상상을 하고 상식에 어긋나는 일에 도전한다면, 아이의 뜻을 존중해줄 것인가?

그러기는 쉽지 않은 것이다. 기업도 마찬가지다. 기업에서는 늘 창의적 인재를 원한다고 말하지만, 한 사람의 창의성을 온전히 받아들이는 기업은 거의 없다. 스티브 잡스 역시 자신의 생각을 받아들이지 않는 환경 때문에 오랫동안 고전했다. 대부분의 조직은 창의성을 장려하지만, 실제로는 매우 골치 아프고 황당하며 당장 얻을 것이 없다는 편견을 가지고 있다.

사람들은 창의성을 발휘하는 사람들이 어느 순간에 놀라운 아이디어를 떠올리는 천재라고 생각하는 경향이 있다. 하지만 전문가들은 이런 견해에 회의적이다. 창의성은 아르키메데스가 욕조에서 "유레카!"를 외치며 부력의 원리를 발견하는 것과 다르다는 것이다. 오히려 창의적 결과물은 기존에 존재하는 것을 바탕으로 생산되며, 그 과정은 느리고 반복적이다.

에디슨이 영사기를 발명하게 된 계기는 프락시노스코프(praxinoscope)를 보고 나서였다. 이 기구는 원통 안쪽에 그려진 그림을 돌리면 중간에 있는 다면(多面) 거울이 그림을 스크린에 비추어 연속적으로 움직이는 것처럼 보이게 한다. 에디슨이 발명한 영사기는 완전히 새로운 것이 아니라 기존에 존재하던 기구를 기술적으로 변화시킨 것이다. 이미 녹음기를 발명했던 에디슨은 사람의 동작도 소리처럼 저장할 수 있다는 것을 깨달았고, 1년도 지나지 않아 영사기 특허를 출원했다.

창의성이란 무엇인가?

창의력은 한마디로 정의하기 어려운 정신 능력 중 하나다. 일반적으로는 전혀 성격이 다른 대상에서 새로운 관계를 보는 능력, 비범한 아이디어를 산출하는 능력, 전통적인 사고 패턴에서 일탈하는 능력 등으로 설명한다. 이러한 정의에서 발견되는 하나의 공통점은 '새로움'이다. 하지만 새로움이 무에서 유를 창조하는 것을 의미하지는 않는다. 창의성은 기적 같은 아이디어가 아니라 축적된 경험과 지식에서 나온다.

창의력은 지적 능력에서 비롯되지만 일반 지능과는 다르다. 어느 수준을 넘어서면 지능과 창의력은 큰 관련이 없다. 지능이 높아도 창의력이 낮을 수 있고, 평범한 지능이라도 놀라운 창의력을 발휘할 수 있다. 그럼에도 일정한 지능이 필요한 이유는 창의성이 기존의 경험과 지식에 바탕을 두고 있기 때문이다. 기존의 것을 새롭게 변화시키고, 연결시키고, 재조직하려면 일정 수준의 지능이 필요하다.

창조적인 사람들은 자신의 지식과 경험을 새로운 상황이나 대상에 연결시킨다. 가령 뉴턴은 나뭇가지에서 사과가 떨어지는 상황을 지구의 중력과 연결시켰다. 눈앞의 상황을 전혀 다른 상황과 연결해 유추하는 능력이야말로 창의성의 핵심인 셈이다. **새로운 상황을 유추하려면 전통적인 사고 패턴에서 벗어나야 한다. 상식에서 완전히 벗어나서 유추할수록 더 창조적인 아이디어를 탄생시킨다.**

창의력이 가장 왕성한 나이는?

연구자들에 따르면 창의력은 25세에 절정을 이룬다. 2017년 프랑스 연구팀이 4세에서 91세까지 3,429명을 대상으로 창의성 실험을 진행했다. 그 결과 창의성은 4세부터 서서히 증가해 25세에 정점을 찍은 뒤

40세까지 완만하게 감소하는 것으로 나타났다. 40세부터 60세까지는 별다른 변화가 없다가 60세 이후에는 창의성이 급격히 떨어졌다.

미국 연구팀이 1956년부터 시애틀 주민 수천 명을 대상으로 진행해온 '시애틀 종단 연구'에서 사람의 계산 능력은 25세에 가장 높았다. 또 귀납적 추리 능력과 공간지각 능력은 46세, 어휘 능력과 언어 기억 능력은 60세가 가장 높았다. 또 2015년 미국 연구팀이 4만 8,537명을 대상으로 온라인 게임을 통해 진행한 연구에 따르면, 단기 기억력은 25세를 정점으로 점차 하락하는 추세를 보였다. 또 글이나 이미지에 대한 정보처리 능력은 18~19세, 얼굴 인식 능력 및 암산 능력은 30대 초반, 타인의 눈에서 심리 상태를 읽는 능력은 40~50대에 최고조에 이르렀다. 하지만 전반적인 지식은 50세 이후까지 증가했다가 70대 중반이 넘어서면서 감소했다.

20대야말로 무엇인가 이룰 수 있는 나이다. 아인슈타인은 25세에 '특수상대성이론'을 발표했고, 뉴턴도 그 나이가 되어 물리학이론의 뼈대를 세웠다. 또 구글, 마이크로소프트, 애플의 설립자들도 25세 무렵에 기업을 설립하거나 최고경영자 자리에 올랐다. 특히 예술가들의 경우에는 약관의 나이에 불꽃처럼 재능을 발휘하는 경우가 흔하다.

창의성이 샘솟는 뇌

2004년 마크 비먼(Mark Beeman)과 존 쿠니오스(John Kounios)는 창의성이

발현되는 뇌 영역이 오른쪽 상측두회라고 추정했다. 20여 명의 참가자들에게 창의성을 요구하는 퀴즈를 낸 후 fMRI로 스캔하자 답을 찾기 직전에 이 영역이 크게 활성화되었다. 이 영역은 느슨하게 연결되어 있는 정보를 종합하는 역할을 하는 것으로 알려져 있다. 앞서 언급했듯이, 이 영역은 언어 습득 및 외국어 학습을 하는 데도 중요한 역할을 한다.

음악가나 화가는 어린 시절에 예술적 천재성을 드러내는 경우가 많지만 문학가는 다르다. 문학은 표현 능력 이상으로 다양한 인지능력이 필요한 분야다. 특히 소설가는 다양한 지적 경험뿐 아니라 삶의 연륜을 필요로 한다. 시인 중에는 이른 나이에 천재성을 인정받는 사람이 많지만 소설가는 대개 중년 이후에 완성도 높은 작품을 내놓는다. 언어를 다루는 능력은 창의성과 깊은 관련이 있다.

전문적으로 글을 쓰는 사람과 초심자의 뇌는 무엇이 다를까? 2014년 독일 연구팀은 직업적으로 글을 쓰는 작가와 일반인들이 글을 쓸 때 뇌에서 어떤 변화가 일어나는지 fMRI로 촬영했다. 연구팀은 먼저 일반인들에게 이야기의 시작 부분을 보여주고 1분간 스토리를 생각하도록 한 다음 2분 동안 이야기 뒷부분을 쓰도록 했다. 이때 일반인들의 뇌를 촬영한 결과 시각을 담당하는 후두엽이 활성화되었다. 이는 앞으로 쓸 스토리를 이미지로 상상했다는 것을 의미한다. 이들이 막상 글을 쓰기 시작하자 해마와 전두엽이 활성화되었다. 해마는 기억을 떠올리는 데 관련이 있고, 전두엽은 여러 정보를 통합하는 역할을 한다.

따라서 글을 쓸 때 과거의 경험과 기억들을 통합해 활용하고 있다는 의미로 해석할 수 있다.

이번에는 전문가 수준의 작가 20명을 대상으로 같은 실험을 진행했다. 이들은 스토리를 떠올리는 단계에서 시각 영역이 아닌 언어 영역인 측두엽이 활성화되었다. 글쓰기에 숙련된 사람들은 스토리를 이미지로 상상한 것이 아니라 언어로 상상한 것이다. 또 글을 쓰는 단계에서도 초보자들이 사용하는 영역 외에 뇌 깊숙이 위치한 꼬리핵이 활성화되었다. 이 영역은 오랜 훈련을 통한 습관을 만들어낸다. 이들에게는 글을 쓰는 행위는 습관화된 기술이기도 한 것이다.

어떻게 창의성을 높일 수 있을까?

창의성은 노력을 통해 향상시킬 수 있는 걸까? 전문가들은 창의성이 발현되려면 충분히 이완된 상태에 있어야 한다고 지적한다. 창의성을 발휘하려면 갑작스런 도약이 필요한데, 이러한 도약은 책상 앞에 오래 앉아 있다고 발현되는 것이 아니라 긴장이 완전히 풀린 상태에서 이루어진다는 것이다. 그래서 중국 송나라의 문장가 구양수(歐陽修)는 글을 쓰기에 침상(枕上), 마상(馬上), 측상(厠上)만 한 것이 없다고 했다. 잠자리에 누웠을 때, 말안장에 올랐을 때, 화장실에 앉아 있을 때 사람들은 긴장을 풀고 한 가지에 몰입할 수 있다.

창의성을 자극하려면 전혀 관계가 없어 보이는 다른 분야와 만날 기회를 늘려야 한다. 아이들에게 필요한 것은 다채로운 체험이다. 다양한 체험은 새로운 대상에 대한 수용성을 높이고 유연한 사고력을 갖게 한다. 전문가들은 아이들을 지도할 때 창의력을 높일 수 있는 몇 가지 원칙을 제시하고 있다.

첫째, **개방성이다.** 아이가 생각하고 판단하는 것에 대해 편견을 가지지 않는 수용적인 태도를 말한다. 둘째, **다양성이다.** 아이들이 아무런 제약 없이 사고하고 다양한 접근을 시도할 수 있도록 허용하는 것이다. 셋째, **판단의 보류다.** 아이의 생각과 행동을 즉각적으로 판단하지 말고 자유로운 상상과 행동으로 이어질 수 있도록 평가를 미루는 것이다. 넷째, **통합성이다.** 아이들의 다양한 경험이 서로 연결되어 새로운 의미를 형성할 수 있도록 도와주는 것이다.

재능인가, 노력인가?

1만 시간의 법칙

노력을 칭송하는 격언들은 수없이 많다. 그러나 무언가를 성취하기 위해 노력해본 사람이라면 이런 질문을 던지고 싶을 것이다. 도대체 얼마나 노력해야 '노력'이라고 말할 수 있는가? 세상에는 노력해도 안 되는 일이 더 많고, 별다른 노력 없이 성공하는 사람도 많다. 처음부터 보통 사람들과는 비교할 수 없을 정도의 재능을 타고난 이들도 있다. 재능을 갖지 못한 사람들이 이들과의 경쟁에서 이기기는 매우 어렵다. 그런데도 사람들은 자녀들에게 노력하면 무엇이든 이룰 수 있다고 말하고, 최선만이 성공을 보장한다고 말한다. 사실 최선이라는 것은 존재하지 않는다. 어떤 노력을 하든지 그것이 최선이라고 말할 수는 없기 때문이다.

도대체 얼마만큼 노력해야 '최선'이라고 할 수 있을까? 1993년 심리학자 앤더스 에릭슨(Anders Ericsson) 연구팀이 이 질문에 답하기 위해 연구를 진행했다. 연구팀은 명문 음악학교 학생들을 대상으로 연주 수준과 연습 시간을 비교했다. 그 결과 입학 이전의 연습량에 따라 실력 차이가 확연히 드러났다. 연구팀은 엘리트 연주자와 아마추어 연주자 사이에서 나타나는 실력 차이는 연습량 때문이라는 결론을 내렸다. 2007년에는 재능이 뛰어난 사람도 최소한 10년 또는 1만 시간 이상 의도적인 연습을 해야만 국제무대에서 인정받을 수 있다는 연구 결과를 발표했다.

'1만 시간의 법칙'은 이 연구로부터 비롯되었다. 2008년 저널리스트 맬컴 글래드웰(Malcolm Gladwell)이 저서 《아웃라이어Outliers》를 통해 이 법칙을 소개하면서 세계적인 '노력 열풍'이 불었다. 1만 시간을 의도적이고, 집중적이며, 계획적으로 노력하면 성공할 수 있다는 메시지는 교사와 학부모, 기업의 CEO들에게 희소식이 아닐 수 없었다. 이들에게 실패나 포기는 자녀나 직원들이 게으름을 피우는 것을 의미했다. 죽어나는 것은 학생들과 말단 직원 그리고 별다른 재능 없이 무언가를 성취하려는 사람들이었다.

신화의 붕괴

데이비드 엡스타인의 저서 《스포츠 유전자The Sports Gene》는 두 명의 높이뛰기 선수에 대한 이야기로 시작된다. 첫 번째 선수는 2004년 아테네올림픽에서 금메달을 딴 스웨덴의 스테판 홀름(Stefan C. Holm)이고, 두 번째 선수는 2007년 세계육상선수권대회에서 우승한 바하마의 도널드 토머스(Donald Thomas)다.

홀름은 여섯 살 때 높이뛰기를 시작한 후 2만 시간의 훈련을 거친 끝에 올림픽에서 금메달을 따냈다. 하지만 그는 2007년 세계육상선수권대회에서 높이뛰기에 입문한 지 8개월밖에 되지 않은 도널드 토머스에게 패했다. 토머스는 친구들과 장난을 치다가 자신이 슬램덩크를 할 수 있다고 큰소리쳤고, 누군가 그에게 2미터 바를 넘어보라고 말하자 2.1미터를 쉽게 넘어버렸다. 그는 높이뛰기에 재능이 있음을 깨닫고 육상 선수가 되었다. 재미있는 사실은 그가 대회에서 우승한 후 6년 동안 꾸준히 연습했지만 기록은 1센티미터도 더 올라가지 않았다는 것이다. 노력으로 이룰 수 있는 것이 아무것도 없었던 것이다.

이 사건이 아니더라도 몇몇 학자들은 1만 시간의 법칙에 의문을 품기 시작했다. 아르헨티나 체스 선수들을 대상으로 한 2007년 연구에서부터 다른 결과가 나왔다. 연구팀이 아마추어 체스 선수부터 노인에 이르기까지 104명을 조사한 결과, 수준이 낮은 사람이 높은 수준에 도달하려면 여덟 배나 더 많은 연습량이 필요했다. 일부는 최상의 수준에 도달하는 데 2년밖에 걸리지 않았지만 어떤 사람들은 26년이나 걸렸다. 더구나 평생 노력해도 최상급에 도달하지 못한 경우도 많았다. 노력은 별 의미가 없었다. 실력에 영향을 미치는 중요한 요인은 오히려

288

처음 훈련을 시작한 나이였다.

2014년에는 브룩 맥나마라(Brooke N. Macnamara) 연구팀이 재능과 노력에 관한 연구 논문 88개를 분석해 1만 시간의 법칙에 이의를 제기했다. 연구팀은 음악, 스포츠, 체스 경기 등에서 두각을 나타내는 사람들의 연습량과 실력을 분석했다. 그 결과 연습이 실력에 영향을 미치는 비중은 게임 26%, 음악 21%, 스포츠 18%, 학술 4%, 직업 1% 정도였다. 선천적 재능이 노력보다 훨씬 큰 비중을 차지했던 것이다. 선천적 재능과 함께 학습을 시작한 시기도 성공에 중대한 영향을 미쳤다. 어떤 분야든 이른 나이에 시작할수록 성공할 가능성이 컸다.

같은 해, 데이비드 햄브릭(David Z. Hambrick)이 이끄는 3개국 공동연구팀도 비슷한 결과를 얻었다. 연구팀은 2007년 아르헨티나 체스 선수들을 연구한 논문을 비롯해 체스와 음악 분야에서 이루어진 14건의 연구에서 1만 시간의 노력으로 최고 경지에 오른 사람들을 추려냈다. 그 결과 1만 시간의 노력을 통해 성공한 사람은 체스 34%, 음악 29.9%에 불과했다. 1만 시간의 법칙이 적용된 경우는 3분의 1 정도였던 것이다. 나머지 사람들의 성공 요인은 매우 다양하게 나타났다.

그래도 노력은 중요하다

부모는 자녀가 기대에 미치지 못할 때 이렇게 말한다.
"넌 머리는 무척 좋은데 노력을 안 해."

이 말은 자신이 물려준 유전자에는 문제가 없는데 자녀 개인에게 문제가 있다는 말과 같다. 1만 시간의 법칙도 마찬가지다. 유전적으로 또는 환경적으로 아무런 문제가 없는데 개인의 게으름이 문제라는 지적은 별로 설득력이 없다. 모든 것을 개인의 문제로 치환시켜버리기 때문이다.

물론 노력은 매우 중요하다. 특히 어떤 분야의 전문가가 되기 위해서는 엄청난 노력과 연습이 필요하다. 신체 지능이 뛰어난 육상 선수도 꾸준한 노력 없이 신기록을 세우는 것은 불가능하다. 하지만 모든 사람이 10년간 노력한다고 해서 성공이 보장되는 것은 아니다. 훌륭한 지도자가 곁에 있더라도 마찬가지다.

대부분의 스포츠 선수들은 어린 시절에 입문해 1만 시간 이상을 운동장이나 체육관에서 보낸다. 이들 중에는 목표의식 없이 계획적 훈련을 하지 않은 사람도 있을 것이다. 앤더스 에릭슨의 지적대로 이런 사람은 성공 가능성이 크지 않다. 실제로 이들은 상급 학교로 진학하면서 하나둘 경쟁에서 밀려나 선수 생활을 포기한다. 문제는 힘겨운 관문을 통과해 대학이나 프로스포츠 팀에 들어가도 최고 수준에 이른 선수는 여전히 소수라는 것이다. 이 차이를 연습 시간만으로 설명할 수는 없다.

노력이 중요한 이유는 인간이 가진 능력에는 한계가 있기 때문이다. 인간은 치타보다 빨리 달릴 수 없고, 원숭이보다 오랫동안 나무에 매달릴 수 없다. 따라서 인간이 최대한 발휘할 수 있는 능력에는 한계가 있고, 개인 간의 능력 차이도 그리 크지 않다. 가령 100미터 육상경기에서 세계 최고 기록과 일반인들의 기록은 두 배도 차이 나지 않는다. 이 차이는 노력과 훈련에 의해 어느 정도 극복될 수 있다. 선천적인 재능을 가지고 있더라도 일정한 한계치를 넘어서면 노력이 성공을 좌우하는 것이다.

어떤 연구자는 천재들도 특별한 재능을 타고나지 않았다고 주장한다. 예컨대 천재 화가 고흐는 27세에 이르러서야 화가가 되겠다고 결심했으며, 화가의 길에 들어선 후에도 한동안 당대의 유명한 화가들을 흉내 내는 데 그쳤다. 그의 독창적인 그림은 재능이 아니라 노력을 통해 완성되었다는 것이다. 그러나 부단한 노력에도 불구하고 고흐는 그가 살았던 시대에는 실력을 인정받지 못했다. 마찬가지로 피카소가 고흐와 같은 시대에 화가로 활동했더라도 무명으로 삶을 마감했을 가능성이 크다. 예술 분야에서는 모두가 천재일 수도 있고, 모두가 바보일 수도 있다. 예술 분야에서 천재의 기준은 고정되어 있는 것이 아니기 때문이다.

특정 분야에 관심을 갖거나 좋아한다는 것은 적어도 남만큼 할 수 있거나 남보다 잘할 수 있는 기대를 가지고 있다는 것을 의미한다. 이 기대는 자신의 재능에 대한 믿음에서 나온다. 자신에게 재능이 있다고 믿기 때문에 관심을 보이고, 재능을 인정받기 때문에 좋아하는 것이다. 따라서 한 분야에서 성공한 사람은 어느 정도 재능을 타고났다고 할 수 있다. 노력은 그 이후의 문제다. 재능을 어떻게 갈고닦느냐 하는 것이 성공을 좌우하는 것이다.

　노력은 성공의 필요조건이지만 충분조건은 아니다. 모든 성공은 엄청난 노력을 통해 이룬 것이다. 하지만 노력했다고 모든 사람이 성공하는 것은 아니다. 그런데도 우리는 곧잘 노력이 성공을 보장하는 것처럼 오해한다. 그것은 성공한 기업의 CEO들을 인터뷰해 몇 가지 성공 요인을 추출한 후 대중들에게 성공의 비법이라고 알려주는 것과 다를 바 없다. 노력했기 때문에 성공한 것이 아니라 성공했기 때문에 노력이 돋보이는 것이다.

　아이들의 노력은 당연히 칭찬해야 한다. 하지만 그보다 더 중요한 것은 좋아하는 것이 무엇인지 찾는 것이다. 좋아하면 성공할 가능성이 높다. 따라서 노력을 요구하려면 아이가 좋아하는 일에 발을 들여놓을 수 있게 도와주어야 한다.

참고문헌

프롤로그_ 심리학은 무엇을 할 수 있을까?

- Barrett, L. F. (2015). Psychology is not in crisis. *The New York Times*, A23.
- Carey, B. (2015). Many psychology findings not as strong as claimed, study says. *The New York Times*, 27, 215-216.
- Fanelli, D., & Ioannidis, J. P. (2013). US studies may overestimate effect sizes in softer research. *Proceedings of the National Academy of Sciences, 110*(37), 15031-15036.
- Gampa, A. et al. (2015). Estimating the reproducibility of psychological science. *Science, 349*(6251).
- Vohs, K. D., & Schooler, J. W. (2008). The value of believing in free will: Encouraging a belief in determinism increases cheating. *Psychological science, 19*(1), 49-54.

01. 아이가 세상을 배우는 법

갓난아이는 어떻게 세상을 배우는가?

- Eliot, L. (2011). *우리 아이 머리에선 무슨 일이 일어나고 있을까?*(안승철 역). 궁리.
- Meltzoff, A. N. 외. (2008). *아기들은 어떻게 배울까?*(곽금주 역). 동녘사이언스.
- Jones, S. S. (2009). The development of imitation in infancy. *Philosophical Transactions of the Royal Society B: Biological Sciences, 364*(1528), 2325-2335.
- Meltzoff, A. N., & Moore, M. K. (1977). Imitation of facial and manual gestures by human neonates. *Science, 198*(4312), 75-78.
- Meltzoff, A. N., & Borton, R. W. (1979). Intermodal matching by human neonates. *Nature, 282*(5737), 403-404.
- Oostenbroek, J., Suddendorf, T., Nielsen, M., Redshaw, J., Kennedy-Costan-

tini, S., Davis, J., ··· & Slaughter, V. (2016). Comprehensive longitudinal study challenges the existence of neonatal imitation in humans. *Current Biology, 26*(10), 1334-1338.

아이들은 왜 쓸데없는 걸 따라 할까?

- Blackmore, S. (2010). *밈*(김명남 역). 바다출판사.
- Berl, R. E., & Hewlett, B. S. (2015). Cultural variation in the use of overimitation by the Aka and Ngandu of the Congo Basin. *PloS one, 10*(3), e0120180.
- Buttelmann, D., Zmyj, N., Daum, M., & Carpenter, M. (2013). Selective imitation of in-group over out-group members in 14-month-old infants. *Child development, 84*(2), 422-428.
- Gergely, G., Bekkering, H., & Király, I. (2002). Developmental psychology: Rational imitation in preverbal infants. *Nature, 415*(6873), 755.
- Horner, V., & Whiten, A. (2005). Causal knowledge and imitation/emulation switching in chimpanzees (Pan troglodytes) and children (Homo sapiens). *Animal cognition, 8*(3), 164-181.
- Meltzoff, A. N. (1988). Infant imitation after a 1-week delay: long-term memory for novel acts and multiple stimuli. *Developmental psychology, 24*(4), 470-476.

아기들은 남을 어떻게 도울까?

- Bloom, P. (2015). *선악의 진화심리학*(이덕하 역). 인벤션.
- Bloom, P. (2010). The moral life of babies. *New York Times Magazine, 3*.
- Hamlin, J. K., Wynn, K., & Bloom, P. (2007). Social evaluation by preverbal infants. *Nature, 450*(7169), 557-559.
- Olson, K. R., & Spelke, E. S. (2008). Foundations of cooperation in young children. *Cognition, 108*(1), 222-231.
- Warneken, F., & Tomasello, M. (2006). Altruistic helping in human infants and young chimpanzees. *Science, 311*(5765), 1301-1303.

어떻게 정직한 아이로 키울 수 있을까?

- John Whitfield J. (2012). *무엇이 우리의 관계를 조종하는가*(김수안 역). 생각 연구소.
- Bateson, M., Nettle, D., & Roberts, G. (2006). Cues of being watched enhance cooperation in a real-world setting. *Biology letters, 2*(3), 412-414.
- Beaman, A. L., Klentz, B., Diener, E., & Svanum, S. (1979). Self-awareness and transgression in children: Two field studies. *Journal of personality and social psychology, 37*(10), 1835-1846.
- Bering, J. M., McLeod, K., & Shackelford, T. K. (2005). Reasoning about dead agents reveals possible adaptive trends. *Human nature, 16*(4), 360-381.
- Garrett, N., Lazzaro, S. C., Ariely, D., & Sharot, T. (2016). The brain adapts to dishonesty. *Nature neuroscience, 19*(12), 1727-1732.
- Grèzes, J., Frith, C., & Passingham, R. E. (2004). Brain mechanisms for inferring deceit in the actions of others. *Journal of Neuroscience, 24*(24), 5500-5505.
- Hu, X., Chen, H., & Fu, G. (2012). A repeated lie becomes a truth? The effect of intentional control and training on deception. *Frontiers in Psychology, 3*, 488.
- Lee, K. (2013). Little liars: Development of verbal deception in children. *Child development perspectives, 7*(2), 91-96.
- Lee, K., Talwar, V., McCarthy, A., Ross, I., Evans, A., & Arruda, C. (2014). Can classic moral stories promote honesty in children?. *Psychological Science, 25*(8), 1630-1636.
- Talwar, V., Arruda, C., & Yachison, S. (2015). The effects of punishment and appeals for honesty on children's truth-telling behavior. *Journal of Experimental Child Psychology, 130*, 209-217.
- Xu, D. J., Cenfetelli, R. T., & Aquino, K. (2012). The influence of media cue multiplicity on deceivers and those who are deceived. *Journal of Business Ethics, 106*(3), 337-352.

아이가 '자아'를 인지하는 시기는 언제일까?

- Darwin, C. (1998). *인간과 동물의 감정표현에 대하여*(최원재 역). 서해문집.
- Broesch, T., Callaghan, T., Henrich, J., Murphy, C., & Rochat, P. (2011). Cultural variations in children's mirror self-recognition. *Journal of Cross-Cultural Psychology, 42*(6), 1018-1029.
- Courage, M. L., Edison, S. C., & Howe, M. L. (2004). Variability in the early development of visual self-recognition. *Infant Behavior and Development, 27*(4), 509-532.
- Clary, D., & Kelly, D. M. (2016). Graded mirror self-recognition by Clark's nutcrackers. *Scientific reports, 6*(1), 1-11.
- Gallup, G. G. (1970). Chimpanzees: self-recognition. *Science, 167*(3914), 86-87.
- Cazzolla Gatti, R. (2016). Self-consciousness: beyond the looking-glass and what dogs found there. *Ethology Ecology & Evolution, 28*(2), 232-240.
- Horowitz, A. (2017). Smelling themselves: Dogs investigate their own odours longer when modified in an "olfactory mirror" test. *Behavioural processes, 143*, 17-24.
- Kelley, W. M., Macrae, C. N., Wyland, C. L., Caglar, S., Inati, S., & Heatherton, T. F. (2002). Finding the self? An event-related fMRI study. *Journal of cognitive neuroscience, 14*(5), 785-794.
- Lieberman, M. D. (2007). Social cognitive neuroscience: a review of core processes. *Annu. Rev. Psychol., 58*, 259-289.
- Plotnik, J. M., De Waal, F. B., & Reiss, D. (2006). Self-recognition in an Asian elephant. *Proceedings of the National Academy of Sciences, 103*(45), 17053-17057.
- Prior, H., Schwarz, A., & Güntürkün, O. (2008). Mirror-induced behavior in the magpie (Pica pica): evidence of self-recognition. *PLoS biology, 6*(8), e202.
- Rajala, A. Z., Reininger, K. R., Lancaster, K. M., & Populin, L. C. (2010). Rhesus monkeys (Macaca mulatta) do recognize themselves in the mirror: Implications for the evolution of self-recognition. *PLoS one, 5*(9), e12865.
- Ross, J., Yilmaz, M., Dale, R., Cassidy, R., Yildirim, I., & Suzanne Zeedyk,

M. (2017). Cultural differences in self-recognition: the early development of autonomous and related selves?. *Developmental science, 20*(3), e12387.

- Semendeferi, K., Teffer, K., Buxhoeveden, D. P., Park, M. S., Bludau, S., Amunts, K., ⋯ & Buckwalter, J. (2011). Spatial organization of neurons in the frontal pole sets humans apart from great apes. *Cerebral cortex, 21*(7), 1485-1497.

아이는 당신의 마음을 알고 있을까?

- 이대열 (2017). *지능의 탄생*. 바다출판사.
- Varki, A., Brower, D. (2015). *부정 본능*(노태복 역). 부키.
- Barrett, H. C., Broesch, T., Scott, R. M., He, Z., Baillargeon, R., Wu, D., ⋯ & Laurence, S. (2013). Early false-belief understanding in traditional non-Western societies. *Proceedings of the Royal Society B: Biological Sciences, 280*(1755), 20122654.
- Call, J., Tomasello, M. (2008). Does the chimpanzee have a theory of mind? 30 years later. *Trends in cognitive sciences, 12*(5), 187-192.
- Fletcher, P. C., Happe, F., Frith, U., Baker, S. C., Dolan, R. J., Frackowiak, R. S., & Frith, C. D. (1995). Other minds in the brain: a functional imaging study of "theory of mind" in story comprehension. *Cognition, 57*(2), 109-128.
- Krupenye, C., Kano, F., Hirata, S., Call, J., & Tomasello, M. (2016). Great apes anticipate that other individuals will act according to false beliefs. *Science, 354*(6308), 110-114.
- Martin, A., & Santos, L. R. (2014). The origins of belief representation: Monkeys fail to automatically represent others'beliefs. *Cognition, 130*(3), 300-308.
- Premack, D., & Woodruff, G. (1978). Does the chimpanzee have a theory of mind?. *Behavioral and brain sciences, 1*(4), 515-526.
- Southgate, V., Senju, A., & Csibra, G. (2007). Action anticipation through attribution of false belief by 2-year-olds. *Psychological science, 18*(7), 587-592.
- Wimmer, H., & Perner, J. (1983). Beliefs about beliefs: Representation and constraining function of wrong beliefs in young children's understanding of deception. *Cognition, 13*(1), 103-128.

어린 시절의 기억을 떠올리지 못하는 이유

- Akers, K. G., Martinez-Canabal, A., Restivo, L., Yiu, A. P., De Cristofaro, A., Hsiang, H. L. L., ⋯ & Frankland, P. W. (2014). Hippocampal neurogenesis regulates forgetting during adulthood and infancy. *Science, 344*(6184), 598-602.
- Bauer, P. J., & Larkina, M. (2014). The onset of childhood amnesia in childhood: A prospective investigation of the course and determinants of forgetting of early-life events. *Memory, 22*(8), 907-924.
- Curtis, M. A., Faull, R. L., & Eriksson, P. S. (2007). The effect of neurodegenerative diseases on the subventricular zone. *Nature Reviews Neuroscience, 8*(9), 712-723.
- Eriksson, P. S., Perfilieva, E., Björk—Eriksson, T., Alborn, A. M., Nordborg, C., Peterson, D. A., & Gage, F. H. (1998). Neurogenesis in the adult human hippocampus. *Nature medicine, 4*(11), 1313—1317.
- Hadziselimovic, N., Vukojevic, V., Peter, F., Milnik, A., Fastenrath, M., Fenyves, B. G., ⋯ & Stetak, A. (2014). Forgetting is regulated via Musashi—mediated translational control of the Arp2/3 complex. *Cell, 156*(6), 1153-1166.
- Hamond, N. R., & Fivush, R. (1991). Memories of Mickey Mouse: Young children recount their trip to Disneyworld. *Cognitive Development, 6*(4), 433-448.
- Howe, M. L., Courage, M. L., & Peterson, C. (1994). How Can I Remember When "I" Wasn't There: Long-Term Retention of Traumatic Experiences and Emergence of the Cognitive Self. *Consciousness and Cognition, 3*(3-4), 327-355.
- Josselyn, S. A., & Frankland, P. W. (2012). Infantile amnesia: a neurogenic hypothesis. *Learning & Memory, 19*(9), 423-433.
- LePort, A. K., Mattfeld, A. T., Dickinson—Anson, H., Fallon, J. H., Stark, C. E., Kruggel, F., ⋯ & McGaugh, J. L. (2012). Behavioral and neuroanatomical investigation of highly superior autobiographical memory (HSAM). *Neurobiology of learning and memory, 98*(1), 78-92.

- Maguire, E. A., Frackowiak, R. S., & Frith, C. D. (1997). Recalling routes around London: activation of the right hippocampus in taxi drivers. *Journal of neuroscience, 17*(18), 7103-7110.
- Maguire, E. A., Gadian, D. G., Johnsrude, I. S., Good, C. D., Ashburner, J., Frackowiak, R. S., & Frith, C. D. (2000). Navigation-related structural change in the hippocampi of taxi drivers. *Proceedings of the National Academy of Sciences, 97*(8), 4398-4403.
- Parker, E. S., Cahill, L., & McGaugh, J. L. (2006). A case of unusual autobiographical remembering. *Neurocase, 12*(1), 35-49.
- Richards, B. A., & Frankland, P. W. (2017). The persistence and transience of memory. *Neuron, 94*(6), 1071-1084.
- Van Abbema, D., & Bauer, P. (2005). Autobiographical memory in middle childhood: Recollections of the recent and distant past. *Memory, 13*(8), 829-845.
- Wylie, G. R., Foxe, J. J., & Taylor, T. L. (2008). Forgetting as an active process: An fMRI investigation of item-method-directed forgetting. *Cerebral Cortex, 18*(3), 670-682.

아이의 말을 얼마나 믿어야 할까?

- Ford, C. (2006). *거짓말의 심리학*(우혜령 역). 이끌리오.
- Loftus, E. F., ·Ketcham, K. (2008). *우리 기억은 진짜 기억일까?*(정준형 역). 도솔.
- Schacter, D. L. (2006). *기억의 일곱 가지 죄악*(박미자 역). 한승.
- Bernstein, D. M., & Loftus, E. F. (2009). The consequences of false memories for food preferences and choices. *Perspectives on Psychological Science, 4*(2), 135-139.
- Loftus, E. F. (1993). The Reality of Repressed Memories. *The American psychologist, 48*(5), 518-537.
- Loftus, E. F. (1997). Creating false memories. *Scientific American, 277*(3), 70-75.
- Loftus, E. F. (2002). Memory faults and fixes. *Issues in Science and Technol-*

ogy, 18(4), 41-50.

- Loftus, E. F. (2003). Our changeable memories: Legal and practical implications. *Nature Reviews Neuroscience, 4*(3), 231-234.
- Loftus, E. F., & Hoffman, H. G. (1989). Misinformation and Memory: The Creation of New Memories. Journal of experimental psychology. *General, 118*(1), 100-104.
- Loftus, E. F., & Pickrell, J. E. (1995). The formation of false memories. *Psychiatric annals, 25*(12), 720-725.
- Nader, K., Schafe, G. E., & LeDoux, J. E. (2000). Fear memories require protein synthesis in the amygdala for reconsolidation after retrieval. *Nature, 406*(6797), 722-726.
- Rashid, A. J., Yan, C., Mercaldo, V., Hsiang, H. L. L., Park, S., Cole, C. J., ··· & Josselyn, S. A. (2016). Competition between engrams influences fear memory formation and recall. *Science, 353*(6297), 383-387.
- Scoboria, A., Wade, K. A., Lindsay, D. S., Azad, T., Strange, D., Ost, J., & Hyman, I. E. (2016). A mega-analysis of memory reports from eight peer-reviewed false memory implantation studies. *Memory (Hove, England), 25*(2), 146-163.
- Yassa, M. A., & Reagh, Z. M. (2013). Competitive trace theory: a role for the hippocampus in contextual interference during retrieval. *Frontiers in behavioral neuroscience, 7,* 107.

02. 아이의 미래, 부모에게 달려 있다

부모의 노력으로 아이를 얼마나 바꿀 수 있을까?

- Slater, L. (2005). *스키너의 심리상자 열기*(조증열 역). 에코의서재.
- Wuketits, F. M. (1999). *사회생물학 논쟁*(김영철 역). 사이언스북스.
- AOKI, K. (1987). Adult lactose absorption and milk use from the standpoint of gene-culture theory. *The Japanese Journal of Genetics, 62*(5), 445-459.

- Feldman, M. W., & Cavalli-Sforza, L. L. (1984). Cultural and biological evolutionary processes: gene-culture disequilibrium. *Proceedings of the National Academy of Sciences, 81*(5), 1604-1607.
- Hawortha, C. M., Daleb, P., & Plomin, R. (2010). A Twin Study into the Genetic and Environmental Influences on Academic Performance in Science in nine-year-old Boys and Girls. *Int J Sci Educ. Author manuscript; available in PMC*.
- Kellogg, W. N., & Kellogg, L. A. (1933). *The ape and the child: a study of environmental influence upon early behavior.* New York: McGraw-Hill Book Company, Inc.
- Plomin, R., & Spinath, F. M. (2004). Intelligence: genetics, genes, and genomics. *Journal of personality and social psychology, 86*(1), 112-129.
- Plomin, R., DeFries, J. C., Knopik, V. S., & Neiderhiser, J. M. (2016). Top 10 replicated findings from behavioral genetics. *Perspectives on psychological science, 11*(1), 3-23.
- Skinner, B. F. (1945). Baby in a box. *Ladies Home Journal, 62*(10), 30-31, 135-136, 138.
- Skinner, B. F. (1958). Teaching machines. *Science, 128*(3330), 969-977.

아이는 당신의 손길을 원한다

- Slater, L. (2005). *스키너의 심리상자 열기*(조증열 역). 에코의서재.
- Field, T. (2009). *오늘 당신의 아이를 안아주셨나요?*(김선영 역). 책으로여는 세상.
- Ackerley, R., Wasling, H. B., Liljencrantz, J., Olausson, H., Johnson, R. D., & Wessberg, J. (2014). Human C-tactile afferents are tuned to the temperature of a skin-stroking caress. *Journal of Neuroscience, 34*(8), 2879-2883.
- Arcaro, M. J., Schade, P. F., Vincent, J. L., Ponce, C. R., & Livingstone, M. S. (2017). Seeing faces is necessary for face-domain formation. *Nature neuroscience, 20*(10), 1404-1412.
- Depue, R. A., & Morrone-Strupinsky, J. V. (2005). A neurobehavioral model of affiliative bonding: Implications for conceptualizing a human trait of affilia-

tion. *Behavioral and Brain Sciences, 28*(3), 313-350; discussion 350-395.

- Harlow, H. F. (1958). The nature of love. *American psychologist, 13*(12), 673-685.

- Harlow, H. F., Dodsworth, R. O., & Harlow, M. K. (1965). Total social isolation in monkeys. *Proceedings of the National Academy of Sciences of the United States of America, 54*(1), 90-97.

- Harlow, H. F., & Suomi, S. J. (1971). Social recovery by isolation-reared monkeys. *Proceedings of the National Academy of Sciences of the United States of America, 68*(7), 1534-1538.

- Herman, B. H., & Panksepp, J. (1978). Effects of morphine and naloxone on separation distress and approach attachment: Evidence for opiate mediation of social affect. *Pharmacology Biochemistry and Behavior, 9*(2), 213-220.

- Kalin, N. H., Shelton, S. E., & Lynn, D. E. (1995). Opiate systems in mother and infant primates coordinate intimate contact during reunion. *Psychoneuroendocrinology, 20*(7), 735-742.

- McGlone, F., Wessberg, J., & Olausson, H. (2014). Discriminative and affective touch: sensing and feeling. *Neuron, 82*(4), 737-755.

- Perez, J. A., Clinton, S. M., Turner, C. A., Watson, S. J., & Akil, H. (2009). A new role for FGF2 as an endogenous inhibitor of anxiety. *Journal of Neuroscience, 29*(19), 6379-6387.

- Pollak, S. D., Klorman, R., Thatcher, J. E., & Cicchetti, D. (2001). P3b reflects maltreated children's reactions to facial displays of emotion. *Psychophysiology, 38*(2), 267-274.

- Sethna, V., Perry, E., Domoney, J., Iles, J., Psychogiou, L., Rowbotham, N. E., ··· & Ramchandani, P. G. (2017). Father-child interactions at 3 months and 24 months: contributions to children's cognitive development at 24 months. *Infant Mental Health Journal, 38*(3), 378-390.

가난은 아이에게 어떤 영향을 미치는가?

- Sapolsky, R. (2008). 스트레스(이재담·이지윤 역). 사이언스북스.
- Anderberg, R. H., Hansson, C., Fenander, M., Richard, J. E., Dickson, S.

L., Nissbrandt, H., ⋯ & Skibicka, K. P. (2016). The stomach-derived hormone ghrelin increases impulsive behavior. *Neuropsychopharmacology, 41*(5), 1199-1209.

- De Ridder, D., Kroese, F., Adriaanse, M., & Evers, C. (2014). Always gamble on an empty stomach: Hunger is associated with advantageous decision making. *PloS one, 9*(10), e111081.

- Goisis, A., Sacker, A., & Kelly, Y. (2016). Why are poorer children at higher risk of obesity and overweight? A UK cohort study. *The European Journal of Public Health, 26*(1), 7-13.

- Kalm, L. M., & Semba, R. D. (2005). They starved so that others be better fed: remembering Ancel Keys and the Minnesota experiment. *The Journal of nutrition, 135*(6), 1347-1352.

- Kim, P., Evans, G. W., Angstadt, M., Ho, S. S., Sripada, C. S., Swain, J. E., ⋯ & Phan, K. L. (2013). Effects of childhood poverty and chronic stress on emotion regulatory brain function in adulthood. *Proceedings of the National Academy of Sciences, 110*(46), 18442-18447.

- Levi, Z., Kark, J. D., Shamiss, A., Derazne, E., Tzur, D., Keinan-Boker, L., ⋯ & Afek, A. (2013). Body mass index and socioeconomic status measured in adolescence, country of origin, and the incidence of gastroesophageal adenocarcinoma in a cohort of 1 million men. *Cancer, 119*(23), 4086-4093.

- Lundborg, P., Nystedt, P., & Rooth, D. O. (2014). Body size, skills, and income: evidence from 150,000 teenage siblings. *Demography, 51*(5), 1573-1596.

- Mitchell, C., Hobcraft, J., McLanahan, S. S., Siegel, S. R., Berg, A., Brooks-Gunn, J., ⋯ & Notterman, D. (2014). Social disadvantage, genetic sensitivity, and children's telomere length. *Proceedings of the National Academy of Sciences, 111*(16), 5944-5949.

- Painter, R. C., Osmond, C., Gluckman, P., Hanson, M., Phillips, D. I. W., & Roseboom, T. J. (2008). Transgenerational effects of prenatal exposure to the Dutch famine on neonatal adiposity and health in later life. *BJOG: An International Journal of Obstetrics & Gynaecology, 115*(10), 1243-1249.

- Swartz, J. R., Hariri, A. R., & Williamson, D. E. (2016). An epigenetic mechanism links socioeconomic status to changes in depression-related brain function in high-risk adolescents. *Molecular Psychiatry, 22*(2), 209-214.

- Xu, A. J., Schwarz, N., & Wyer, R. S. (2015). Hunger promotes acquisition of nonfood objects. *Proceedings of the National Academy of Sciences, 112*(9), 2688-2692.

가정환경이 아이의 학습능력에 미치는 영향

- Barch, D., Pagliaccio, D., Belden, A., Harms, M. P., Gaffrey, M., Sylvester, C. M., ⋯ & Luby, J. (2016). Effect of hippocampal and amygdala connectivity on the relationship between preschool poverty and school-age depression. *American Journal of Psychiatry, 173*(6), 625-634.
- Bick, J., Zhu, T., Stamoulis, C., Fox, N. A., Zeanah, C., & Nelson, C. A. (2015). Effect of early institutionalization and foster care on long-term white matter development: a randomized clinical trial. *JAMA pediatrics, 169*(3), 211-219.
- Card, D., & Giuliano, L. (2015). *Can Universal Screening Increase the Representation of Low Income and Minority Students in Gifted Education?* (No. 21519). National Bureau of Economic Research.
- Carneiro, P., & Ginja, R. (2014). Long-term impacts of compensatory preschool on health and behavior: Evidence from Head Start. *American Economic Journal: Economic Policy, 6*(4), 135-173.
- Chetty, R., Hendren, N., & Katz, L. F. (2015). *The Effects of Exposure to Better Neighborhoods on Children: New Evidence from the Moving to Opportunity Experiment.* Harvard University and National Bureau of Economic Research.
- Engle, P. L., & Fernández, P. D. (2010). INCAP studies of malnutrition and cognitive behavior. *Food and nutrition bulletin, 31*(1), 83-94.
- Eric Chyn. (2016). Moved to opportunity: the long-run effect of public housing demolition on labor market outcomes of children. *Job Market Paper*, March.
- Hair, N. L., Hanson, J. L., Wolfe, B. L., & Pollak, S. D. (2015). Association

of child poverty, brain development, and academic achievement. *JAMA pediatrics, 169*(9), 822-829.

- Mani, A., Mullainathan, S., Shafir, E., & Zhao, J. (2013). Poverty impedes cognitive function. *Science, 341*(6149), 976-980.
- Martorell, R., Melgar, P., Maluccio, J. A., Stein, A. D., & Rivera, J. A. (2010). The nutrition intervention improved adult human capital and economic productivity. *The Journal of nutrition, 140*(2), 411-414.
- Nelson, C. A. (2000). Neural plasticity and human development: The role of early experience in sculpting memory systems. *Developmental Science, 3*(2), 115-136.
- Noble, K. G., Houston, S. M., Brito, N. H., Bartsch, H., Kan, E., Kuperman, J. M., ⋯ & Sowell, E. R. (2015). Family income, parental education and brain structure in children and adolescents. *Nature neuroscience, 18*(5), 773-778.
- Reardon, S. F. (2011). *The widening academic achievement gap between the rich and the poor: New evidence and possible explanations.* New York: Russell Sage Foundation Press.
- Sheridan, M. A., Fox, N. A., Zeanah, C. H., McLaughlin, K. A., & Nelson, C. A. (2012). Variation in neural development as a result of exposure to institutionalization early in childhood. *Proceedings of the National Academy of Sciences, 109*(32), 12927-12932.
- Storrs, C. (2017). How poverty affects the brain. *Nature, 547*(7662), 150-152.

칭찬의 효과와 역효과

- 신영혜, 제민지, 안순철, 이창형, 장철훈 & 김성수. (2013). 긍정의 말과 의도가 애기장대 종자의 발아와 생체중에 미치는 영향. *인간식물환경학회지, 16*(3), 137-141.
- Brummelman, E., Thomaes, S., Orobio de Castro, B., Overbeek, G., & Bushman, B. J. (2014). "That's not just beautiful—that's incredibly beautiful!" The adverse impact of inflated praise on children with low self-esteem. *Psychological science, 25*(3), 728-735.

- Brummelman, E., Thomaes, S., Nelemans, S. A., De Castro, B. O., Overbeek, G., & Bushman, B. J. (2015). Origins of narcissism in children. *Proceedings of the National Academy of Sciences, 112*(12), 3659-3662.
- Brummelman, E., Thomaes, S., Nelemans, S. A., Orobio de Castro, B., & Bushman, B. J. (2015). My child is God's gift to humanity: Development and validation of the Parental Overvaluation Scale (POS). *Journal of Personality and Social Psychology, 108*(4), 665-679.
- Creath, K., & Schwartz, G. E. (2004). Measuring effects of music, noise, and healing energy using a seed germination bioassay. *The Journal of Alternative & Complementary Medicine, 10*(1), 113-122.
- Izuma, K., Saito, D. N., & Sadato, N. (2008). Processing of social and monetary rewards in the human striatum. *Neuron, 58*(2), 284-294.
- Kahneman, D., & Tversky, A. (1973). On the psychology of prediction. *Psychological review, 80*(4), 237-251.
- Rosenthal, R., & Jacobson, L. (1968). Pygmalion in the classroom. *The urban review, 3*(1), 16-20.

내 아이, 어떻게 칭찬해야 할까?

- Nass, C., Yen C. (2011). 관계의 본심(방영호 역). 푸른숲.
- Higgins, E. T., Idson, L. C., Freitas, A. L., Spiegel, S., & Molden, D. C. (2003). Transfer of value from fit. *Journal of personality and social psychology, 84*(6), 1140-1153.
- Mueller, C. M., & Dweck, C. S. (1998). Praise for intelligence can undermine children's motivation and performance. *Journal of personality and social psychology, 75*(1), 33-52.
- Ngo, L., Kelly, M., Coutlee, C. G., Carter, R. M., Sinnott-Armstrong, W., & Huettel, S. A. (2015). Two Distinct Moral Mechanisms for Ascribing and Denying Intentionality. *Scientific reports, 5*, 17390.
- Wood, J. V., Elaine Perunovic, W. Q., & Lee, J. W. (2009). Positive self-statements: Power for some, peril for others. *Psychological Science, 20*(7), 860-866.

- Zhao, L., Heyman, G. D., Chen, L., & Lee, K. (2017). Praising young children for being smart promotes cheating. *Psychological science, 28*(12), 1868-1870.
- Zhao, L., Heyman, G. D., Chen, L., & Lee, K. (2017). Telling young children they have a reputation for being smart promotes cheating. *Developmental Science, 21*(3), e12585-e12585.

아이를 꾸짖는 방법

- Pink, D. (2011). 드라이브(김주환 역). 청림출판.
- Fiorillo, C. D. (2013). Two dimensions of value: dopamine neurons represent reward but not aversiveness. *Science, 341*(6145), 546-549.
- Finkelstein, S. R., & Fishbach, A. (2012). Tell me what I did wrong: Experts seek and respond to negative feedback. *Journal of Consumer Research, 39*(1), 22-38.
- Hattie, J., & Timperley, H. (2007). The power of feedback. *Review of educational research, 77*(1), 81-112.
- Higgins, E. T., Friedman, R. S., Harlow, R. E., Idson, L. C., Ayduk, O. N., & Taylor, A. (2001). Achievement orientations from subjective histories of success: Promotion pride versus prevention pride. *European Journal of Social Psychology, 31*(1), 3-23.
- Ngo, L., Kelly, M., Coutlee, C. G., Carter, R. M., Sinnott-Armstrong, W., & Huettel, S. A. (2015). Two Distinct Moral Mechanisms for Ascribing and Denying Intentionality. *Scientific reports, 5*, 17390.

왼손잡이는 유전일까?

- Armour, J. A., Davison, A., & McManus, I. C. (2014). Genome-wide association study of handedness excludes simple genetic models. *Heredity, 112*(3), 221-225.
- Brandler, W. M., Morris, A. P., Evans, D. M., Scerri, T. S., Kemp, J. P., Timpson, N. J., … & Paracchini, S. (2013). Common variants in left/right asymmetry genes and pathways are associated with relative hand skill. *PLoS*

Genet, 9(9), e1003751.

- De Kovel, C. G., Lisgo, S., Karlebach, G., Ju, J., Cheng, G., Fisher, S. E., & Francks, C. (2017). Left-right asymmetry of maturation rates in human embryonic neural development. *Biological psychiatry, 82*(3), 204-212.

- Francks, C., Maegawa, S., Laurén, J., Abrahams, B. S., Velayos-Baeza, A., Medland, S. E., ⋯ & Monaco, A. P. (2007). LRRTM1 on chromosome 2p12 is a maternally suppressed gene that is associated paternally with handedness and schizophrenia. *Molecular psychiatry, 12*(12), 1129-1139, 1057.

- Gregg, P., Janke, K., & Propper, C. (2008). *Handedness and Child Development* (No. 08/198). The Centre for Market and Public Organisation, University of Bristol, UK.

- Hopkins, W. D., Wesley, M. J., Izard, M. K., Hook, M., & Schapiro, S. J. (2004). Chimpanzees (Pan troglodytes) are predominantly right-handed: replication in three populations of apes. *Behavioral Neuroscience, 118*(3), 659-663.

- Lee, H. J., Schneider, R. F., Manousaki, T., Kang, J. H., Lein, E., Franchini, P., & Meyer, A. (2017). Lateralized feeding behavior is associated with asymmetrical neuroanatomy and lateralized gene expressions in the brain in scale-eating cichlid fish. *Genome biology and evolution, 9*(11), 3122-3136.

- McManus, I. C. (1985). Right-and left-hand skill: Failure of the right shift model. *British Journal of Psychology, 76*(1), 1-34.

- McManus, I. C., Davison, A., & Armour, J. A. (2013). The evolution of human handedness. *Annals of the New York Academy of Sciences, 1288*(1), 48-58.

- Medland, S. E., Duffy, D. L., Wright, M. J., Geffen, G. M., & Martin, N. G. (2006). Handedness in twins: joint analysis of data from 35 samples. *Twin research and human genetics, 9*(1), 46-53.

- Medland, S. E., Duffy, D. L., Wright, M. J., Geffen, G. M., Hay, D. A., Levy, F., ⋯ & Boomsma, D. I. (2009). Genetic influences on handedness: data from 25,732 Australian and Dutch twin families. *Neuropsychologia, 47*(2), 330-337.

- Ocklenburg, S., Schmitz, J., Moinfar, Z., Moser, D., Klose, R., Lor, S., ⋯ & Güntürkün, O. (2017). Epigenetic regulation of lateralized fetal spinal gene expression underlies hemispheric asymmetries. *Elife, 6,* e22784.

- Takeuchi, Y., & Oda, Y. (2017). Lateralized scale-eating behaviour of cichlid is acquired by learning to use the naturally stronger side. *Scientific reports, 7*(1), 1-9.
- Wells, D. L., & Millsopp, S. (2009). Lateralized behaviour in the domestic cat, Felis silvestris catus. *Animal Behaviour, 78*(2), 537-541.

왼손잡이를 오른손잡이로 바꾸어야 할까?

- Brackenridge, C. J. (1981). Secular variation in handedness over ninety years. *Neuropsychologia, 19*(3), 459-462.
- Corballis, M. C. (2014). Left brain, right brain: facts and fantasies. *PLoS Biol, 12*(1), e1001767.
- Frayer, D. W., Clarke, R. J., Fiore, I., Blumenschine, R. J., Pérez-Pérez, A., Martinez, L. M., ⋯ & Bondioli, L. (2016). OH-65: The earliest evidence for right-handedness in the fossil record. *Journal of Human Evolution, 100,* 65-72.
- Goodman, J. (2014). The wages of sinistrality: handedness, brain structure, and human capital accumulation. *Journal of Economic Perspectives, 28*(4), 193-212.
- Gregg, P., Janke, K., & Propper, C. (2008). *Handedness and Child Development* (No. 08/198). The Centre for Market and Public Organisation, University of Bristol, UK.
- Heilman, K. M. (1997). The Neurobiology of Emotional Experience. *The Journal of neuropsychiatry and clinical neurosciences, 9*(3), 439-448.
- Hunt, E. R., O'Shea-Wheller, T., Albery, G. F., Bridger, T. H., Gumn, M., & Franks, N. R. (2014). Ants show a leftward turning bias when exploring unknown nest sites. *Biology letters, 10*(12), 20140945.
- Rodriguez, A., & Waldenström, U. (2008). Fetal origins of child non-right-handedness and mental health. *Journal of child psychology and psychiatry, 49*(9), 967-976.
- Rodriguez, A., Kaakinen, M., Moilanen, I., Taanila, A., McGough, J. J., Loo, S., & Järvelin, M. R. (2010). Mixed-handedness is linked to mental

health problems in children and adolescents. *Pediatrics, 125*(2), e340-e348.

- Spence, S., Shapiro, D., & Zaidel, E. (1996). The role of the right hemisphere in the physiological and cognitive components of emotional processing. *Psychophysiology, 33*(2), 112-122.

- Volpato, V., Macchiarelli, R., Guatelli-Steinberg, D., Fiore, I., Bondioli, L., & Frayer, D. W. (2012). Hand to mouth in a Neandertal: right-handedness in Regourdou 1. *PloS one, 7*(8), e43949.

- Webb, J. R., Schroeder, M. I., Chee, C., Dial, D., Hana, R., Jefee, H., ⋯ & Molitor, P. (2013). Left-Handedness Among a Community Sample of Psychiatric Outpatients Suffering From Mood and Psychotic Disorders. *SAGE Open, 3(4)*.

아이의 언어 능력이 말해주는 것

- Abrams, D. A., Chen, T., Odriozola, P., Cheng, K. M., Baker, A. E., Padmanabhan, A., ⋯ & Menon, V. (2016). Neural circuits underlying mother's voice perception predict social communication abilities in children. *Proceedings of the National Academy of Sciences, 113*(22), 6295-6300.

- Abramson, J. Z., Hernández-Lloreda, M. V., García, L., Colmenares, F., Aboitiz, F., & Call, J. (2018). Imitation of novel conspecific and human speech sounds in the killer whale (Orcinus orca). *Proceedings of the Royal Society B: Biological Sciences, 285*(1871), 20172171.

- Aravena, P., Delevoye-Turrell, Y., Deprez, V., Cheylus, A., Paulignan, Y., Frak, V., & Nazir, T. (2012). Grip force reveals the context sensitivity of language-induced motor activity during "action words"processing: Evidence from sentential negation. *PLoS one, 7*(12), e50287.

- Clay, Z., Archbold, J., & Zuberbühler, K. (2015). Functional flexibility in wild bonobo vocal behaviour. *PeerJ, 3*, e1124.

- Dehaene-Lambertz, G., & Houston, D. (1998). Faster orientation latencies toward native language in two-month-old infants. *Language and speech, 41*(1), 21-43.

- de Boysson-Bardies, B., Hallé, P., Sagart, L., & Durand, C. (1989). A crosslinguistic investigation of vowel formants in babbling. *Journal of child language*, *16*(1), 1-17.

- Enard, W., Przeworski, M., Fisher, S. E., Lai, C. S., Wiebe, V., Kitano, T., ⋯ & Pääbo, S. (2002). Molecular evolution of FOXP2, a gene involved in speech and language. *Nature, 418*(6900), 869-872.

- Fitch, W. T., De Boer, B., Mathur, N., & Ghazanfar, A. A. (2016). Monkey vocal tracts are speech-ready. *Science advances, 2*(12), e1600723.

- Jusczyk, P. W., & Hohne, E. A. (1997). Infants' memory for spoken words. *Science, 277*(5334), 1984-1986.

- Lai, C. S., Fisher, S. E., Hurst, J. A., Vargha-Khadem, F., & Monaco, A. P. (2001). A forkhead-domain gene is mutated in a severe speech and language disorder. *Nature, 413*(6855), 519-523.

- Pomberger, T., Risueno-Segovia, C., Löschner, J., & Hage, S. R. (2018). Precise motor control enables rapid flexibility in vocal behavior of marmoset monkeys. *Current Biology, 28*(5), 788-794.

- Schreiweis, C., Bornschein, U., Burguière, E., Kerimoglu, C., Schreiter, S., Dannemann, M., ⋯ & Graybiel, A. M. (2014). Humanized Foxp2 accelerates learning by enhancing transitions from declarative to procedural performance. *Proceedings of the National Academy of Sciences, 111*(39), 14253-14258.

- Suzuki, T. N., Wheatcroft, D., & Griesser, M. (2017). Wild birds use an ordering rule to decode novel call sequences. *Current Biology, 27*(15), 2331-2336.

- Werker, J. F., & Lalonde, C. E. (1988). Cross-language speech perception: Initial capabilities and developmental change. *Developmental psychology, 24*(5), 672-683.

- Woo, J., Kim, J. E., Im, J. J., Lee, J., Jeong, H. S., Park, S., ⋯ & Lee, C. J. (2017). Astrocytic water channel aquaporin-4 modulates brain plasticity in both mice and humans: a potential gliogenetic mechanism underlying language-associated learning. *Molecular Psychiatry, 23*(4), 1021-1030.

유치원에는 몇 살에 보내는 것이 좋을까?

- Byrd, R. S., Weitzman, M., & Auinger, P. (1997). Increased behavior problems associated with delayed school entry and delayed school progress. *Pediatrics, 100*(4), 654-661.
- Caspi, A., Houts, R. M., Belsky, D. W., Harrington, H., Hogan, S., Ramrakha, S., ⋯ & Moffitt, T. E. (2016). Childhood forecasting of a small segment of the population with large economic burden. *Nature human behaviour, 1*(1), 1-10.
- Dee, T., & Sievertsen, H. (2015). *The Gift of Time? School Starting Age and Mental Health* (No. 21610). National Bureau of Economic Research, Inc.
- Deming, D., & Dynarski, S. (2008). The lengthening of childhood. *Journal of economic perspectives, 22*(3), 71-92.
- Dobkin, C., & Ferreira, F. (2009). *Do School Entry Laws Affect Educational Attainment and Labor Market Outcomes?* (No. 14945). National Bureau of Economic Research, Inc.
- Hambrick, D. Z., Oswald, F. L., Altmann, E. M., Meinz, E. J., Gobet, F., & Campitelli, G. (2014). Deliberate practice: Is that all it takes to become an expert?. *Intelligence, 45*, 34-45.
- Lincove, J. A., & Painter, G. (2006). Does the age that children start kindergarten matter? Evidence of long-term educational and social outcomes. *Educational Evaluation and Policy Analysis, 28*(2), 153-179.
- Olsen, S. F., Houshmand-Oeregaard, A., Granström, C., Langhoff-Roos, J., Damm, P., Bech, B. H., ⋯ & Zhang, C. (2017). Diagnosing gestational diabetes mellitus in the Danish National Birth Cohort. National Bureau of Economic Research.
- Starr, D. (2018). Two psychologists followed 1000 New Zealanders for decades. Here's what they found about how childhood shapes later life. *Science Magazine.*
- West J. et al. (2000). America's kindergarteners. NCES 2000-070. *National Center for Education Statistics.*

영어 공부는 왜 어려울까?

- 이병민. (2002). 우리나라에서 조기영어교육이 갖는 효과와 의미. *외국어교육연구 (Foreign Language Education Research)*, 5.
- Colombelli-Négrel, D., Webster, M. S., Dowling, J. L., Hauber, M. E., & Kleindorfer, S. (2016). Vocal imitation of mother's calls by begging Red-backed Fairywren nestlings increases parental provisioning. *The Auk: Ornithological Advances, 133*(2), 273-285.
- Crinion, J., Turner, R., Grogan, A., Hanakawa, T., Noppeney, U., Devlin, J. T., ⋯ & Price, C. J. (2006). Language control in the bilingual brain. *Science, 312*(5779), 1537-1540.
- Hosoda, C., Hanakawa, T., Nariai, T., Ohno, K., & Honda, M. (2012). Neural mechanisms of language switch. *Journal of Neurolinguistics, 25*(1), 44-61.
- Choi, J., Cutler, A., & Broersma, M. (2017). Early development of abstract language knowledge: evidence from perception-production transfer of birth-language memory. *Royal Society open science, 4*(1), 160660.
- Ma, H., Hu, J., Xi, J., Shen, W., Ge, J., Geng, F., ⋯ & Yao, D. (2014). Bilingual cognitive control in language switching: An fMRI study of English-Chinese late bilinguals. *PloS one, 9*(9), e106468.
- Vander Ghinst, M., Bourguignon, M., de Beeck, M. O., Wens, V., Marty, B., Hassid, S., ⋯ & De Tiege, X. (2016). Left superior temporal gyrus is coupled to attended speech in a cocktail-party auditory scene. *Journal of Neuroscience, 36*(5), 1596-1606.

영어 공부는 왜 어려울까?

- 이병민. (2002). 우리나라에서 조기영어교육이 갖는 효과와 의미. *외국어교육연구* (Foreign Language Education Research), 5.
- Choi, J., Cutler, A., & Broersma, M. (2017). Early development of abstract language knowledge: evidence from perception-production transfer of birth-language memory. *Royal Society open science, 4*(1), 160660.
- Colombelli-Négrel, D., Webster, M. S., Dowling, J. L., Hauber, M. E., &

Kleindorfer, S. (2016). Vocal imitation of mother's calls by begging Red-backed Fairywren nestlings increases parental provisioning. *The Auk: Ornithological Advances, 133*(2), 273-285.

- Crinion, J., Turner, R., Grogan, A., Hanakawa, T., Noppeney, U., Devlin, J. T., … & Price, C. J. (2006). Language control in the bilingual brain. *Science, 312*(5779), 1537-1540.

- Hosoda, C., Hanakawa, T., Nariai, T., Ohno, K., & Honda, M. (2012). Neural mechanisms of language switch. *Journal of Neurolinguistics, 25*(1), 44-61.

- Ma, H., Hu, J., Xi, J., Shen, W., Ge, J., Geng, F., … & Yao, D. (2014). Bilingual cognitive control in language switching: An fMRI study of English-Chinese late bilinguals. *PloS one, 9*(9), e106468.

- Vander Ghinst, M., Bourguignon, M., de Beeck, M. O., Wens, V., Marty, B., Hassid, S., … & De Tiege, X. (2016). Left superior temporal gyrus is coupled to attended speech in a cocktail-party auditory scene. *Journal of Neuroscience, 36*(5), 1596-1606.

부모의 과잉보호가 아이를 망친다

- Herrador-Colmenero, M., Villa-González, E., & Chillón, P. (2017). Children who commute to school unaccompanied have greater autonomy and perceptions of safety. *Acta Paediatrica, 106*(12), 2042-2047.

- LeMoyne, T., & Buchanan, T. (2011). Does "hovering" matter? Helicopter parenting and its effect on well-being. *Sociological Spectrum, 31*(4), 399−418.

- Padilla-Walker, L. M., & Nelson, L. J. (2012). Black hawk down?: Establishing helicopter parenting as a distinct construct from other forms of parental control during emerging adulthood. *Journal of adolescence, 35*(5), 1177-1190.

- Scelfo, J. (2015). Suicide on Campus and the Pressure of Perfection. *The New York Times.*

- Schiffrin, H. H., Liss, M., Miles−McLean, H., Geary, K. A., Erchull, M. J., & Tashner, T. (2014). Helping or hovering? The effects of helicopter parenting on college students'well-being. *Journal of Child and Family Studies,*

23(3), 548-557.

내 아이는 왕자병? 공주병?

- Brummelman, E., Thomaes, S., Nelemans, S. A., De Castro, B. O., Over-beek, G., & Bushman, B. J. (2015). Origins of narcissism in children. *Proceedings of the National Academy of Sciences, 112*(12), 3659-3662.
- Bushman, B. J., & Baumeister, R. F. (1998). Threatened egotism, narcissism, self-esteem, and direct and displaced aggression: Does self-love or self-hate lead to violence?. *Journal of personality and social psychology, 75*(1), 219-229.
- Cvencek, D., Greenwald, A. G., & Meltzoff, A. N. (2016). Implicit measures for preschool children confirm self-esteem's role in maintaining a balanced identity. *Journal of Experimental Social Psychology, 62*, 50-57.
- Konrath, S., Meier, B. P., & Bushman, B. J. (2014). Development and validation of the single item narcissism scale (SINS). *PLOS one, 9*(8), e103469.
- Linville, P. W. (1985). Self-complexity and affective extremity: Don't put all of your eggs in one cognitive basket. *Social cognition, 3*(1), 94-120.
- Marigold, D. C., Cavallo, J. V., Holmes, J. G., & Wood, J. V. (2014). You can't always give what you want: The challenge of providing social support to low self-esteem individuals. *Journal of Personality and Social Psychology, 107*(1), 56-80.
- Wood, J. V., Elaine Perunovic, W. Q., & Lee, J. W. (2009). Positive self-statements: Power for some, peril for others. *Psychological Science, 20*(7), 860-866.
- Yang, J., Hou, X., Wei, D., Wang, K., Li, Y., & Qiu, J. (2017). Only-child and non-only-child exhibit differences in creativity and agreeableness: evidence from behavioral and anatomical structural studies. *Brain imaging and behavior, 11*(2), 493-502.

엄한 부모, 자상한 부모

- Hentges, R. F., & Wang, M. T. (2017). Gender Differences in the Developmental Cascade From Harsh Parenting to Educational Attainment: An Evolutionary Perspective. *Child Development, 89*(2), 397-413.

- Pekrun, R., Lichtenfeld, S., Marsh, H. W., Murayama, K., & Goetz, T. (2017). Achievement emotions and academic performance: Longitudinal models of reciprocal effects. *Child development, 88*(5), 1653-1670.
- Quach, J., Sarkadi, A., Napiza, N., Wake, M., Loughman, A., & Goldfeld, S. (2018). Do fathers' home reading practices at age 2 predict child language and literacy at age 4?. *Academic pediatrics, 18*(2), 179-187.
- Sethna, V., Perry, E., Domoney, J., Iles, J., Psychogiou, L., Rowbotham, N. E., ⋯ & Ramchandani, P. G. (2017). Father-child interactions at 3 months and 24 months: contributions to children's cognitive development at 24 months. *Infant Mental Health Journal, 38*(3), 378-390.
- Talwar, V., Arruda, C., & Yachison, S. (2015). The effects of punishment and appeals for honesty on children's truth-telling behavior. *Journal of Experimental Child Psychology, 130*, 209-217.

03. 천재로 키우지 마라

태아는 무엇을 알고 있을까?

- Eliot, L. (2011). *우리 아이 머리에선 무슨 일이 일어나고 있을까?*(안승철 역). 궁리.
- Ali, J. B., Spence, C., & Bremner, A. J. (2015). Human infants'ability to perceive touch in external space develops postnatally. *Current Biology, 25*(20), R978-R979.
- Beauchamp, G. K., Cowart, B. J., & Moran, M. (1986). Developmental changes in salt acceptability in human infants. *Developmental Psychobiology: The Journal of the International Society for Developmental Psychobiology, 19*(1), 17-25.
- DeCasper, A. J., & Fifer, W. P. (1980). Of human bonding: Newborns prefer their mothers' voices. *Science, 208*(4448), 1174-1176.
- DeCasper, A. J., & Spence, M. J. (1986). Prenatal maternal speech influences

newborns' perception of speech sounds. *Infant behavior and Development, 9*(2), 133-150.

- DeCasper, A. J., Lecanuet, J. P., Busnel, M. C., Granier-Deferre, C., & Maugeais, R. (1994). Fetal reactions to recurrent maternal speech. *Infant behavior and development, 17*(2), 159-164.

- Kisilevsky, B. S., Hains, S. M., Lee, K., Xie, X., Huang, H., Ye, H. H., ⋯ & Wang, Z. (2003). Effects of experience on fetal voice recognition. *Psychological science, 14*(3), 220-224.

- Mennella, J. A., Jagnow, C. P., & Beauchamp, G. K. (2001). Prenatal and postnatal flavor learning by human infants. *Pediatrics, 107*(6), e88.

- Nakata, T., & Trehub, S. E. (2004). Infants'responsiveness to maternal speech and singing. *Infant Behavior and Development, 27*(4), 455-464.

- Rieser, J., Yonas, A., & Wikner, K. (1976). Radial localization of odors by human newborns. *Child development, 47*(3), 856-859.

- Rosenstein, D., & Oster, H. (1988). Differential facial responses to four basic tastes in newborns. *Child Development, 59*(6), 1555-1568.

- SSullivan, S. A., & Birch, L. L. (1994). Infant dietary experience and acceptance of solid foods. *Pediatrics, 93*(2), 271-277.

아기의 사회적 능력

- Arcaro, M. J., Schade, P. F., Vincent, J. L., Ponce, C. R., & Livingstone, M. S. (2017). Seeing faces is necessary for face-domain formation. *Nature neuroscience, 20*(10), 1404.

- Dondi, M., Simion, F., & Caltran, G. (1999). Can newborns discriminate between their own cry and the cry of another newborn infant?. *Developmental psychology, 35*(2), 418-426.

- Goren, C. C., Sarty, M., & Wu, P. Y. (1975). Visual following and pattern discrimination of face-like stimuli by newborn infants. *Pediatrics, 56*(4), 544-549.

- Langher V. et al. (1998, August). Visual behavior towards a still face at birth. *Measuring Behavior '98, 2nd International Conference on Methods and Tech-*

niques in Behavioral Research, Groningen, Netherlands.

- Leong, V., Byrne, E., Clackson, K., Georgieva, S., Lam, S., & Wass, S. (2017). Speaker gaze increases information coupling between infant and adult brains. *Proceedings of the National Academy of Sciences, 114*(50), 13290-13295.
- Mandel, D. R., Jusczyk, P. W., & Pisoni, D. B. (1995). Infants' recognition of the sound patterns of their own names. *Psychological science, 6*(5), 314-317.
- Mumme, D. L., & Fernald, A. (2003). The infant as onlooker: Learning from emotional reactions observed in a television scenario. *Child development, 74*(1), 221-237.
- Sagi, A., & Hoffman, M. L. (1976). Empathic distress in the newborn. *Developmental Psychology, 12*(2), 175-176.
- Soken, N. H., & Pick, A. D. (1999). Infants' perception of dynamic affective expressions: do infants distinguish specific expressions?. *Child development, 70*(6), 1275-1282.
- Sorce, J. F., Emde, R. N., Campos, J. J., & Klinnert, M. D. (1985). Maternal emotional signaling: its effect on the visual cliff behavior of 1-year-olds. *Developmental psychology, 21*(1), 195-200.
- Tincoff, R., & Jusczyk, P. W. (1999). Some beginnings of word comprehension in 6-month-olds. *Psychological science, 10*(2), 172-175.
- Vaish, A., & Striano, T. (2004). Is visual reference necessary? Contributions of facial versus vocal cues in 12-month-olds'social referencing behavior. *Developmental Science, 7*(3), 261-269.

우리 아이, 얼마나 똑똑할까?

- Aguiar, A., & Baillargeon, R. (2002). Developments in young infants' reasoning about occluded objects. *Cognitive psychology, 45*(2), 267-336.
- Aslin, R. N. (2000). Interpretation of infant listening times using the head-turn preference technique. *In International Conference on Infant Studies, Brighton, UK.*
- de Hevia, M. D., Veggiotti, L., Streri, A., & Bonn, C. D. (2017). At birth, humans associate "few"with left and "many"with right. *Current Biology, 27*(24),

3879-3884.

- Féron, J., Gentaz, E., & Streri, A. (2006). Evidence of amodal representation of small numbers across visuo-tactile modalities in 5-month-old infants. *Cognitive development, 21*(2), 81-92.
- Hespos, S. J., & Baillargeon, R. (2001). Reasoning about containment events in very young infants. *Cognition, 78*(3), 207-245.
- Leonard, J. A., Lee, Y., & Schulz, L. E. (2017). Infants make more attempts to achieve a goal when they see adults persist. *Science, 357*(6357), 1290−1294.
- Liu, S., Ullman, T. D., Tenenbaum, J. B., & Spelke, E. S. (2017). Ten-month-old infants infer the value of goals from the costs of actions. *Science, 358*(6366), 1038-1041.

지능이란 무엇인가?

- 이대열 (2017). *지능의 탄생*. 바다출판사.
- Siefer, W. (2010). *재능의 탄생*(송경은 역). 타임북스.
- Gould, S. J. (2003). *인간에 대한 오해*(김동광 역). 사회평론.
- Alloway, T. P., & Alloway, R. G. (2010). Investigating the predictive roles of working memory and IQ in academic attainment. *Journal of experimental child psychology, 106*(1), 20-29.
- Armstrong, E. L., & Woodley, M. A. (2014). The rule-dependence model explains the commonalities between the Flynn effect and IQ gains via retesting. *Learning and Individual Differences, 29*, 41-49.
- Crabtree, G. R. (2013). Our fragile intellect. Part II. *Trends in Genetics, 29*(1), 1-58.
- Jensen, A. (1969). How much can we boost IQ and scholastic achievement. *Harvard educational review, 39*(1), 1-123.

머리가 크면 지능도 좋을까?

- Amiel, J. J., Tingley, R., & Shine, R. (2011). Smart moves: effects of relative brain size on establishment success of invasive amphibians and reptiles. *PLoS one, 6*(4), e18277.

- Benson—Amram, S., Dantzer, B., Stricker, G., Swanson, E. M., & Hole-kamp, K. E. (2016). Brain size predicts problem-solving ability in mammalian carnivores. *Proceedings of the National Academy of Sciences, 113*(9), 2532–2537.
- Finn, E. S., Shen, X., Scheinost, D., Rosenberg, M. D., Huang, J., Chun, M. M., … & Constable, R. T. (2015). Functional connectome fingerprinting: identifying individuals using patterns of brain connectivity. *Nature neuroscience, 18*(11), 1664-1671.
- Hilger, K., Ekman, M., Fiebach, C. J., & Basten, U. (2017). Intelligence is associated with the modular structure of intrinsic brain networks. *Scientific reports, 7*(1), 1-12.
- Jardim—Messeder, D., Lambert, K., Noctor, S., Pestana, F. M., de Castro Leal, M. E., Bertelsen, M. F., … & Herculano-Houzel, S. (2017). Dogs have the most neurons, though not the largest brain: trade—off between body mass and number of neurons in the cerebral cortex of large carnivoran species. *Frontiers in neuroanatomy, 11*, 118.
- Karama, S., Ad—Dab'bagh, Y., Haier, R. J., Deary, I. J., Lyttelton, O. C., Lepage, C., … & Brain Development Cooperative Group. (2009). Erratum to "Positive association between cognitive ability and cortical thickness in a representative US sample of healthy 6 to 18 year-olds". *Intelligence, 37*(2), 145.
- Møller, A. P., & Erritzøe, J. (2016). Brain size and the risk of getting shot. *Biology letters, 12*(11), 20160647.
- Vance, E. (2017). The genius of pinheads: When little brains rule. *Scientific American.*

지능은 유전되는 것일까?

- Baker, D. P., Eslinger, P. J., Benavides, M., Peters, E., Dieckmann, N. F., & Leon, J. (2015). The cognitive impact of the education revolution: A possible cause of the Flynn Effect on population IQ. *Intelligence, 49*, 144-158.
- Bouchard Jr, T. J. (1993). The genetic architecture of human intelligence. *Biological approaches to the study of human intelligence*, 33-93.
- Davies, G., Tenesa, A., Payton, A., Yang, J., Harris, S. E., Liewald, D., …

& Deary, I. J. (2011). Genome-wide association studies establish that human intelligence is highly heritable and polygenic. *Molecular psychiatry, 16*(10), 996-1005.

- Kan, K. J., Wicherts, J. M., Dolan, C. V., & van der Maas, H. L. (2013). On the nature and nurture of intelligence and specific cognitive abilities: The more heritable, the more culture dependent. *Psychological science, 24*(12), 2420-2428.

- Kendler, K. S., Turkheimer, E., Ohlsson, H., Sundquist, J., & Sundquist, K. (2015). Family environment and the malleability of cognitive ability: A Swedish national home-reared and adopted-away cosibling control study. *Proceedings of the National Academy of Sciences, 112*(15), 4612-4617.

- Loehlin, J. C., Horn, J. M., & Willerman, L. (1989). Modeling IQ change: evidence from the Texas Adoption Project. *Child development, 60*(4), 993-1004.

- Loehlin, J. C. (1992). Should we do research on race differences in intelligence?. *Intelligence, 16*(1), 1-4.

- Okbay, A., Beauchamp, J. P., Fontana, M. A., Lee, J. J., Pers, T. H., Rietveld, C. A., ⋯ & Salomaa, V. (2016). Genome-wide association study identifies 74 loci associated with educational attainment. *Nature, 533*(7604), 539-542.

- Plomin, R., & Spinath, F. M. (2004). Intelligence: genetics, genes, and genomics. *Journal of personality and social psychology, 86*(1), 112-129.

- Plomin, R., & Deary, I. J. (2015). Genetics and intelligence differences: five special findings. *Molecular psychiatry, 20*(1), 98-108.

- Shakeshaft, N. G., Trzaskowski, M., McMillan, A., Rimfeld, K., Krapohl, E., Haworth, C. M., ⋯ & Plomin, R. (2013). Strong genetic influence on a UK nationwide test of educational achievement at the end of compulsory education at age 16. *PloS one, 8*(12), e80341.

- Smith-Woolley, E., Pingault, J. B., Selzam, S., Rimfeld, K., Krapohl, E., von Stumm, S., ⋯ & Plomin, R. (2018). Differences in exam performance between pupils attending selective and non-selective schools mirror the genetic differences between them. *npj Science of Learning, 3*(1), 1-7.

- Sniekers, S., Stringer, S., Watanabe, K., Jansen, P. R., Coleman, J. R., Krapohl, E., ··· & Posthuma, D. (2017). Genome-wide association meta-analysis of 78,308 individuals identifies new loci and genes influencing human intelligence. *Nature genetics, 49*(7), 1107.
- Stein, J. L., Medland, S. E., Vasquez, A. A., Hibar, D. P., Senstad, R. E., Winkler, A. M., ··· & Weiner, M. W. (2012). Identification of common variants associated with human hippocampal and intracranial volumes. *Nature genetics, 44*(5), 552-561.

아이의 지능, 엄마에게 달려 있다

- Au, J., Sheehan, E., Tsai, N., Duncan, G. J., Buschkuehl, M., & Jaeggi, S. M. (2015). Improving fluid intelligence with training on working memory: a meta-analysis. *Psychonomic bulletin & review, 22*(2), 366-377.
- Bjerkedal, T., Kristensen, P., Skjeret, G. A., & Brevik, J. I. (2007). Intelligence test scores and birth order among young Norwegian men (conscripts) analyzed within and between families. *Intelligence, 35*(5), 503-514.
- Boomsma, D. I., van Beijsterveld, T. C., Beem, A. L., Hoekstra, R. A., Polderman, T. J., & Bartels, M. (2008). Intelligence and birth order in boys and girls. *Intelligence, 36*(6), 630-634.
- Delgado, J. (2016). Did you know that intelligence is inherited from mothers?. *Psychology Spot.*
- Goisis, A. (2015). How are children of older mothers doing? Evidence from the United Kingdom. *Biodemography and Social Biology, 61*(3), 231-251.
- Hong, Y. Y., Chiu, C. Y., Dweck, C. S., Lin, D. M. S., & Wan, W. (1999). Implicit theories, attributions, and coping: a meaning system approach. *Journal of Personality and Social psychology, 77*(3), 588-599.
- Kristensen, P., & Bjerkedal, T. (2007). Explaining the relation between birth order and intelligence. *Science, 316*(5832), 1717.
- Luby, J. L., Barch, D. M., Belden, A., Gaffrey, M. S., Tillman, R., Babb, C., ··· & Botteron, K. N. (2012). Maternal support in early childhood pre-

dicts larger hippocampal volumes at school age. *Proceedings of the National Academy of Sciences, 109*(8), 2854-2859.

- Nisbett, R. E., Aronson, J., Blair, C., Dickens, W., Flynn, J., Halpern, D. F., & Turkheimer, E. (2012). Intelligence: new findings and theoretical developments. *American psychologist, 67*(2), 130-159.
- Piantadosi, S. T., & Kidd, C. (2016). Extraordinary intelligence and the care of infants. *Proceedings of the National Academy of Sciences, 113*(25), 6874-6879.
- Tang, Y. Y., Ma, Y., Wang, J., Fan, Y., Feng, S., Lu, Q., ⋯ & Posner, M. I. (2007). Short-term meditation training improves attention and self-regulation. *Proceedings of the National Academy of Sciences, 104*(43), 17152-17156.

IQ보다 소중한 것

- Howard Gardner, H. (2007) 다중지능(문용린·유경재 역). 웅진지식하우스.
- Barbey, A. K., Colom, R., & Grafman, J. (2014). Distributed neural system for emotional intelligence revealed by lesion mapping. *Social cognitive and affective neuroscience, 9*(3), 265-272.
- Duckworth, A. L., Quinn, P. D., Lynam, D. R., Loeber, R., & Stouthamer-Loeber, M. (2011). Role of test motivation in intelligence testing. *Proceedings of the National Academy of Sciences, 108*(19), 7716-7720.
- Kell, H. J., Lubinski, D., Benbow, C. P., & Steiger, J. H. (2013). Creativity and technical innovation: Spatial ability's unique role. *Psychological science, 24*(9), 1831–1836.

천재의 뇌는 무엇이 다를까?

- 최강. (2015. 8. 5). 아인슈타인의 뇌. 사이언스온. http://scienceon.hani.co.kr/303009
- Aydin, K., Ucar, A., Oguz, K. K., Okur, O. O., Agayev, A., Unal, Z., ⋯ & Ozturk, C. (2007). Increased gray matter density in the parietal cortex of mathematicians: a voxel-based morphometry study. *American Journal of Neuroradiology, 28*(10), 1859-1864.

- Barron, F., & Harrington, D. M. (1981). Creativity, intelligence, and personality. *Annual review of psychology, 32*(1), 439-476.
- Bianco, R., Novembre, G., Keller, P. E., Villringer, A., & Sammler, D. (2018). Musical genre-dependent behavioural and EEG signatures of action planning. A comparison between classical and jazz pianists. *Neuroimage, 169*, 383-394.
- Diamond, M. C., Scheibel, A. B., Murphy Jr, G. M., & Harvey, T. (1985). On the brain of a scientist: Albert Einstein. *Experimental neurology, 88*(1), 198-204.
- Lewis, T. (2014). A Beautiful Mind: Brain Injury Turns Man Into Math Genius. *Live Science*.
- Nielsen, J. A., Zielinski, B. A., Ferguson, M. A., Lainhart, J. E., & Anderson, J. S. (2013). An evaluation of the left-brain vs. right-brain hypothesis with resting state functional connectivity magnetic resonance imaging. *PloS one, 8*(8), e71275.
- Roland, J. L., Snyder, A. Z., Hacker, C. D., Mitra, A., Shimony, J. S., Limbrick, D. D., ... & Leuthardt, E. C. (2017). On the role of the corpus callosum in interhemispheric functional connectivity in humans. *Proceedings of the National Academy of Sciences, 114*(50), 13278-13283.
- Sluming, V., Brooks, J., Howard, M., Downes, J. J., & Roberts, N. (2007). Broca's area supports enhanced visuospatial cognition in orchestral musicians. *Journal of Neuroscience, 27*(14), 3799-3806

천재, 부러워할 필요 없다

- Gino, F., & Wiltermuth, S. S. (2014). Evil genius? How dishonesty can lead to greater creativity. *Psychological science, 25*(4), 973-981.
- Gliga, T., Bedford, R., Charman, T., Johnson, M. H., Baron-Cohen, S., Bolton, P., ··· & Tucker, L. (2015). Enhanced visual search in infancy predicts emerging autism symptoms. *Current Biology, 25*(13), 1727-1730.
- Perkins, A. M., Arnone, D., Smallwood, J., & Mobbs, D. (2015). Thinking too much: self-generated thought as the engine of neuroticism. *Trends in cog-*

nitive sciences, 19(9), 492.
- Power, R. A., Steinberg, S., Bjornsdottir, G., Rietveld, C. A., Abdellaoui, A., Nivard, M. M., ⋯ & Stefansson, K. (2015). Polygenic risk scores for schizophrenia and bipolar disorder predict creativity. *Nature neuroscience, 18*(7), 953-955.
- Smith, D. J., Anderson, J., Zammit, S., Meyer, T. D., Pell, J. P., & Mackay, D. (2015). Childhood IQ and risk of bipolar disorder in adulthood: prospective birth cohort study. *BJPsych open, 1*(1), 74-80.

내 아이는 천재가 아닐까? _ ①공감각

- 최현석 (2009). *인간의 모든 감각*. 서해문집.
- Luria, A. R. (2007). *모든 것을 기억하는 남자*(박중서 역). 갈라파고스.
- Ramachandran, V. S. (2006). *뇌가 나의 마음을 만든다*(이충 역). 바다출판사.
- Frenzel, H., Bohlender, J., Pinsker, K., Wohlleben, B., Tank, J., Lechner, S. G., ⟫ & Lewin, G. R. (2012). A genetic basis for mechanosensory traits in humans. *PLoS Biol, 10*(5), e1001318.
- Mecacci, L. (2013). Solomon v. Shereshevsky: the great Russian mnemonist. *Cortex, 49*(8), 2260-2263.
- Potter, V. (2017). My sudden synaesthesia: how I went blind and started hearing colours. *Mosaic*.
- Ravindran, S. (2015). A circus of the senses. *Aeon*.
- Simner, J., Harrold, J., Creed, H., Monro, L., & Foulkes, L. (2009). Early detection of markers for synaesthesia in childhood populations. *Brain, 132*(1), 57-64.
- Spector, F., & Maurer, D. (2009). Synesthesia: A New Approach to Understanding the Development of Perception. *Developmental Psychology, 45*(1), 175-189.
- Tilot, A. K., Kucera, K. S., Vino, A., Asher, J. E., Baron-Cohen, S., & Fisher, S. E. (2018). Rare variants in axonogenesis genes connect three families with sound-color synesthesia. *Proceedings of the National Academy of Sciences, 115*(12), 3168-3173.

- Wagner, K., & Dobkins, K. (2009). Shape-color synesthesia in the first year of life: A normal stage of visual development?. *Journal of Vision, 9*(8), 699.

내 아이는 천재가 아닐까? _ ②서번트증후군

- Ramachandran, V. S. (2012). 명령하는 뇌, 착각하는 뇌(박방주 역). 알키.
- Baron-Cohen, S., Johnson, D., Asher, J., Wheelwright, S., Fisher, S. E., Gregersen, P. K., & Allison, C. (2013). Is synaesthesia more common in autism?. *Molecular autism, 4*(1), 40.
- Krishnan, V., Stoppel, D. C., Nong, Y., Johnson, M. A., Nadler, M. J., Ozkaynak, E., ··· & Anderson, M. P. (2017). Autism gene Ube3a and seizures impair sociability by repressing VTA Cbln1. *Nature, 543*(7646), 507-512.
- Snyder, A. W., Mulcahy, E., Taylor, J. L., Mitchell, D. J., Sachdev, P., & Gandevia, S. C. (2003). Savant-like skills exposed in normal people by suppressing the left fronto-temporal lobe. *Journal of integrative neuroscience, 2*(2), 149-158.
- Treffert, D. A. (2009). The savant syndrome: an extraordinary condition. A synopsis: past, present, future. *Philosophical Transactions of the Royal Society B: Biological Sciences, 364*(1522), 1351-1357.

창의성이란 무엇인가?

- Erhard, K., Kessler, F., Neumann, N., Ortheil, H. J., & Lotze, M. (2014). Professional training in creative writing is associated with enhanced fronto-striatal activity in a literary text continuation task. *NeuroImage, 100*, 15-23.
- Gauvrit, N., Zenil, H., Soler-Toscano, F., Delahaye, J. P., & Brugger, P. (2017). Human behavioral complexity peaks at age 25. *PLoS computational biology, 13*(4), e1005408.
- Hartshorne, J. K., & Germine, L. T. (2015). When does cognitive functioning peak? The asynchronous rise and fall of different cognitive abilities across the life span. *Psychological science, 26*(4), 433.
- Jung-Beeman, M., Bowden, E. M., Haberman, J., Frymiare, J. L., Arambel-Liu, S., Greenblatt, R., ··· & Kounios, J. (2004). Neural activity when

people solve verbal problems with insight. *PLoS Biol, 2*(4), e97.

- Schaie, K. W., & Willis, S. L. (2010). The Seattle Longitudinal Study of adult cognitive development. *ISSBD bulletin, 57*(1), 24.

재능인가, 노력인가?

- Epstein, D. (2015). 스포츠 유전자(이한음 역). 열린책들.
- Siefer, W. (2012). *재능의 탄생*(송경은 역). 타임북스.
- Ericsson, K. A., Krampe, R. T., & Tesch-Römer, C. (1993). The role of deliberate practice in the acquisition of expert performance. *Psychological review, 100*(3), 363-406.
- Ericsson, K. A., & Ward, P. (2007). Capturing the naturally occurring superior performance of experts in the laboratory: Toward a science of expert and exceptional performance. *Current Directions in Psychological Science, 16*(6), 346-350.
- Gobet, F., & Campitelli, G. (2007). The role of domain-specific practice, handedness, and starting age in chess. *Developmental psychology, 43*(1), 159-172.
- Hambrick, D. Z., Oswald, F. L., Altmann, E. M., Meinz, E. J., Gobet, F., & Campitelli, G. (2014). Deliberate practice: Is that all it takes to become an expert?. *Intelligence, 45*, 34-45.
- Macnamara, B. N., Hambrick, D. Z., & Oswald, F. L. (2014). Deliberate practice and performance in music, games, sports, education, and professions: A meta-analysis. *Psychological science, 25*(8), 1608-1618.

나는 심리학으로 육아한다

초판 1쇄 인쇄 · 2021년 5월 1일
초판 1쇄 발행 · 2021년 5월 5일

지은이 · 이용범
펴낸이 · 이춘원
펴낸곳 · 책이있는마을
기   획 · 강영길
편   집 · 이경미
디자인 · 블루
마케팅 · 강영길

주소 · 경기도 고양시 일산동구 무궁화로120번길 40-14(정발산동)
전화 · (031) 911-8017
팩스 · (031) 911-8018
이메일 · bookvillagekr@hanmail.net
등록일 · 2005년 4월 20일
등록번호 · 제2014-000024호

ISBN 978-89-5639-340-7 (03370)

본래 뜻을 찾아가는 우리말 나들이
알아두면 잘난 척하기 딱 좋은 **우리말 잡학사전**

'시치미를 뗀다'고 하는데 도대체 시치미는 무슨 뜻? 우리가 흔히 쓰는 천둥벌거숭이, 조바심, 젬병, 쪽도 못 쓰다 등의 말은 어떻게 나온 말일까? 강강술래가 이순신 장군이 고안한 놀이에서 나온 말이고, 행주치마는 권율장군의 행주대첩에서 나온 말이라는데 그것이 사실일까?
이 책은 이처럼 우리말이면서도 우리가 몰랐던 우리말의 참뜻을 명쾌하게 밝힌 정보 사전이다. 일상생활에서 자주 쓰는 데 그 뜻을 잘 모르는 말, 어렴풋이 알고 있어 엉뚱한 데 갖다 붙이는 말, 알고 보면 광장히 험한 뜻인데 아무렇지도 않게 여기는 말, 그 속뜻을 알고 나면 '아하!'하고 무릎을 치게 되는 말 등 1,045개의 표제어를 가나다순으로 정리하여 본뜻과 바뀐 뜻을 밝히고 보기글을 실어 누구나 쉽게 읽고 활용할 수 있도록 하였다.

이재운 외 엮음 | 인문 · 교양 | 552쪽 | 28,000원

역사와 문화 상식의 지평을 넓혀주는 우리말 교양서
알아두면 잘난 척하기 딱 좋은 **우리말 어원사전**

이 책은 우리가 무심코 써왔던 말의 '기원'을 따져 그 의미를 헤아려본 '우리말 족보'와 같은 책이다. 한글과 한자어 그리고 토착화된 외래어를 우리말로 받아들이며, 그 생성과 소멸의 과정을 추적해 밝힘으로써 올바른 언어관과 역사관을 갖추는 데 도움을 줄 뿐 아니라, 각각의 말이 타고난 생로병사의 길을 짚어봄으로써 당대 사회의 문화, 정치, 생활풍속 등을 폭넓게 이해할 수 있는 문화 교양서 구실을 톡톡히 하는 책이다.

이재운 외 엮음 | 인문 · 교양 | 552쪽 | 28,000원

우리의 생활문자인 한자어의 뜻을 바로 새기다
알아두면 잘난 척하기 딱 좋은 **우리 한자어사전**

《알아두면 잘난 척하기 딱 좋은 우리 한자어사전》은 한자어를 쉽게 이해하고 바르게 쓸 수 있도록 길잡이 구실을 하고자 기획한 책으로, 국립국어원이 조사한 자주 쓰는 우리말 6000개 어휘 중에서 고유명사와 순우리말을 뺀 한자어를 거의 담았다.

한자 자체는 단순한 뜻을 담고 있지만, 한자 두 개 세 개가 어울려 새로운 한자어가 되면 거기에는 인간의 삶과 역사와 철학과 사상이 담긴다. 이 책은 우리 조상들이 쓰던 한자어의 뜻을 제대로 새겨 더 또렷하게 드러냈으며, 한자가 생긴 원리부터 제시함 으로써 누구나 쉽게 익히고 널리 활용할 수 있도록 했다.

이재운 외 엮음 | 인문 · 교양 | 728쪽 | 35,000원

영단어 하나로 역사, 문화, 상식의 바다를 항해한다

알아두면 잘난 척하기 딱 좋은 **영어잡학사전**

이 책은 영단어의 뿌리를 밝히고, 그 단어가 문화사적으로 어떻게 변모하고 파생 되었는지 친절하게 설명해주는 인문교양서이다. 단어의 뿌리는 물론이고 그 줄기와 가지, 어원 속에 숨겨진 에피소드까지 재미있고 다양한 정보를 제공함으로써 영어를 느끼고 생각할 수 있게 한다.

영단어의 유래와 함께 그 시대의 역사와 문화, 가치를 아울러 조명하고 있는 이 책은 일종의 잡학사전이기도 하다. 영단어를 키워드로 하여 신화의 탄생, 세상을 떠들썩 하게 했던 사건과 인물들, 그 역사적 배경과 의미 등 시대와 교감할 수 있는 온갖 지식들이 피노라미처럼 펼쳐진다.

김대웅 지음 | 인문·교양 | 452쪽 | 22,800원

신화와 성서 속으로 떠나는 영어 오디세이

알아두면 잘난 척하기 딱 좋은
신화와 성서에서 유래한 **영어표현사전**

그리스·로마 신화나 성서는 국민 베스트셀러라 할 정도로 모르는 사람이 없지만 일상생활에서 흔히 쓰이고 있는 말들이 신화나 성서에서 유래한 사실을 아는 사람은 많지 않다. '알아두면 잘난 척하기 딱 좋은 시리즈' 6번째 책인 《신화와 성서에서 유래한 영어표현사전》은 신화와 성서에서 유래한 영단어의 어원이 어떻게 변화되어 지금 우리 실생활에 어떻게 쓰이는지 알려준다.
읽다 보면 그리스·로마 신화와 성서의 알파와 오메가를 꿰뚫게 됨은 물론, 이들 신들의 세상에서 쓰인 언어가 인간의 세상에서 펄떡펄떡 살아 숨쉬고 있다는 사실에 신비감마저 든다.

김대웅 지음 | 인문·교양 | 320쪽 | 18,800원

흥미롭고 재미있는 이야기는 다 모았다

알아두면 잘난 척하기 딱 좋은 **설화와 기담사전**

판타지의 세계는 언제나 매력적이다. 시간과 공간의 경계도, 상상력의 경계도 없다. 판타지는 동서양을 가릴 것 없이 아득한 옛날부터 언제나 우리 곁에 있어왔다.
영원한 생명력을 자랑하는 신화와 전설의 주인공들, 한끗 차이로 신에서 괴물로 곤두박질한 불운의 존재들, '세상에 이런 일이?' 싶은 미스터리한 이야기, 그리고 우리들에게 너무도 친숙한(?) 염라대왕과 옥황상제까지, 시공간을 종횡무진하는 환상적인 이야기가 펼쳐진다.

이상화 지음 | 인문·교양 | 360쪽 | 19,800원

철학자들은 왜 삐딱하게 생각할까?

알아두면 잘난 척하기 딱 좋은 **철학잡학사전**

사람들은 철학을 심오한 학문으로 여긴다. 또 생소하고 난해한 용어가 많기 때문에 철학을 대단한 학문으로 생각하면서도 두렵고 어렵게 느낀다. 이 점이 이 책을 집필한 의도다. 이 책의 가장 큰 미덕은 각 주제별로 내용을 간결하면서도 재미있게 설명한 점이다. 이 책은 철학의 본질, 철학자의 숨겨진 에피소드, 유명한 철학적 명제, 철학자들이 남긴 명언, 여러 철학 유파, 철학 용어들을 망라한, 그야말로 '세상 철학의 모든 것'을 다루었다. 어느 장을 펼치든 간결하고 쉬운 문장으로 풀어낸 다양한 철학 이야기가 독자에게 철학을 이해하는 기본 상식을 제공해준다. 아울러 철학은 우리 삶에 매우 가까이 있는 친근하고 실용적인 학문임을 알게 해준다.

왕잉(王穎) 지음 / 오혜원 옮김 | 인문·교양 | 324쪽 | 19,800원

인간과 사회를 바라보는 심박한 시선

알아두면 잘난 척하기 딱 좋은 **문화교양사전**

정보와 지식은 모자라면 불편하고 답답하지만 너무 넘쳐도 탈이다. 필요한 것을 골라내기도 힘들고, 넘치는 정보와 지식이 모두 유용한 것도 아니다. 어찌 보면 전혀 쓸모없는 허접스런 것들도 있고 정확성과 사실성이 모호한 것도 많다. 이 책은 독자들의 그러한 아쉬움을 조금이나마 해소시켜주고자 기획하였다.

최근 사회적으로 이슈가 되고 있는 갖가지 담론들과, 알아두면 유용하게 활용할 수 있는 현실적이고 실용적인 지식들을 중점적으로 담았다. 특히 누구나 알고 있을 교과서적 지식이나 일반상식 수준을 넘어서 꼭 알아둬야 할 만한 전문지식들을 구체적으로 자세하고 알기 쉽게 풀이했다.

김대웅 엮음 | 인문·교양 | 448쪽 | 22,800원

옛사람들의 생활사를 모두 담았다

알아두면 잘난 척하기 딱 좋은 **우리 역사문화사전**

'역사란 현재를 비추는 거울이자 앞으로 되풀이될 시간의 기록'이라고 할 수 있다. 그런 면에서 이 책 《알아두면 잘난 척하기 딱 좋은 우리 역사문화사전》은 그에 부합하는 책이다.

역사는 과거에 살던 수많은 사람의 삶이 모여서 이루어진 것이고, 현대인의 삶 또한 관점과 시각이 다를 뿐 또 다른 역사가 된다. 이 책은 시간에 구애받지 않고 흥미와 재미를 불러일으킬 수 있는 주제로 일관하면서, 차근차근 옛사람들의 삶의 현장을 조명하고 있다. 그 발자취를 따라가면서 역사의 표면과 이면을 들여다보는 재미가 쏠쏠하다.

민병덕 지음 | 인문·교양 | 516쪽 | 28,000원

엉뚱한 실수와 기발한 상상이 창조해낸 인류의 유산

알아두면 잘난 척하기 딱 좋은 **최초의 것들**

우리는 무심코 입고 먹고 쉬면서, 지금 우리가 누리는 그 모든 것이 어떠한 발전 과정을 거쳐 지금의 안락하고 편안한 방식으로 정착되었는지 잘 알지 못한다. 하지만 세상은 우리가 미처 생각지도 못한 사이에 끊임없이 기발한 상상과 엉뚱한 실수로 탄생한 그 무엇이 인류의 삶을 바꾸어왔다.

이 책은 '최초'를 중심으로 그 역사적 맥락을 설명하는 데 주안점을 두었다. 아울러 오늘날 인류가 누리고 있는 온갖 것들은 과연 언제 어디서 어떻게 시작되었는지, 그것들은 어떤 경로로 전파되었는지, 세상의 온갖 것들 중 인간의 삶을 바꾸어놓은 의식주에 얽힌 문화를 조명하면서 그에 부합하는 250여 개의 도판을 제공해 읽는 재미와 보는 재미를 더했다.

김대웅 지음 | 인문·교양 | 552쪽 | 28,000원

그리스·로마 시대 명언들을 이 한 권에 다 모았다

알아두면 잘난 척하기 딱 좋은 **라틴어 격언집**

그리스·로마 시대 명언들을 이 한 권에 다 모았다
그리스·로마 시대의 격언은 당대 집단지성의 핵심이자 시대를 초월한 지혜이다. 그 격언들은 때로는 비수와 같은 날카로움으로, 때로는 미소를 자아내는 풍자로 현재 우리의 삶과 사유에 여전히 유효하다.

이 책은 '암흑의 시대(?)'로 일컬어지는 중세에 베스트셀러였던 에라스뮈스의 《아다지아(Adagia)》를 근간으로 한다. 그리스·로마 시대의 철학자, 시인, 극작가, 정치가, 종교인 등의 주옥같은 명언들에 해박한 해설을 덧붙였으며 복잡한 현대사회를 헤쳐나가는 데 지표로 삼을 만한 글들로 가득하다.

데시데리위스 에라스뮈스 원작 | 김대웅·임경민 옮김 | 인문·교양 | 352쪽 | 19,800원

나는 심리학으로 육아한다